L'ASIE MAJEURE

La révolution silencieuse
de l'Asie orientale

DU MÊME AUTEUR

HONG KONG, ANALYSE D'UN BOOM, Cujas, Paris, 1974.

LA CHINE APRÈS L'UTOPIE, Berger-Levrault, Paris, 1983. Prix Pavie.

JAPON, L'ÈRE DE HIROHITO, Imprimerie Nationale, Paris, 1988. Prix Shibusawa-Claudel.

JAPON-EUROPE : SURMONTER LES DÉSÉQUILIBRES, *avec Christophe Feuché*, Ed. HEC Eurasia, Paris, 1992.

LE JAPON AU XXe SIÈCLE, Seuil, Paris, 1993.

LA CRISE ASIATIQUE : UNE BÉNÉDICTION CACHÉE ?, *avec Eric Bouteiller*, Ed. HEC Eurasia, Paris, 1999.

CRISES FINANCIÈRES, *avec Jacques Trauman*, Economica, Paris, 2001.

JACQUES GRAVEREAU

L'ASIE MAJEURE

La révolution silencieuse
de l'Asie orientale

BERNARD GRASSET
PARIS

Ce livre est dédié
à la mémoire d'André Piatier

L'important n'est pas de savoir
quelle est la vraie religion,
mais de savoir comment
les hommes peuvent vivre ensemble.

MICHEL DE L'HOSPITAL (1573).

The stranger within my gate,
He may be true or kind,
but he does not talk my talk,
I cannot feel his mind.
I see the face and the eyes and the mouth
But not the soul behind.

RUDYARD KIPLING.

Avertissement

Ce livre a pour objet l'Asie orientale, que l'on appelle aussi « Asie-Pacifique ». Elle comprend les pays à l'est du Bangladesh et peut se résumer, pour la commodité, à l'ensemble de quatre entités : le Japon, la grande Chine (Chine, Hong Kong et Taïwan), la Corée et l'Asie du Sud-Est, qui regroupe les pays membres de l'Association de Nations de l'Asie du Sud-Est (en anglais ASEAN), c'est-à-dire : Indonésie, Malaisie, Brunei, Thaïlande, Philippines, Vietnam, Birmanie, Cambodge et Singapour.

Cette classification exclut un autre ensemble distinct, qualifié par les géographes d'Asie du Sud, qui regroupe l'Inde et le reste du sous-continent indien (Pakistan, Bangladesh, Népal, Sri Lanka, Maldives).

Les transcriptions chinoises sont données dans le pinyin en usage en Chine, sauf quelques noms (Pékin, Canton...) que la coutume française a consacrés (comme Londres au lieu de London).

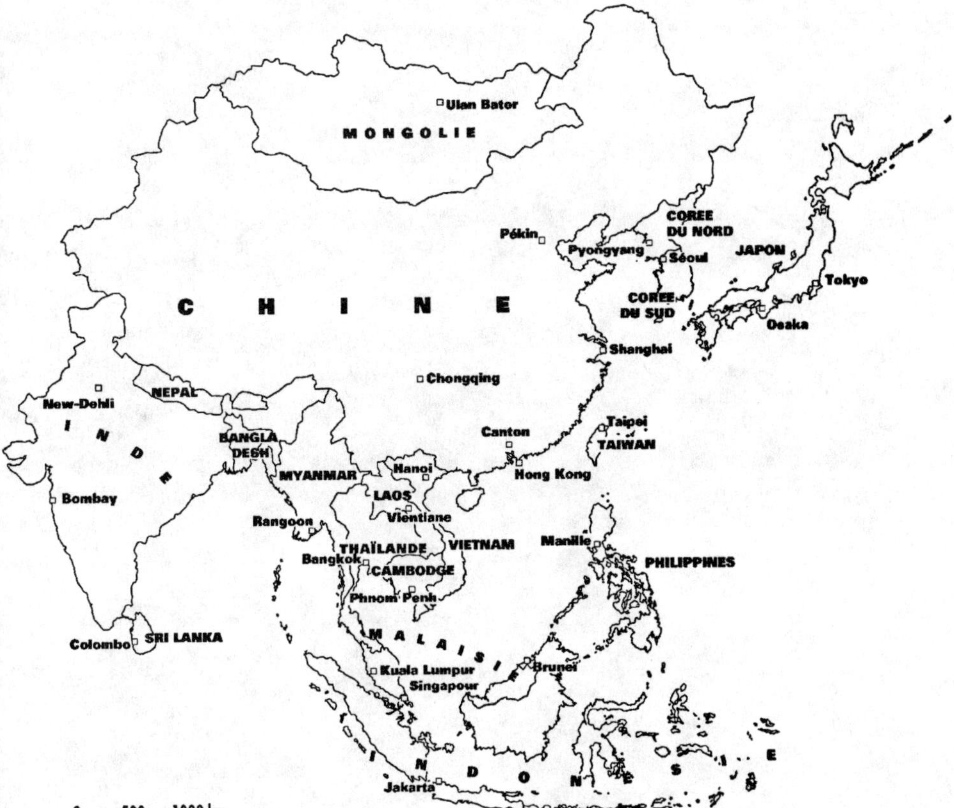
Ulan Bator
MONGOLIE
COREE
DU NORD
Pékin
Pyongyang
Séoul
JAPON
C H I N E
COREE
DU SUD
Tokyo
Osaka
Shanghai
Chongqing
New-Dehli
NEPAL
I N D E
Taipei
TAIWAN
Canton
BANGLA
DESH
Hanoi
Hong Kong
MYANMAR
LAOS
Bombay
Vientiane
Rangoon
Manille
THAÏLANDE
VIETNAM
Bangkok
PHILIPPINES
CAMBODGE
Phnom Penh
MALAISIE
Colombo
SRI LANKA
Brunei
Kuala Lumpur
Singapour
I N D O N E S I E
Jakarta
0 500 1000 km

INTRODUCTION

LES CLONES FONT DE LA RÉSISTANCE

Un énorme objet non identifié est en train d'arriver sur la planète de la mondialisation triomphante. Le pays le plus peuplé du monde a basculé dans l'économie de marché. La Chine est devenue capitaliste. En même temps, elle s'est ouverte comme jamais au cours de ses cinq mille ans d'histoire. Sa réussite matérielle paraît de prime abord rassurante. Mais cette immense culture charrie aussi une singulière masse critique de valeurs différentes avec lesquelles nous allons devoir compter.

Pour qui a connu le grand couvent qu'était la Chine à l'époque de Mao, le changement est saisissant. Jusqu'en 1980, Pékin était une ville basse, grise, morne, sans magasins ni restaurants. Des marées de vélos s'écoulaient lentement, drainant une foule en pantalons et en vareuses ternes. Cette société en uniforme baissait les yeux et la voix, car s'écarter d'un iota de la « pensée correcte » dictée quotidiennement par le Parti pouvait mener aux pires représailles des commissaires politiques. Au mental comme au physique, la Chine était grise. Lorsque l'on se rendait à Hong Kong, les boutiques foisonnantes, le chaos apparent, les enseignes lumineuses, les voitures, les robes des filles étaient une douche de couleurs. On avait l'impression fugace d'être passé du couvent au bordel.

Pékin aujourd'hui ressemble à Hong Kong. De hauts immeubles de béton ont rongé les petites maisons grises des *hutong*. Les néons des *karaoke* voisinent avec toutes sortes d'étals et de restaurants. Les embouteillages de taxis rouges ont relégué les vélos sur les bas-côtés. Et ce qui est vrai de Pékin – ville de pouvoir encore austère – l'est encore plus pour Shanghai, Canton et ailleurs. Les entreprises étrangères tiennent le haut du pavé. Les dirigeants chinois, naguère drapés dans leur superbe xénophobe, courtisent leur portefeuille et leurs technologies. Les familles aisées vont au McDonald's et s'habillent en jeans. Le téléphone portable est désormais le signe de reconnaissance. Les Chinois reçoivent les étrangers chez eux. Ils étudient en masse aux Etats-Unis et en Europe, lorsqu'ils le peuvent. On parle fort et on ne parle que d'argent. Le modeste Chinois est devenu frimeur, quand il a « réussi ». La ménagère d'antan, aux pantalons coupés en triangle et aux cheveux taillés au carré, est aujourd'hui frisottée et on la rencontre vers midi dans les halls en marbre des banques, où elle surveille à la télévision les cours de la Bourse. Mais en Chine on ne vote toujours pas.

Les Chinois sont doués. Ils ont su quadrupler leur richesse nationale en quinze ans seulement et sont aujourd'hui à parité avec la France. Demain, sans nul doute, ils seront à égalité avec le Japon, par un nouveau quadruplement. La Chine, d'ailleurs, n'a fait, à sa monstrueuse échelle, que reproduire ce qui s'était passé au Japon dans les années 60, en Corée, à Taïwan, à Hong Kong ou à Singapour dans les années 70, en Thaïlande et en Malaisie dans les années 80. Aussi vite et aussi fort.

Et l'on se prend à rêver. « On », c'est-à-dire l'Occident européen et américain. On commence par afficher une condescendance polie : si l'Asie, du Japon à la Chine, est devenue ainsi un géant, c'est qu'elle a copié les recettes de l'Occident invincible. Le « progrès », parti du foyer censément supérieur de l'Occident, a touché de sa grâce les élèves les plus industrieux, en attendant les autres. Mais cela est un peu court.

Tous les pays, en effet, ont copié leurs voisins, sans nécessairement que la commodité technique devienne un modèle de vie. L'Europe de la Renaissance a copié l'Italie au XVe siècle. La France et l'Allemagne de la révolution industrielle ont copié les techniques de l'Angleterre au XIXe siècle, comme l'a fait le Japon à l'ère du Meiji, dès 1868. Et si le monde entier s'inspire aujourd'hui des Etats-Unis, c'est parce que la révolution électronique – de la télévision à l'ordinateur – est bonne à prendre dans le village global. Les produits du marketing mondial et la fluidité des marchés financiers ne sont qu'une extension, à la vitesse de la lumière, de ce que la première mondialisation, celle des transports, avait apporté dans le XIXe siècle colonial : l'avènement du marché tout-puissant par le biais du capitalisme.

A ce jeu, les Asiatiques peuvent damer le pion à quiconque. Les Chinois, en Chine ou hors de Chine, sont les rois du commerce. Lorsqu'un restaurant chinois s'établit quelque part dans Paris, toute la rue devient petit à petit chinoise, en tache d'huile souriante. Les Japonais ont donné des leçons d'industrie aux Occidentaux pendant trente ans. C'est en Asie du Sud-Est que l'électronique mondiale est fabriquée. Les Asiatiques jonglent mieux que nous avec les ordinateurs. Les centres de traitement informatique du monde s'implantent de plus en plus dans cette zone. L'Asie, qui ne pesait rien il y a trente ans en termes économiques, sera dans vingt ans aussi forte que les Etats-Unis et l'Europe réunis.

Et « on » se prend encore à rêver. Parce que le capitalisme est ainsi fait, pense-t-on, les bons élèves asiatiques devraient forcément devenir des citoyens libres et égaux, subjugués par ces valeurs de l'Occident qui seraient supposées les faire passer des ténèbres à la lumière, transformés par la magie d'Internet en clones bien apprivoisés d'un meilleur des mondes qui ressemble à Disneyland. La colonisation militaire des territoires se serait donc estompée pour mieux accoucher d'une colonisation des esprits. En somme une victoire de l'Occident par KO technique et moral. Un à zéro pour l'Occident quand l'empire soviétique a implosé ! Deux à zéro pour l'Occident, et par avance, face au reste du monde ! Là encore, cette édifiante image se brouille. Car on commence à savoir que la standardisation des normes techniques n'entraîne pas l'uniformisation des valeurs par la grâce des médias et du consumérisme. On soupçonne que le capitalisme n'a pas besoin de démocratie pour prospérer et que l'économie de marché n'entraîne pas un alignement sur des principes occidentaux d'égalité, d'individualisme et autres valeurs absolues.

L'exemple du Japon devrait pourtant nous mettre la puce à l'oreille. En 1945, le Japon perd la guerre du Pacifique après avoir fait vaciller la puissance américaine pendant quatre ans. Lorsqu'il arrive à Tokyo, le chef des troupes d'occupation, le général MacArthur, entreprend de réformer de fond en comble l'Etat, la société et les esprits japonais. En sept ans de proconsulat américain, le Japon se voit doté d'une constitution et de sept cents lois d'inspiration libérale instituant le primat électoral des partis politiques, l'Etat de droit, la transparence, la séparation des pouvoirs, l'égalité des femmes... Dans une architecture parfaite, bien pensée et bien-pensante. Cet édifice juridique de facture américaine a réglé le Japon jusqu'à aujourd'hui. Pour en faire quoi ? L'emballage occidental suffit-il à transformer les Japonais en copies conformes de l'Occident ? On peut en douter. L'expérience à l'échelle de tout un peuple – un rêve de laborantin – n'a pas donné les résultats escomptés.

Derrière le masque moderne du Japon, les règles du jeu de société restent fondamentalement différentes. Ce n'est pas par mauvaise volonté. C'est seulement que les cultures sont façonnées et transmises sur des temps très longs. La culture japonaise est forte. Elle véhicule un profond sentiment d'identité. Il n'y a qu'à fréquenter ce pays avec un peu d'assiduité pour constater qu'il n'est pas devenu un nouvel Occident par le simple fait qu'il en a adopté les attributs industriels. Le Japon peut bien succomber à Internet, mais cessera-t-il de se reconnaître dans la société hiérarchique qui est son terreau ? Les modes de pensée, les consciences, l'éthique, le fonctionnement social évoluent sous la poussée de la modernisation matérielle, certes, mais pas en quelques années ni même en quelques générations. A le croire nous allons avoir des lendemains qui déchantent. Quant à imaginer que la Chine, dix fois plus peuplée, deviendra semblable à nous par les mêmes artifices techniques, c'est une douce illusion. Toute l'Asie a fonctionné depuis des millénaires selon une tradition si différente de l'Occident, si isolée de l'Occident, si forte parce que indifférente aux modes de pensée occidentaux, qu'on ne voit pas par quelle révélation subite deux milliards de personnes (la plupart encore paysans) se transformeraient un jour prochain en clones d'Occidentaux.

L'ouverture au monde apporte un frottement de cultures, au mieux un métissage, plus qu'un alignement sur des normes universelles. Confucius peut cohabiter avec Internet sans s'y dissoudre. Le nirvana technologique mondialisé que l'on nous promet – même s'il doit trouver des règles de communication communes – ne fondra pas les différences dans un magma de pensée unique. Notre problème est d'intégrer l'Asie au monde avec ses propres valeurs et toute sa richesse humaine. Au mieux, il y a un droit à la différence. Au pire, de sévères retours de flamme d'identités bafouées. Les clones font de la résistance !

I

Anatomie de la différence

CHAPITRE 1

Ombres chinoises

Cinquante-neuf éléphants caparaçonnés de brocart s'avancent en grande pompe sur l'esplanade du palais de l'empereur de Chine. Derrière eux, une troupe de joueurs de gongs et de flûtes escorte une immense caravane qui a transporté, par-delà les jungles et les montagnes, soixante mille ballots d'encens en cadeau du royaume khmer. Nous sommes en 1388. Le premier empereur de la dynastie Ming, Hongwu, règne sur un continent qui s'étend des steppes sibériennes à l'Himalaya. Autour de la Chine, en Corée, au Vietnam et dans l'Asie du Sud-Est, les royaumes périphériques se sont peu ou prou reconnus ses vassaux[1]. Les richesses que les Khmers donnent en cadeau à Hongwu, les Chinois l'appellent un tribut. Les ambassadeurs étrangers se prosternent neuf fois, front contre terre, devant la puissance ineffable de l'empereur, dans le rite du *Kowtow*.

Telle est la vision chinoise du monde. La Chine a donné le riz au reste de l'Asie. Les peuples du riz doivent allégeance à la Chine. Tous les non-Chinois sont des barbares. Oh, ce n'est pas un mot méprisant ! Cela veut dire simplement « les gens de l'extérieur ». Au centre de l'univers est la Chine. Ailleurs, les barbares ne peuvent que faire révérence à cette puissance. Les bons barbares, ceux qui, de manière réelle ou symbolique, affichent leur allégeance, sont des « barbares cuits ». Les autres, les inconnus au-delà des mers, les sauvages, n'ont pas approché les bienfaits de la civilisation chinoise. Ce sont des « barbares crus ».

L'ombre portée de la Chine est écrasante. Sa puissance technologique et intellectuelle est au sommet. La Chine a inventé l'imprimerie bien avant Gutenberg, les armes à feu, la brouette et l'algèbre la plus raffinée. Ses commerçants ont établi des comptoirs un peu partout dans la Méditerranée chinoise du Nanyang, la mer du Sud qui va des Philippines à la péninsule malaise. Hangzhou sera bientôt la première ville du monde, avec un million d'habitants. La paix chinoise s'étend sur les peuples et sur les esprits. La civilisation chinoise n'a pas de rivale. Elle n'a besoin de personne. Elle n'est fascinée que par elle-même.

La Chine est bien plus qu'un empire hiératique pour des gravures convenues. C'est un pays bien vivant, qui a toujours été le plus peuplé du monde. C'est cette même Chine ou presque qui fascinera Paul Claudel, « cette Chine à l'état de friture perpétuelle, bouillante, désordonnée, anarchique, avec sa saleté épique, ses mendiants, ses lépreux, toutes ses tripes à l'air, mais aussi avec cet enthousiasme de vie et de mouvement[2] ». Mais la Chine reste un empire narcissique.

Quatre siècles plus tard, la dynastie Qing publie la carte détaillée du monde chinois. L'empire lui-même englobe la Chine actuelle, la Mongolie, la Mandchourie au-delà du fleuve Amour, une partie du Kazakhstan, le Tibet et l'Assam et, bien sûr, Taïwan. Plus intéressante est la limite de la suzeraineté chinoise telle que l'a dessinée la carte des Qing. Du nord au sud, l'orbite chinoise réelle ou supposée inclut la grande île de Sakhaline, toute la péninsule coréenne, le nord de Bornéo, le Vietnam, la Malaisie, le royaume de Siam et le royaume khmer, le Laos et la Birmanie, et même le Bhoutan, le Népal et une partie de l'Afghanistan. Les peuples du riz sont censément sinisés. Beaucoup d'entre eux, la Corée, le Vietnam, ont adopté l'écriture chinoise. Même si ce n'est pas toujours une réalité stratégique, c'est une dépendance. Ils paient tribut à l'empereur de Chine. Vision rassurante.

Plus tard, la Chine passe par mille épreuves. Au XIXe siècle, les puissances européennes arrivent peu à peu avec leurs cuirassés, leurs missionnaires et leurs commerçants. La Chine, superbement enfermée dans son univers clos et dans ses jeux de cour, n'a rien vu venir. Cela tombe mal pour elle. La dynastie en place se délite en une longue fin de règne. La Chine est affaiblie. Elle ne peut contenir l'ambition de l'Europe. L'Angleterre s'y ouvre des ports à coups de canon. Le drapeau britannique flotte bientôt sur Hong Kong et sur Shanghai. La France, l'Allemagne, la Russie se font octroyer des concessions au cœur de la Chine. Sacrilège suprême, la capitale impériale devient ville ouverte en 1900 parce que l'impératrice Cixi a perdu la bataille du siège des légations, au cours des 55 jours de Pékin. C'est l'époque où Paul Claudel est consul de France à Fuzhou, port au sud de Shanghai ouvert aux étrangers.

En 1911, la dynastie a fini d'agoniser. Une république se met en place, branlante, rongée par la concussion et par la brutalité des seigneurs de guerre provinciaux qui se moquent du pouvoir central. La Chine n'a fait que changer de régime. Elle reste le pays de l'arbitraire et de l'immense misère humaine. Le centre de la Chine, c'est Shanghai. Un bouillon de culture où cohabitent la police franco-britannique de la concession internationale, une masse d'ouvriers et de pauvres hères venue des provinces de l'empire et une intelligentsia chinoise qui découvre l'électricité et le chemin de fer, le fox-trot et le chapeau mou, les maisons de jeux et les combines coloniales, ainsi que des images de la démocratie américaine et de la révolution bolchevique. Le Komintern soviétique y exporte ses techniques de noyautage du monde ouvrier et ses agitateurs, dont le célèbre Borodine qui va être le professeur en révolution de Mao Zedong et de Zhou Enlai, et qui a pour interprète le Vietnamien Hô Chi Minh[3]. La Chine s'est donc entrouverte.

Au début des années 30, tout bascule de nouveau. Le pouvoir central est corrompu au dernier degré. Le petit Parti communiste, mis à l'index, s'est réfugié dans les profondeurs de la campagne chinoise où il fait ses premières expériences en vraie grandeur avec les paysans. En 1931, le Japon a envahi la Mandchourie au nord-est de la Chine. En 1934, l'armée républicaine pourchasse les communistes qui fuient au cours de la « Longue Marche » jusqu'aux confins du pays. En 1937, le Japon entreprend de conquérir le reste de la Chine. Période chaotique, guerrière, brutale. La guerre civile contre les communistes et la guerre contre le Japon font en Chine, au cours de toute cette époque, 60 millions de morts. A partir de 1949, le régime communiste se met en place sans partage. Mais après l'ouverture brouillonne de la Chine dans la première moitié du siècle, c'est une fermeture sans appel.

Mao fait de la Chine une expérience en vase clos pour ses rêves visionnaires. Le « Grand Bond en avant » de 1958 ou la Révolution culturelle, à partir de 1966, sont un désastre pour l'économie et pour la société chinoises. Le vieux rêve d'isolement trouve son compte dans la volonté forcenée de Mao de suivre une hypothétique voie chinoise. Le grand slogan c'est « compter sur ses propres forces ». Tout ce qui ressemble à une influence étrangère est intolérable. Le Petit Livre rouge est le seul manuel officiel de la Révolution culturelle, avec, dans le fatras idéologique de la « pensée Mao Zedong », un prêchi-prêcha et des maximes copiées de Confucius. Tradition, quand tu nous tiens !

Lorsque Mao meurt, en 1976, la Chine s'est refermée comme une huître. La vraie révolution de l'ouverture chinoise démarre avec le successeur de Mao, Deng Xiaoping. C'est la première fois que, par une volonté purement chinoise, la Chine décide non seulement d'adopter les techniques de l'Occident, mais aussi d'inviter les capitalistes étrangers à apporter leur argent et leurs technologies, avec tout le risque, comme on dit en Chine, de la « pollution spirituelle venue de l'extérieur ». Le pari de Deng Xiaoping, c'est que le Parti communiste pourra continuer à exercer son pouvoir politique tout en laissant une marge d'évolution à la Chine dans le domaine économique. Et le succès économique légitimera à son tour la prééminence du Parti communiste aux commandes. Ce pari insensé, c'est de conserver une cohérence et une cohésion au monde chinois, une pensée chinoise, une singularité chinoise, tout en bâtissant une réussite économique semblable à celle de l'Occident, ou du Japon et des dragons asiatiques. Est-ce un délire ? L'immense roublardise d'une dictature qui cherche à survivre ? Ou un vieux fond de sagesse impériale, qui perçoit instinctivement le poids incomparable de la culture chinoise ?

Six siècles après les tributaires khmers, nous sommes dans une grande ville chinoise, dans le salon de réception d'un complexe industriel d'Etat. Des fauteuils sans style sont alignés au cordeau, recouverts d'une dentelle de nylon blanc au dessin vieillot du dernier chic communiste. Au mur, un gigantesque chromo reproduit un paysage traditionnel de montagnes et de rizières. Sur des petites tables, un ballet de jeunes employées a disposé de hautes tasses de thé fumant recouvertes d'un couvercle. Les ambassadeurs étrangers sont bien pâlots, avec leurs petits costumes et leurs petits cartables. Ce sont trois ingénieurs européens au milieu des quinze cadres de la direction de l'entreprise chinoise. Ils ont été dépêchés exprès par leur maison mère pour négocier une nouvelle usine, une coopération industrielle avec les autorités chinoises, dans cet eldorado qu'a engendré la promesse d'ouverture de l'immense marché. Vendre une brosse à dents à chaque Chinois, un milliard trois cents millions de brosses à dents, quel rêve de marchand ! La scène est prête pour la rencontre entre les têtes rondes et les têtes carrées.

On a échangé rituellement, à deux mains, les cartes de visite, que l'on a déchiffrées avec componction, avant de les disposer dans un ordre parfait à côté des tasses de thé. Le président prononce la bienvenue en termes généraux aux « amis étrangers » venus de loin. Il a les cheveux gris, le sourire affable, le maintien modeste. Tout le monde écoute religieusement. Les interprètes font leur métier. Des assesseurs prennent des notes, comme si ces mots d'accueil avaient on ne sait quelle valeur diplomatique. Nos ingénieurs sont précis et pressés. Ils ont prévu de passer trois jours sur place. Leurs places d'avion sont réservées pour le retour. Ils ont préparé leur négociation avec une liste des questions techniques et financières et des grandes lignes sur le cadrage du projet. Le président laisse alors la parole à un cadre en blouson de cuir, d'apparence ouverte, qui porte un titre de directeur aux responsabilités incertaines. Il se lance dans un long développement sur la Chine, sur l'avenir, sur l'entreprise et sur les joint-ventures. Les étrangers posent leur première question, ce qu'ils appellent entrer dans le vif du sujet. Le président s'est enfermé dans un mutisme impénétrable. Les adjoints prennent le relais, exposant pour la troisième fois la philosophie de l'entreprise, laissant griller d'impatience nos négociateurs. Chacun redit la même chose. Personne n'exprime de point de vue personnel. Trois pots de thé plus tard, il est midi moins cinq. C'est l'heure sacro-sainte où la Chine s'arrête, car il faut déjeuner, avant de faire une petite sieste. Il y a une culture de la sieste en Chine. C'est d'ailleurs le premier décret d'Etat qu'a pris Mao, le lendemain de son arrivée au pouvoir : la légalisation de la sieste. Il n'y a pas, pour les employés, de plus grand avantage acquis que la sieste !

L'après-midi s'étire. A des questions plus précises, le directeur, dont on devine par bribes qu'il est bon technicien, a répondu à côté, comme s'il évitait les problèmes, comme s'il contournait la réalité, comme s'il avait quelque chose à cacher. On s'interrompt de nouveau à cinq heures, car il faut dîner. Commence alors, autour d'une gigantesque table ronde, un ballet de plats, tous beaux et d'une grande variété, les uns délicieux, les autres étranges. Mais surtout, il y a les *kampe*. Des trois verres placés devant chaque convive, le plus petit est le plus redoutable. C'est là que l'on verse le Maotaï, un alcool blanc à 60 degrés à l'odeur de punaise. Le président, dos à la porte, officie. Il rappelle l'amitié entre les peuples et lève son verre. Tout le monde doit s'exécuter : *kampe* veut dire cul sec. Aussitôt posé, le verre est rempli. Il faudra que chaque convive, étrangers compris, porte à tour de rôle un toast à tous les autres, pendant que le président, plein de délicates attentions, prélève dans les plats les meilleures friandises qu'il dépose abondamment dans l'assiette de ses honorables invités. On tentait jusque-là d'échapper au concombre de mer gluant que l'on avait été forcé d'ingurgiter la première fois, risquant à tout moment de transformer ses baguettes en projectiles pour ses voisins. Vaine espérance ! Au bout d'une heure et demie d'un tel régime et d'une vingtaine de *kampe*, nos amis, abattus par l'alcool et le décalage horaire, ont l'impression d'être passés dans une essoreuse. Jamais au cours de cette première journée on n'a abordé le sujet que l'on avait si bien préparé. Pire, les questions les plus logiques des têtes les mieux faites ne se sont attiré que des réponses floues, improbables, nimbées du halo du « ni oui ni non ». Tout le monde a toujours dit oui, d'ailleurs, même au piège le plus grossier, et avec le même demi-sourire entêtant. Au lieu d'une check-list nette et claire, on a tourné autour du pot. Les têtes carrées ont trouvé leur maître.

Le lendemain, même traitement. Nos négociateurs ne sourient plus. Ils veulent des résultats, se font plus pressants, s'énervent. Jusqu'à la fin de la journée où, excédé, l'un d'eux fait une sortie :

— Cela fait deux jours que nous n'avançons pas. Vous n'avez pas répondu à des questions simples. Vous niez la réalité. Vous êtes des menteurs !

Le mot est lâché ! Le directeur rit jaune, mais ne réagit toujours pas. Pourtant, le point de non-retour a été atteint. L'insulte est intolérable. Elle a fait perdre la face à la partie chinoise. C'est un crime plus grave que le crime de sang. Les trois Européens reprendront leur avion. Mais la négociation a tourné court. Jamais ils ne pourront, ni eux ni leur entreprise, reprendre langue avec ces Chinois-là.

Que s'est-il passé ? Le bien c'est la vérité, le mal c'est le mensonge, nous a-t-on appris. Mais quelle ignominie avaient donc commise les Chinois ? Ils avaient évité de se laisser enfermer dans une confrontation directe, dans la mécanique froide des questions et réponses. C'était trop tôt. On ne se connaissait pas. On ne s'était pas apprivoisés. Il faut, pour cela, du temps. Il faut le rituel des généralités et des banquets, où il ne se passe rien, du moins rien de précis. Seulement une vérification que l'autre est un interlocuteur qui prend le temps de bâtir une relation de confiance, qui pratique l'empathie. En l'occurrence, court-circuiter le rituel avait été la première faute. Aux questions, les hôtes chinois avaient toujours apporté une réponse : exquise courtoisie ! Mais la réponse était-elle la

« vérité » ? Pas forcément ! Elle était un échange de politesses convenues : vous avez posé une question, vous méritez une réponse. Là s'arrête l'équilibre qui doit présider aux rapports humains. Il n'y a pas de jugement normatif. Personne, dans l'affaire, n'a donné son opinion personnelle. Personne ne s'est singularisé sous le regard des autres. Tout doit être conforme à l'image de solidarité collective. « Un clou qui dépasse doit être martelé pour rentrer dans le rang », dit le proverbe chinois. Le seul avis qui compte, c'est l'avis conforme. La catégorie des menteurs est une catégorie morale. Vérité et mensonge, précision et analyse, ce sont des idées barbares qui ont si peu à voir avec la subtilité des rapports humains, les seuls qui comptent. Pourquoi faire simple quand on peut faire compliqué ? Sagesse orientale contre vérité occidentale.

CHAPITRE 2

Penser autrement

A la fin de la grande période glaciaire, il y a huit mille ans, nos lointains ancêtres sont devenus sédentaires. Ils ont abandonné progressivement la chasse et la cueillette pour l'agriculture. Des sphères de civilisation se sont peu à peu établies ici et là à partir d'expériences hétérogènes. Au cinquième millénaire avant notre ère, la civilisation d'Obeïd, en Mésopotamie, érige les premières grandes villes et leurs temples, développe des techniques de poterie et de métallurgie, fait rayonner ses échanges, avant d'inventer l'alphabet. La Mésopotamie sera le foyer à partir duquel la civilisation se développera vers l'ouest, dans l'Egypte pharaonique, en Grèce et dans l'Empire romain. De l'autre côté de la terre, exactement à la même époque et sans aucun contact avec la Mésopotamie, la Chine construit une civilisation tout aussi brillante.

Il y a pourtant une différence considérable. Tandis que toutes les civilisations proches de la grande Méditerranée s'effondrent au fil du temps, comme Babylone, l'Egypte pharaonique ou l'Empire romain, pour muter les unes dans les autres, la Chine a su se perpétuer dans une étonnante identité. Sa singularité historique tient à l'exceptionnelle permanence de sa culture. Les Chinois se plaisent à faire accroire qu'ils sont la civilisation la plus ancienne de la terre. Cette improbable antériorité est sujette à caution, mais il est en revanche certain que la Chine s'est développée de façon infiniment plus imperméable que dans toute autre région du monde. Elle se définit elle-même comme l'Empire du Milieu *(Zhong Guo)*. Et c'est ce qu'elle est : à la fois une civilisation *sui generis* et un système politique qui, petit à petit, mais très tôt, trouve son unité et fonde un Etat. Par sa continuité et malgré ses changements, ou peut-être à cause de son étonnante plasticité, la Chine dément la fameuse assertion de Valéry : « Nous autres civilisations savons maintenant que nous sommes mortelles[1]. »

La Chine antique – qui n'est à l'époque que la Chine du Nord – s'est construit un système de références unique, en tout point différent des traditions de la Méditerranée, de Babylone, de l'Egypte ou de la Grèce. La Chine aurait pu parler une langue similaire aux référents indo-européens : elle ne l'a pas fait. Elle aurait pu fabriquer une écriture alphabétique, comme le phénicien ou le grec : elle ne l'a pas fait. Elle aurait pu se doter de religions révélées : elle ne l'a pas fait.

Au deuxième millénaire, la Chine s'est inventé une écriture originale. Le système des caractères chinois est complexe et fascinant par son foisonnement. Il fonctionne couramment dès le XIVe siècle avant notre ère. A cette époque, le reste de l'Asie orientale n'existe pas. Les Mongols ne se sont pas encore sédentarisés en Coréens. Le premier Japonais, cousin de ces derniers, n'a pas encore abordé aux côtes du Japon[2]. Les Vietnamiens et les Thaïs ne sont pas encore descendus de leurs montagnes du Yunnan. Les tribus de Java connaissent le bronze, mais elles devront attendre bien plus tard pour former un royaume cohérent. Dès que les marches de la Chine, au premier millénaire de notre ère, se constituent en nations autonomes, la Chine sert de référence absolue. Elles lui empruntent ses canons artistiques, son mode d'organisation centralisée, ses techniques de la guerre, mais surtout deux éléments constitutifs de leurs civilisations propres : les techniques de culture du riz et, plus encore, son écriture.

L'écriture chinoise s'impose, malgré des langues et des grammaires différentes. Tout est sinisé. Les idéogrammes sont le véhicule commun des périphéries de la Chine. La Corée attendra le XVe siècle pour adopter son écriture *hangul*, mais les noms propres continuent aujourd'hui à être écrits en chinois originel. Le vietnamien n'adoptera officiellement la transcription romaine *quôc-ngu* du père Alexandre de Rhodes qu'en 1915 et le Japon, malgré ses simplifications syllabaires, utilise encore les caractères chinois.

Il n'y a pas d'Asie sans « sinisme » ! L'Asie orientale, c'est essentiellement le monde sinisé, avec la prégnance des caractères chinois, des concepts chinois et même, à table, des baguettes chinoises.

Pour comprendre l'Asie, on doit donc comprendre d'abord la Chine. Parce que la Chine est la racine même de l'Asie, par son immense masse physique et humaine, par son ancienneté, par son antériorité sur les autres cultures, par le poids déterminant de sa civilisation, qui a irradié à toutes ses marches, proches ou lointaines, par la fascination incroyable qu'elle a exercée sur la Corée, le Japon, le Vietnam au cours de leur longue histoire. Parce que ce mode de pensée particulier a été très tôt formalisé et a fait l'objet d'abondants textes et commentaires et que, sous des formes diverses et évolutives, cette grande tradition s'est perpétuée jusqu'à nous. Ces milliers d'années de bouteille donnent à la communauté asiatique une profondeur qui n'a rien à envier à celle de l'Europe. Comme le rappelle Goethe : « Ces gens-là écrivaient déjà des livres quand nos ancêtres étaient dans les bois[3]. »

Une autre raison, plus terre à terre, commande aussi de s'intéresser à l'influence chinoise, lorsque l'on regarde les grands chiffres de l'Asie moderne. L'Asie sinisée représente, en effet, 80 % de la population actuelle de l'Asie orientale, et en produit national brut, 90 % de cette même Asie, quand on inclut la grande Chine, le Japon, la Corée et les Chinois de la diaspora résidant en Asie[4].

L'ordre de la nature et de la société a, pour les Asiatiques et les Européens, des résonances opposées. Non que ces mondes mentaux se soient jamais opposés, mais parce que, au contraire, ils sont nés et ont évolué pendant des millénaires hors de toute influence réciproque et ont produit des résultats aux antipodes les uns des autres. Par filtrations successives – afin de simplifier sans simplisme – on décèle trois grandes différences de fond.

Le premier trait, c'est la manière d'aborder les problèmes. Nous autres Occidentaux sommes les héritiers directs de la pensée grecque. L'un de ses philosophes ou de ses géomètres, il y a sans doute 2 400 ans (Socrate est mort en 399 avant notre ère), a trouvé que la plus courte distance entre deux points pouvait être définie par une ligne droite entre ces deux points. La ligne droite est une abstraction, elle n'a pas d'épaisseur. Elle sert seulement de représentation d'une certaine réalité, de définition au sens socratique du terme. Cette simple ligne droite a des conséquences redoutables. Elle inaugure, en effet, une logique de causes à effets, dans le fameux processus déductif de la mathématique euclidienne. Pour tracer une ligne droite sur un papier, je dois bien commencer par un point A, et l'arrêter une fois arrivé au point B. Le point B n'est pas indépendant : il devient la conséquence du point A.

En positionnant des objets dans l'espace de façon

rationnelle, les Grecs inventent la raison et donc, à la fois, la science et la philosophie. Certes, la science occidentale devra attendre la Renaissance pour adopter sa forme moderne, mais l'acte fondateur est grec. Science et philosophie sont consubstantiels de cette vision de la raison. La pensée occidentale est donc logique, faite de relations causales, d'analyses, de formules abstraites – bref, d'explications.

Cette vision ordonnée, linéaire, presque prédestinée de la nature donne une place à toute chose, parce que tout peut s'expliquer. L'homme est le maître de la nature, il peut la modeler, en devenir l'architecte, parce qu'il la comprend ou prétend le faire. Penser la nature n'est qu'une série de métaphores oculaires. Le terme grec d'idée *(idea)* contient la racine « voir ». Faire une théorie, c'est « regarder » (*theorein* en grec). La spéculation veut dire le regard (*species* en latin). La réflexion, c'est la possibilité de voir la lumière. L'explication consiste à « tirer au clair »[5]. L'esprit (le *noûs* de Platon), c'est « ce qui permet de voir ». En poussant plus loin, c'est la séparation entre le sujet et l'objet qui a permis la formulation de la science comme elle est conçue dans les temps modernes, où rien ne serait possible sans postuler l'existence d'un objet. L'esprit regarde, le corps agit : *Vita speculativa aut vita activa.* L'âme est autonome par rapport au corps, selon la distinction chère à Descartes. C'est la base de la formulation de la notion d'individu, centrale dans la pensée occidentale.

De là à afficher une arrogance de propriétaire, il n'y a qu'un petit pas que l'Occident franchit aisément, parce qu'il estime disposer du monopole de la science. Albert Einstein l'explique en allant droit au but : « Le développement de la science occidentale est fondé sur deux événements extraordinaires : l'invention de la logique formelle par les philosophes grecs, dans la géométrie euclidienne, et la découverte, à la Renaissance, de la possibilité d'établir des relations de causes à effets par l'expérience systématique. » Et il ajoute : « Je pense que l'on ne doit pas s'étonner que les sages chinois n'aient pas fait ces découvertes. L'étonnant est que ces découvertes aient tout simplement pu se produire[6]. » La science se nourrit du scepticisme. Elle se veut donc objective et neutre. Les valeurs occidentales de rationalité, de liberté, d'individualisme, seraient donc des produits de l'expérience objective des faits, nous dit donc l'Europe, depuis Aristote jusqu'à Karl Marx.

En Chine, les premiers textes connus sont des ouvrages de divination rassemblés à partir de fragments gravés sur des carapaces de tortues, dont le plus connu parvenu jusqu'à nous est le *Yi Jing*. Ses premiers éléments formalisés remontent au deuxième millénaire avant le Christ. Le *Yi Jing* est le livre des mutations *(Yi)* où tout se crée et tout se fond de manière cyclique, sans causes ni effets. L'essentiel est d'approcher la connaissance, non pas sous une forme discursive, mais par la voie de l'initiation. Au lieu de constater la succession de phénomènes, les Chinois enregistrent des alternances d'aspects[7]. Si deux aspects leur paraissent liés, ce n'est pas à la façon d'une cause et d'un effet : ils leur semblent appariés, comme le sont l'endroit et l'envers. Ce qu'on se plaît à enregistrer, ce ne sont pas des causes et des effets, mais des manifestations fugitives, mutantes, substituables.

Régler la nature et le mouvement du monde, l'ordonner, l'asservir, c'est peut-être bon pour les Occidentaux mais cela n'a pas de sens dans le référent mental de l'Asie. Aux explications, à la logique, on préfère les sensations, l'émotion, la brume, le flou, l'empathie. Ne pas trop préciser les contours, c'est le plus grand talent du peintre chinois ou du théâtre d'ombres javanais. Si les choses changent, « on prend le courant de la rivière » comme le dit le texte taoïste. L'art suprême, c'est d'aménager la transformation, comme un nageur profite d'un courant sans s'y opposer. La connaissance est une représentation comme le dit Laozi à sa manière : « Les sages parfaits de l'Antiquité étaient si fins, si subtils, si profonds et si universels qu'on ne pouvait les connaître. Ne pouvant les connaître, on s'efforce de se les représenter[8]. »

La parabole du pot-au-feu éclaire la différence des approches. Imaginez un maître en face d'un groupe d'élèves. Au milieu de la pièce mitonne sur un feu une cocotte en fonte recouverte d'un couvercle. Le maître pose à l'auditoire une question simple : Qu'est-ce que c'est ? Si la scène se passe en Europe, au bout d'un court instant de timidité l'un des participants se lève, s'avance vers la casserole, soulève le couvercle et regarde. Dans le mélange qui mijote, il distingue des pommes de terre, des carottes, des morceaux de viande, une feuille de laurier peut-être, bref ce qui constitue un pot-au-feu. Son regard a suffi pour analyser le problème en additionnant les ingrédients de manière logique. S'il est ingénieur chimiste, il ira peut-être plus loin, en expliquant le processus subtil par lequel une pomme de terre crue se transforme en pomme de terre cuite. L'auditoire a compris, ou croit comprendre ce qu'est un pot-au-feu. Victoire de l'analyse.

Recommençons la même expérience en Asie. La question du maître suscite un long silence embarrassé. Personne ne se lève, afin de ne pas se singulariser. Personne, donc, ne va soulever le couvercle. Mais une odeur se dégage de la cocotte. On perçoit un parfum de bouillon, une note de laurier, de thym peut-être. Et comme le feu poursuit son œuvre, dix minutes plus tard l'odeur a subtilement évolué, et dix minutes plus tard davantage encore. De proche en proche, on finit par se faire une idée, à coups d'éclairages successifs, de ce qui est dans la casserole, et, avec l'habitude, d'une manière aussi fine que par d'autres approches.

Qui a raison, qui a tort ? A poser ainsi le problème, l'Occidental risque fort de pécher par arrogance. Qui a mieux cerné la « réalité » que l'autre ? Démarche analytique ou démarche sensitive, logique ou émotion, à chacun sa vérité. Cette différence d'approche crée souvent un malaise dans le dialogue avec l'Asie. Pour les Occidentaux, l'enchaînement de leurs analyses logiques se heurte à une appréhension souple, en apparence « irrationnelle » des problèmes. Comme si, au lieu de céder à une démonstration cartésienne, les Asiatiques se complaisaient dans une série de coups de projecteur, sans logique apparente, visant à ressentir le problème, à défaut de s'en fabriquer une image à l'occidentale.

Et pourtant cette approche asiatique est terriblement concrète. Car la réalité n'est pas abstraite : elle est activité. C'est l'action qui compte plus que la perception, la pratique plutôt que la théorie, le détail particulier plutôt que le concept universel. A une définition occidentale savante du « qui », du « quoi » ou du « pourquoi », l'attitude chinoise répond par la question « comment » : comment ça marche ? Et non pas : pourquoi ça marche ?

Le deuxième grand trait de la différence tient à la place de l'homme dans la société. Encore une fois, nous autres Occidentaux, explicitement ou non, sommes les héritiers de la vision grecque de l'individu. Si cette notion d'individu a son fondement dans la philosophie grecque, elle a été reprise et transcendée dans la vision religieuse de l'Europe chrétienne. La place de l'homme y est celle d'un individu libre. C'est Dieu lui-même qui nous l'a dit. L'Occident a eu la révélation d'un Dieu unique, différemment décliné. On connaît précisément le message de Dieu, car il a parlé aux hommes, soit directement, soit par la voix des prophètes. Dieu a même laissé un livre, ou plutôt plusieurs, différents par leur tradition, mais similaires dans leur inspiration : la Torah, la Bible ou le Coran. Dans le christianisme, Dieu donne un pouvoir extraordinaire aux hommes : les hommes sont libres d'accepter ou de refuser sa parole. L'individu a le pouvoir de se déterminer par lui-même.

Après le siècle des Lumières et la Révolution française, la valeur d'égalité vient coiffer l'édifice, s'inscrivant dans les institutions par la « Déclaration des droits de l'homme et du citoyen », qui proclame dans son article III que « tous les hommes sont égaux par la nature et devant la loi ». C'est une vision prosélyte, universaliste, intolérante que les religions du Livre ont donné en legs à l'Occident. Le judaïsme, le christianisme, l'islam sont tous trois nés dans le même foyer sémitique. Ce Proche-Orient est une région de désert où l'eau est rare. L'accès au puits est une question vitale, qui impose de choisir son camp, qui exclut le concurrent. On ne peut pas être chrétien et un peu autre chose. On ne peut pas être juif, avec une parcelle d'autres croyances. On ne peut pas être musulman, et un peu « infidèle ». On est tout l'un, ou tout l'autre, exclusivement. Et, parce que l'on détient censément la vérité, on doit l'imposer au reste du monde, le convertir, le conquérir.

En Asie, l'eau est abondante. Le bouddhisme, apparu au VIe siècle avant notre ère comme une réforme de l'hindouisme, est né, à la frontière du Népal actuel, dans des pays de cocagne où foisonnent le riz et les bananes, où l'eau est un don permanent de la nature, où le voisin n'est pas un concurrent pour l'accès au puits. Le bouddhisme n'exclut rien ni personne. Il tolère des chemins multiples, s'accommode de croyances et de pratiques diverses, intègre largement des traditions différentes, comme le chamanisme et ses dérivés de la religion *bon* au Tibet, le taoïsme chinois ou le shintoïsme japonais. C'est un lieu commun, au Japon par exemple, de dire que l'on naît shintô, on se marie shintô et on meurt bouddhiste.

La Chine, quant à elle, a toujours été adossée au plus formidable château d'eau de la terre. Les grands fleuves, nés du plateau tibétain, irriguent la Chine depuis l'origine des temps, charrient leur limon fertile en abondance dans les bassins du fleuve Jaune, au nord, ou du fleuve Bleu, au centre. Très tôt, les Chinois ont disposé d'un sol permettant de nourrir, à surface égale, de très nombreuses bouches. Bien sûr, l'eau est turbulente : les grands fleuves peuvent, tour à tour, s'assécher ou déborder dans des inondations cataclysmiques, comme on l'a vu en août 1998. D'où une permanente attention à l'eau, à l'irrigation, aux digues, qui fera des Chinois les meilleurs ingénieurs hydrauliques du monde antique.

Dès l'aube de son histoire, l'eau, en Chine, a permis d'abreuver et de nourrir des foules immenses. La densité est l'élément permanent de la réalité chinoise. Lors du recensement de l'époque du Christ, l'immense Empire romain regroupe, dans son ensemble, 54 millions d'hommes. La Chine fait déjà mieux : elle compte 57 millions d'habitants. Lors des voyages de Marco Polo, au milieu du XIIIe siècle, la Chine a 100 millions d'âmes. En 1846, au grand recensement des Qing, elle en compte 421 millions[9].

Très tôt, le problème le plus important de l'organisation d'une population aussi dense est de définir des règles de fonctionnement afin de contrôler les tensions dans les rapports entre individus et de supprimer les occasions de confrontations trop brutales. Dès le premier millénaire avant notre ère, l'organisation sociale obéit à des règles très strictes de droits et de devoirs, où la hiérarchie joue un grand rôle : toute la population est classée dans l'ordre immuable de vingt-quatre degrés de dignité. Cette hiérarchie, d'ailleurs, peut évoluer. Contrairement à bien d'autres cultures, elle n'est pas liée à une propriété de naissance. La culture, l'accès au pouvoir sont consentis à une classe renouvelable, et non à des dynasties familiales. Un mérite militaire, un examen mandarinal réussi, un talent économique remarquable, ou plus prosaïquement l'achat d'un titre, permettent de s'élever en dignité. Par une grande sagesse, l'anoblissement ne rejaillit pas forcément sur la descendance, mais il est souvent rétroactif, embrassant des ancêtres, morts depuis longtemps, jusqu'à la huitième ou dixième génération [10] !

La norme de gouvernement est consacrée, sublimée, par les rites. La pratique rituelle doit, en Chine, servir deux objectifs : exorciser la possibilité de manifestations incontrôlées et identifier l'individu à son groupe, régi par des principes communs. La cohésion sociale est le fruit d'une subordination totale du village à l'Etat, du cadet à l'aîné, du fils au père. Le groupe, le clan, la famille enferment l'individu et lui dictent son comportement, par le moyen du rite.

En Chine, l'idéal suprême ne sera jamais la recherche du bonheur ou de la gloire personnelle, mais au contraire le fonctionnement pratique des institutions. Les occasions de confrontation sont gommées par la norme, le rite, l'étiquette précise des rapports quotidiens entre les personnes, plus contraignante que partout ailleurs, afin de laisser le moins de place possible à l'incertitude des comportements individuels. La règle a pour but d'épanouir l'institution politique ou familiale, jamais l'individu.

Les Chinois restent façonnés par cette pratique et cherchent constamment l'appartenance et l'identification au groupe, la sécurité de la conformité. Plus que tous autres, ils sont sensibles au statut et à la hiérarchie et éprouvent de profondes anxiétés sur l'ambiguïté et l'incertitude des situations non codifiées à l'avance. Le mal le plus redouté, c'est le désordre.

Pour un Chinois, la seule attitude possible est donc de ne pas se singulariser et d'appliquer les règles extérieures. Le rite a une fonction sociale. Il sert à identifier l'individu dans une société aux principes immuables. L'initiation est une règle d'intégration au groupe. Le « nous » a plus de valeur que le « moi-je ». C'est la chape du conformisme. Ce poids du groupe, qui gomme l'individu, ce poids de la hiérarchie et de l'étiquette, cette recherche de l'appartenance, de la conformité plutôt que d'une forme occidentale de liberté individuelle est l'autre grande différence entre l'Occident et le monde asiatique.

Par une forme de déterminisme écologique, on trouve dans toutes les sociétés du riz des caractéristiques d'organisation similaires. Une stricte cohésion sociale est indispensable pour gérer le délicat patrimoine commun de l'irrigation. L'eau est une aventure collective, où le paysan en amont tient le sort du paysan en aval. La culture du riz insiste sur le fonctionnement en groupe et impose des règles de discipline précises dans un monde agricole où les densités sont très élevées, grâce à la productivité exceptionnelle de cette céréale. La stratification hiérarchique stricte et ritualisée est un autre caractère de ces sociétés, dont on retrouve les traces dans les recherches archéologiques les plus fines. La Chine s'est dotée, par voie de conséquence, d'un système de formalisation poussé à l'extrême, et comme tel, particulièrement identifiable. On relève ces mêmes éléments dans l'Asie du Sud-Est où, comme on le verra, la culture du riz est venue de Chine. Et, à ses marches plus proches, la tradition chinoise a si bien diffusé ses comportements, qu'on la retrouve dans toute l'Asie, en commençant par la Corée et le Japon.

La société occidentale est formée d'un pacte entre des individus libres qui épousent librement des principes abstraits avec pour punition principale l'accusation de trahison et la privation de liberté. Les sociétés asiatiques sont des groupements humains concrets, des sociétés communalistes, avec pour récompense principale le sentiment d'appartenance et le bonheur du consensus, et pour punition principale l'ostracisme, la honte, l'exclusion du groupe. La traduction de la notion occidentale de liberté, exige des contorsions de vocabulaire souvent surréalistes. En japonais classique, par exemple, « liberté individuelle » se traduisait par « participation individuelle à l'honnêteté du groupe » *(Taigi Meibun)*. La société occidentale est un monde de droits, la société sinisée est un monde de devoirs.

Troisième grande différence entre l'Europe et l'Asie : les valeurs absolues ou relatives. La vision occidentale linéaire et abstraite de l'ordre des choses a accouché du droit. Non pas du droit pénal, commun à toutes les civilisations, qui punit les voleurs et les assassins, mais du droit civil, qui régit les contrats, c'est-à-dire les rapports entre des individus libres. Le droit, en Occident, procède de valeurs absolues. Moïse en a fixé les principes dans les Tables de la Loi, en les verrouillant par un code moral du bien et du mal. Il est mal de mentir ou de tuer, parce que cela s'oppose à un ordre défini du monde. Dans le droit civil occidental, qui règle les rapports entre les hommes, le toit de la maison est formé de valeurs absolues, abstraites, codifiées dans un texte, écrites noir sur blanc. C'est pourquoi nous signons des contrats. C'est pourquoi, gravé dans le marbre, un contrat a la même valeur absolue demain ou dans dix ans. Et s'il y a contestation, des professionnels extérieurs, censément neutres (juges, avocats), seront sollicités pour rendre le droit. C'est le confort relatif du *rule of law*.

En Asie, dans un rapport de forces en perpétuelle transformation, c'est la philosophie des valeurs relatives qui prévaut. La règle établie d'un commun accord aujourd'hui a le loisir d'évoluer si les circonstances changent, pour autant que nous ajustions demain notre nouvel accord de manière harmonieuse. La véritable valeur ne réside pas dans l'observance de principes abstraits, mais dans l'établissement d'un dialogue entre deux personnes qui, s'étant apprivoisées, se connaissent et se font confiance. A un monde de procédures s'oppose un monde de relations humaines.

Ces trois grandes différences peuvent-elles se concilier ? Avant de l'envisager, il faut en cerner mieux les contours.

CHAPITRE 3

L'homme hiérarchique

Les conséquences de la hiérarchie sont gigantesques. Pour tenter de le comprendre, on peut s'appuyer sur les explications du maître Confucius et l'interroger sur sa vision de l'homme. C'est commode, Confucius. Dès que l'on parle d'Asie, on l'a sous la main. Et puis on peut lui faire dire à peu près tout et le contraire de tout. En somme, grâce à Confucius, tout s'explique et on n'est pas plus avancé. Nous critiquerons donc Confucius un peu plus loin, mais pas si vite. Car sa pensée, même si on l'a confusément mise à toutes les sauces, cristallise non seulement une vision du monde à l'époque de la fondation de l'empire chinois, mais aussi une pratique sociale qui a servi de socle à tout le monde sinisé pendant plus de deux millénaires et dont on trouve bien des résonances implicites aux grandes marches méridionales de l'Asie orientale.

Ce qui fait le succès de Confucius, c'est qu'au détour de ses aphorismes et de ses commentaires, il donne des réponses concrètes qui esquissent une architecture claire et opératoire des rapports humains à la chinoise. C'est aussi un enseignement populaire extrêmement frais et tonique : c'est, en effet, la première fois dans l'histoire chinoise qu'un enseignement est donné en dehors d'une école officielle pour fils de dignitaires. L'influence chrétienne a imprégné l'Occident, l'influence confucianiste a conditionné tout le monde sinisé.

Même si la légende et le merveilleux se sont emparés de Confucius, l'homme est bien réel. Il s'appelait Kong et se prénommait Kieou. Il a vécu, dit-on, de 551 à 479 avant notre ère. Personne, en tout cas, n'a de meilleures dates à proposer. Après quelques expériences à la cour des princes de l'époque, qui le laissent sceptique sur la politique, il inaugure, vers la trentaine, un enseignement dans une « école » itinérante dont il est le maître, au sens intellectuel, mais surtout moral du terme. Ses disciples l'appelleront « Maître Kong » (en chinois *Kong Fuzi*, que les jésuites latiniseront bien plus tard en Confucius). A la manière de Socrate, du Christ ou de Mahomet, il n'a rien écrit par lui-même. Ses disciples rédigèrent son enseignement dans ce que l'on appelle les « quatre livres ». Le plus consistant d'entre eux est formé des « Entretiens [1] ».

Le Maître est enthousiaste et joyeux, faisant preuve d'une énergie passionnée qui le maintient dans une sorte de perpétuelle jeunesse, comme nous dit Rickmans : « On est aux antipodes de l'image du vieux pédant réactionnaire et rabâcheur que le mouvement anticonfucéen devait finalement réussir à imposer à l'époque moderne[2]. » Confucius n'est ni un idéologue ni un prédicateur, mais d'abord un sage, qui décrit lui-même son cheminement avec une touchante lucidité : « A quinze ans, je m'appliquais à l'étude ; à trente ans, mon opinion était faite ; à quarante ans, j'ai surmonté mes incertitudes ; à cinquante ans, j'ai découvert la volonté du ciel ; à soixante ans, nuls propos ne pouvaient plus me troubler. Maintenant, à soixante-dix ans, je peux suivre tous les élans de mon cœur sans jamais sortir du droit chemin[3]. »

Prélevons de Confucius ce qui nous intéresse ici : sa vision de l'homme et du fonctionnement de la société. L'individu n'existe pas. La société est l'élément central de la vie humaine. On a donc affaire d'emblée à une idée communautariste selon laquelle l'homme n'est pas un atome isolé, un individu qui évolue par lui-même, mais un être situé. En cela, cette vision s'oppose à une vision libérale, selon laquelle la neutralité des droits individuels est le socle de l'égalité sociale. Il ne s'agit pas chez Confucius d'une collectivité molle, d'un troupeau qui évoluerait par la grâce des penchants moutonniers ou de bonnes vibrations ressenties en commun. « Dans l'humanisme confucéen, les hommes sont tous dissemblables, à l'opposé de l'humanisme chrétien qui donne à voir dans tout homme son semblable, tous les hommes étant semblablement créés à l'image de Dieu », note Léon Vandermeersch[4].

Cette collectivité est éminemment hiérarchisée, à l'image d'une famille *(Chia)*. L'image du père est omniprésente et structure la famille par la place qui est fixée à chacun en dessous du père. Chacun est nommé selon un titre qui consacre son rang : frère aîné, frère cadet, etc. La règle absolue de la famille, c'est la piété filiale *(Xiao)* que l'on doit au père, ou aux pères du père, c'est-à-dire aux ancêtres. Le père dirige ses enfants avec bienveillance, à la fois autoritaire et rassurant.

La famille est une image et en même temps un groupe concret, une société humaine tangible et unie. C'est à l'intérieur de cette société presque close que s'exercent les solidarités, dans un lieu de proximité où la morale trouve plus immédiatement son compte et où la solidarité du groupe se méfie de l'extérieur[5].

On retrouve ce trait commun du père dans toutes les sociétés antiques, d'Abraham à Dieu le Père, mais il garde des résonances intactes et contemporaines dans toute l'Asie. C'est ainsi que l'ex-président Suharto, en Indonésie, s'était fait décerner en grande pompe, en 1983, le titre de *Bapak Pembangunan* (père du développement). Avant lui, le Premier ministre malaysien de l'époque, Tunku Abdul Rahman, avait été solennellement promu à l'appellation de « père » *(Bapak).*

De même que les rapports humains sont emboîtés dans la hiérarchie familiale, de même les groupes humains sont emboîtés entre eux. « La famille l'emporte sur les personnes, le clan sur la famille, la société sur les clans, nous dit Lucian Pye[6]. La société est un ensemble de subordinations structurelles à l'image de la nature, où la terre est totalement assujettie au ciel[7]. » Au-dessus de la société, il y a l'Etat et son empereur. Mais cet empereur lui-même est sujet de la nature : il est le fils du ciel.

L'ordre social est concrètement articulé, construit, dit Confucius, sur cinq « relations spéciales » *(Wulun)* : celle du souverain sur son ministre, du père sur son fils, du mari sur sa femme, de l'ancien sur le jeune et sur les liens de fidélité entre amis. Pour mieux marquer cette hiérarchie et déterminer finement la place de chacun dans le groupe, la langue, les titres, le rituel, viennent à la rescousse. Là où la notion de « cousin », par exemple, est très générale en Occident, la société asiatique a donné des titres d'un extrême raffinement à toutes les formes possibles et imaginables de cousinage.

Chacun obéit au confort de situations prévues à l'avance. Chacun se situe en face d'un interlocuteur. L'essentiel pour deux interlocuteurs qui font connaissance n'est pas de se parler d'entrée de jeu, mais de situer à quel rang ils appartiennent l'un et l'autre. Avant de se dire bonjour, deux personnes qui ne se connaissent pas échangent leurs cartes de visite. Comme chez nous, la carte reprend le nom de la société ou de l'administration, puis le nom et la fonction. Mais, en Asie, on la lit différemment. Le nom n'est pas la première chose qui compte, mais le prestige du groupe d'appartenance (groupe dominant, parti au pouvoir, entreprise prestigieuse, ou groupe secondaire). Ensuite vient le titre : non pas la compétence affichée (ingénieur en logiciels...), mais la position d'autorité dans l'échelle du pouvoir (directeur général, directeur adjoint...) ou de respectabilité sociale (professeur, chef politique...). Puis vient seulement le nom de la personne. Il existe certaines clés de reconnaissance, dans des grilles hiérarchiques fixées à l'avance. L'inférieur respecte le supérieur. Il est à l'image de l'enfant, du sujet, de la terre, face au père, à l'empereur, au ciel. Le jeune respecte l'ancien. La femme respecte l'homme. Les rapports au père, au professeur, au directeur, au chef politique sont d'abord des rapports de devoir.

Vouloir comparer ou opposer les notions d'individu et de hiérarchie est risqué. Louis Dumont explique ainsi que, dans les sociétés asiatiques, il n'y a pas un moindre respect de tout individu que dans la société occidentale. De même, il n'y a pas plus de cruauté, de violence ou d'abus qu'en Occident. Toutefois, le respect de l'individu n'y est jamais explicité, alors que la hiérarchie l'est. Elle est une valeur affirmée et reconnue. Inversement, en Occident (notamment depuis la « Déclaration des droits de l'homme »), la valeur qui prime et qui est explicitée est l'individu : la hiérarchie, qui pourtant existe et qui est reconnue, n'a pas un statut de droit. Cette réflexion profonde expliquerait pourquoi l'Occidental montre la même intolérance à toute atteinte portée à l'individu que l'Oriental à toute atteinte portée à la hiérarchie[8].

Pour que la société fonctionne, il importe de pratiquer certaines vertus, dit Confucius. De bas en haut, dans la relation au père ou au chef, c'est la loyauté *(Sin)* qui doit être la pratique cardinale. L'image du rapport du fils au père est d'ailleurs infantilisante et justifie toutes les obéissances. Cette loyauté n'est pas que de façade : elle doit être sincère, c'est-à-dire intériorisée comme un impératif moral. La loyauté sincère est un verrou formidable, qui permet au groupe de se perpétuer, sans surprises, sans dissidence. La loyauté est d'abord du domaine privé. Elle est une exigence vis-à-vis de sa propre conscience. Le terme confucéen de *Zhong Shu* signifie littéralement la fidélité à autrui et à soi-même, à la fois négative (*Shu*, exigence envers soi-même : ne pas faire à autrui ce que nous ne voudrions pas qu'il nous fasse) et positive (*Zhong*, mansuétude, bienveillance). Dans l'autre sens, du haut vers le bas, le supérieur doit faire preuve d'humanité *(Ren)*.

« Que faut-il faire pour bien gouverner ? » demande le disciple Zizang à Confucius dans ses « Entretiens ». Ce dernier répond : « Il suffit d'honorer les cinq qualités et de bannir les quatre maux. Les cinq qualités consistent à être capable d'être généreux sans gaspillage, de faire travailler le peuple sans susciter de rancœur, d'avoir des aspirations sans convoitise, d'être grand seigneur sans prendre de grands airs et d'être imposant sans être intimidant. Les quatre grands maux consistent à punir de mort au lieu d'instruire, ce qui est la tyrannie; à exiger que des travaux soient faits sans en fournir les moyens, ce qui est l'oppression; à exiger l'exécution immédiate d'ordres qu'on a traîné à donner, ce qui est de l'arbitraire; à donner à quelqu'un son dû en le faisant avec parcimonie, ce qui est la mesquinerie[9]. »

Le supérieur est tout-puissant, omniscient, paternaliste et autoritaire. Mais il est vertueux. C'est une morale aristocratique, où l'honnête homme *(Junzi)* fait preuve de noblesse de cœur. « L'honnête homme veille à neuf choses, dit Confucius : quand il regarde, il veille à voir clair; quand il écoute, il veille à entendre distinctement; dans sa contenance, il veille à être amène; dans son attitude, il veille à être respectueux; quand il parle, il veille à ce que ses paroles soient loyales; dans sa tâche, il veille à être sérieux ; dans le doute, il veille à s'informer ; quand il se fâche, il veille aux conséquences ; quand il obtient un avantage, il veille à ce que ce ne soit pas au détriment de la justice[10]. » Le supérieur est un « homme grand », que sa vertu place au-dessus des « hommes petits ».

La hiérarchie est une éthique. Ce qui compte, c'est l'épanouissement du groupe et, pour les membres du groupe, l'abnégation, l'épargne, le travail au service du groupe avec pour récompense principale le sentiment d'appartenance. La règle vis-à-vis du groupe, c'est d'être conforme. Le but suprême du groupe c'est de fonctionner sans heurts, dans l'harmonie. L'ordre du groupe, c'est le consensus. Les idées brillantes, les suggestions radicales, les réformes extrêmes doivent être rejetées. Il ne faut jamais se singulariser. Voilà pourquoi les négociateurs chinois du premier chapitre ont soigneusement évité de tenir autre chose que des propos convenus. Sous le regard du groupe, ç'aurait été pire qu'une faute de goût : un manquement à l'ordre.

Cette méfiance des extrêmes, qui chahuteraient l'ordre du groupe, s'exprime dans la voie du juste milieu *(Zhongyong)*. Ce chemin du milieu est une marque de sagesse, que l'on retrouve dans bien d'autres traditions, dans la « moyenne d'or » d'Aristote ou dans l'*Awsatuha*, la voie médiane de l'islam. Mais là où elle est abstraite chez Aristote, elle est concrète chez Confucius, car elle s'applique à une société tangible, à une famille ou à un Etat.

Bien au-delà de Confucius et de son milieu chinois, les langues asiatiques véhiculent la hiérarchie. Les mots ont un pouvoir social. Ils permettent de nommer rituellement, au juste rang, les interlocuteurs auxquels on s'adresse. Si l'on cherche fiévreusement à déterminer d'entrée de jeu le rang social de l'interlocuteur, c'est afin de pouvoir utiliser le vocabulaire approprié.

Ce n'est pas de la simple politesse, comme les formules codées de salutations dans les lettres en France, par exemple. Cela imprègne l'essence de toutes les langues asiatiques, bien au-delà de leurs origines respectives. On en retrouve l'usage aussi bien dans les langues sino-tibétaines comme le chinois ou le thaïlandais que dans les langues altaïques comme le coréen ou le japonais, ou encore dans les langues austronésiennes comme le malais, le javanais, le balinais ou le tagalog des Philippines.

La langue ne se pratique que dans un contexte hiérarchique. Elle en est affectée jusque dans son cœur : le verbe. Pour prendre un exemple simple, le japonais actuel utilise trois verbes différents pour exprimer le verbe « avoir », selon le rang hiérarchique de l'interlocuteur et pour exprimer exactement la même chose. « Avez-vous un livre » se dira avec l'expression *Aru* s'il s'agit d'un inférieur, *Arimasu* pour un égal et *Gozaimasu* pour un supérieur. Qui, par exemple, est d'emblée supérieur ou inférieur, quand l'on entre dans un magasin ? L'honorable client, bien sûr, est supérieur au vendeur et mérite que l'on use du verbe le plus élevé. Le seul Japonais à n'utiliser, en théorie, qu'un seul verbe « avoir » (le plus bas) est l'empereur car il n'a pas de supérieur ! En balinais, pour prendre un autre exemple, on retrouve la même utilisation de mots entièrement différents selon la hiérarchie... pour dire exactement la même chose. Une phrase aussi simple que « Où allez-vous ? » se dira (vers le haut) *Jagi lunga kija* ou (à égalité) *Bacang lunga kija,* ou encore (vers le bas) *Lakar kijeh*.

En thaï, on retrouve cette distinction en particulier lorsque l'on s'adresse au clergé bouddhiste ou à la cour, dans le langage *rahchahsup*. Dans la noblesse javanaise, également, les termes d'adresse et les tournures de phrase permettent de rétablir constamment lequel des deux interlocuteurs a un statut supérieur : le supérieur parle en forme *ngoko* à son inférieur, lequel lui répondra en forme *krama*[11].

Si l'on utilise le mauvais niveau de langue, lorsqu'un étranger par exemple utilise sans savoir des verbes ou des suffixes « neutres » et propose donc la parité hiérarchique, l'interlocuteur asiatique se trouve désemparé par le manque de connotation hiérarchique dans la relation. Il peut aussi bien se vexer, car il pensera qu'on le traite en inférieur, qu'adopter à votre égard une attitude de supériorité car, tout compte fait, il lui semblera avoir un plus haut statut que vous.

Une seconde conséquence de ces niveaux de langue est que l'on comprend immédiatement, au simple son d'une phrase, l'ordre hiérarchique des interlocuteurs et que l'on peut ainsi se situer commodément. L'ordre du monde est respecté.

La hiérarchie est la seule alternative au chaos. L'harmonie règne. Le rite a été respecté et l'homme en a été rendu meilleur, comme le suggère l'antique canon des rites, le *Li Jing* : « L'action du rite dans la formation de l'homme est secrète ; elle prévient le mal avant qu'il n'apparaisse ; elle rapproche du bien et éloigne du mal d'une manière insensible sans qu'on s'en aperçoive. »

CHAPITRE 4

L'un est l'autre

L'harmonie est l'un des fondements les plus anciens de la tradition chinoise. En chinois ou en japonais, l'écriture du mot lui-même est presque banale. Elle est composée des caractères « céréale » et « bouche ». Avoir du riz plein la bouche, c'est la satisfaction des besoins de base de l'existence humaine : manger. Cette satisfaction est essentielle dans sa banalité même. Alpha et oméga des rapports humains, l'harmonie sert de devise, par exemple à l'Etat japonais moderne ou à la Corée, comme le symbolise le drapeau coréen avec ses signes taoïstes d'emprunt chinois magnifiant l'harmonie[1]. Ce n'est pas un état figé de la matière ni une sorte de prude maxime pour les béni-oui-oui du conservatisme social. C'est une vision du monde profonde et dynamique, un ordre cosmique des possibles.

Le monde, pensent les Chinois, est la combinaison de forces puissantes et autonomes qui s'apparient et se défont, se recomposent et s'écartent à nouveau dans un mouvement permanent. Capter ces forces, s'y couler, ruser avec elles et y communier à un moment donné est le défi constant posé à l'homme. Ces forces qui baignent le monde se rattachent à deux ensembles distincts, opposés et relatifs, et en même temps complémentaires : le Yin et le Yang. Il y a dans cette description une représentation cosmique. Le Yang, c'est le ciel, le Yin c'est la terre. Mais il y a aussi le mouvement vital de la création, c'est-à-dire des manifestations. Le Yang, c'est aussi le masculin, le soleil, le feu. Le Yin, c'est le féminin, la lune, l'eau. Le Yin et le Yang sont les deux côtés de la montagne. C'est la clé de la grande triade qui articule le ciel, la terre et l'homme[2].

Le monde est la manifestation d'un souffle vital qu'il s'agit de capter et qui ne trouve son expression que dans la parité de la combinaison entre le Yin et le Yang. Le féminin *(Yin)* et le masculin *(Yang)* se marient à un instant donné pour donner naissance à un nouvel être, à la vie. La lune *(Yin)* et le soleil *(Yang)* se combinent dans le mouvement perpétuel du jour et de la nuit. A la fois fatalisme, car au jour succédera inéluctablement la nuit, et optimisme, car à la lune succédera forcément le soleil. Ce symbole de l'interaction permanente des deux systèmes de forces, de leur mouvement perpétuel, nous est donné dans l'image des serpentins, l'un noir, l'autre blanc, qui se chevauchent indéfiniment, en tête-à-queue dans un cercle parfait, et qui contiennent d'ailleurs chacun, dans un point central, un élément blanc ou noir de l'autre. Le monde est mutation, interaction. L'un est aussi l'autre.

L'origine de cette vision se perd dans la nuit des temps et a suscité des flots de textes, de commentaires et d'interprétations qui sont au cœur de la sagesse chinoise. Peut-être faut-il en trouver la source dans le chamanisme, cette religion de chasseurs des steppes sibériennes qui ont été les ancêtres des premiers Chinois. Le chamanisme est un ensemble de pratiques magiques qui placent l'homme en harmonie avec les forces de la nature, et singulièrement avec les autres créatures vivantes. Les animaux vivent avec les hommes. On ne les tue que dans deux occasions vitales : se nourrir au jour le jour ou se défendre. L'homme n'est pas un prédateur de la nature. L'ordre des éléments qui s'imposent à l'homme par leur majesté (la terre, le ciel, le vent, la foudre) est un ordre immuable, donc respectable, mais jamais figé.

Il n'y a jamais eu, dans la tradition chinoise, de spéculation métaphysique, d'interrogation sur l'être. « L'idée maîtresse, note Granet, fut de rejeter toute spéculation sur l'Univers et de faire de l'homme l'objet propre du savoir. Le principe de ce savoir, seul intéressant et seul efficace, était la vie en société, le travail de connaissance, de contrôle, de perfectionnement poursuivi en commun, la culture humaniste, grâce à laquelle l'homme se constitue en dignité[3]. » Ce sont des praticiens, des artisans, sans doute des astronomes (c'est-à-dire des spécialistes du calendrier), et des musiciens qui ont donné un sens à cette compréhension du monde[4]. Ils ont forgé les outils de cette compréhension par des techniques divinatoires, recueillies, comme on le sait, dans le livre du *Yi Jing*. En représentant les forces de la nature par trois traits, les uns pleins, les autres coupés en deux, le *Yi Jing* décrit le monde. Ces « trigrammes », au nombre de huit, se combinent deux à deux (soit des « hexagrammes ») en soixante-quatre combinaisons qui permettent toutes les interprétations.

Dans la filiation directe de ces manuels, on peut attribuer à Laozi (« le vieux maître ») le texte central qui donne une cohérence au mouvement des forces du Yin et Yang. Son court livre (5 000 caractères), élaboré au VIe siècle avant notre ère, donne une clé, ou plutôt une piste, tant elle est ésotérique : c'est le Tao[5].

Le Tao, dans son sens étymologique, c'est le pas du magicien qui marche, le chemin, la voie. C'est une direction et un mouvement. Mais c'est une suggestion, tout au plus. Car le Tao est ineffable : on ne peut l'exprimer. Comme le dit Hegel, « pour les Chinois, ce qui est au-dessus de tout, l'origine des choses, est le néant, le vide, l'absolument indéterminé, l'universel abstrait, et cela est appelé le Tao[6] ». Le philosophe chinois Zhuangzi renchérit : « Il y avait quelque chose d'indéterminé qui existait avant le ciel et la terre, quelque chose de silencieux, d'invisible, d'inaltérable, d'indépendant, toujours et inlassablement en mouvement, capable d'être la mère de l'univers. Ne connaissant pas son nom, je l'appelle Tao[7]. »

Dans la vision taoïste, le vide est au centre de tout. Le vide est la possibilité totale. Les choses naissent par transformation. Le point de vue prédominant est donc la notion de changement, de mutation, de mouvement. Il n'existe pas d'état absolu, mais une interaction du Yin et du Yang, dans un ordre en perpétuelle altération, où l'on passe sans cesse à travers la forme, où les choses changent de texture. Les choses se succèdent tout en étant interdépendantes. Le monde de l'existence est donc un passage : passage du jour à la nuit, du printemps à l'automne, de l'aller et du retour. Rien n'est figé, tout est action. Le monde est un univers clos. Comme lui l'espace et le temps sont finis et s'ordonnent en forme de cycle[8]. Cette notion de vide, de réalité en contrepoint, on la retrouve dans toute la philosophie et la poésie chinoises, comme une allusion permanente.

Pour mieux expliquer la fonction centrale du vide, Laozi en donne des images : « Trente rayons convergent au moyeu de la roue, mais c'est son vide central qui fait avancer le char. Un vase est fait d'argile, mais c'est son vide intérieur qui permet de l'utiliser. Une maison est percée de portes et de fenêtres, mais c'est son vide qui la rend habitable[9]. »

Faiblesse ou force ? Tout est dans tout. Il ne faut pas rire de l'apparente faiblesse, dit Laozi avec toujours sa fascination pour l'eau, car elle peut être une force : « Qu'est-ce qui peut offrir moins de résistance que l'eau ? Et pourtant, partout, elle parvient à user la pierre. »

Les principes de cette cosmogonie chinoise s'appliquent dans tous les secteurs de l'activité humaine, depuis la stratégie militaire jusqu'à l'architecture, dans une construction mentale d'une remarquable cohérence et en même temps très concrète. Il n'y a de philosophie, pour les Chinois, que s'il y a des applications pratiques. La vision taoïste en a donné de très riches, parmi lesquelles la médecine, et tout particulièrement l'acupuncture[10].

Dans la vision médicale chinoise, le corps humain est composé d'organes et d'entrailles au sein desquels est régulée l'énergie vitale. A ces parties du corps correspondent six cents points à sa surface, qui se répartissent au long de douze lignes parfaitement définies[11]. Six de ces « méridiens » sont d'ordre Yin et les six autres d'ordre Yang. Les organes et les entrailles sont appariés deux par deux, dans une correspondance parfaite : au foie correspond la vésicule biliaire, au poumon le gros intestin, etc. L'énergie doit être équilibrée entre ces deux pôles. Si l'un des pôles a trop d'énergie, l'autre n'en a pas assez. L'harmonie doit donc être restaurée par une intervention sur les points correspondants du corps, à la fois sur les points du poumon et sur ceux du gros intestin, par exemple, à l'aide de diverses techniques « ponctuelles » telles que les aiguilles métalliques ou la pression des doigts (dans le massage *shiatsu* japonais) ou encore par les *moxa* (bâtonnets d'herbes incandescents).

La médecine chinoise... c'est de la stratégie militaire ! D'ailleurs le mot de « traitement médical » et de « gouvernement » est le même. Car les organes, pour les Chinois, sont un gouvernement du corps. Le cœur, c'est l'empereur. Le foie, c'est le général des armées, le stratège qui prévoit et qui, par son rôle à la fois de régulation et d'impulsion, sait éviter la maladie (dans le corps) ou la guerre (dans la société). Dans la plupart des religions antiques du monde, le foie est l'organe suprême lié à la divination. Cette vision du foie est « universelle ». Le stratège chinois n'est pas celui qui gagne la guerre, mais celui qui sait l'éviter, comme nous le verrons.

De même, le médecin chinois n'est pas celui qui soigne, mais celui qui maintient son patient bien-portant. Si la maladie est en germe dans la bonne santé, la bonne santé est également en germe dans la maladie. On soigne donc la bonne santé pour prévenir la maladie et les Chinois paient leur médecin pour qu'il les maintienne en forme, et cessent de le payer lorsqu'ils tombent malades. Sagesse subtile et combien incitative !

L'ordre, c'est l'équilibre. Les rapports humains sont à l'image de ces forces complémentaires. L'essentiel, dans un dialogue, dans une amitié, dans un contrat, c'est de trouver une harmonie, d'établir un équilibre dans le mouvement des forces, des enjeux ou des intérêts. Mais cet équilibre n'a de consistance qu'à un instant donné. Il est fragile. Le lendemain, dans trois mois, dans trois ans, les forces auront évolué de leur mouvement propre. Peut-être même seront-elles allées jusqu'à la rupture. Il s'agit donc de rétablir en permanence l'ordre idéal, celui que l'on avait trouvé initialement, sans attendre le grand écart. Comme le médecin chinois, c'est quand tout va bien qu'il faut sérieusement s'occuper des relations humaines.

Dès le moment de l'accord, on trouvera donc des processus d'ajustement, des manières de communiquer, des visites de courtoisie, des libations en commun. Jamais on n'attendra qu'il soit trop tard pour rectifier le tir, rajuster un dialogue, et sans dogmatisme. Car ce qui était bon hier peut changer demain, sans que l'on y mette un enjeu moral. Qui a dit que les valeurs étaient absolues ? Le monde change, les rapports sont donc plastiques. La perpétuelle transformation crée un monde de valeurs relatives.

CHAPITRE 5

Affronter ou contourner ?

Le héros, en Asie, est un héros patient. La place de l'homme au sein de la création visible et invisible est ponctuelle, fragile, incertaine. Le monde n'est qu'un flux d'apparences concrètes mais occasionnelles, où les sensations ont autant, ou aussi peu de réalité les unes que les autres[1].

L'Occident est marqué par une logique de l'activisme, celle d'une dépense, d'une accumulation sans fin, sur le mode du « toujours plus » selon lequel on ne cesse d'apprendre davantage ou de vouloir aller plus loin[2]. Agir, en Occident, c'est forcer les choses, s'y opposer, les affronter, en un mot imposer. La pensée chinoise, c'est l'inverse. Laozi le suggère dans la phrase finale de son grand livre : « J'agis sans affronter. » Comme l'explique Granet : « Le Tao est vide de préformations comme de préjugés. Le Tao est détaché, impartial. Il rayonne inlassablement dans une sorte de vacuité continue. Il anime le jeu et se tient hors du jeu. Principe global de toute coexistence, il forme un milieu neutre, propice par là même au flux et au reflux indéfini des interactions spontanées. Sa règle unique est la non-intervention[3]. »

Agir, c'est accompagner le mouvement, s'y glisser, en profiter. L'eau reste une grande référence, à l'image des grands fleuves qui ont conditionné la civilisation chinoise. Le nageur ne cherche pas à s'opposer au flux de la rivière. Il nage dans le sens du courant. Tout au plus peut-il aménager son parcours en profitant des forces qui le baignent. Comme le dit Confucius, en symbiose avec Laozi : il « savait comment gouverner par l'inaction[4] ».

Ce n'est pas de la passivité. Cela n'empêche pas l'attention aux détails, bien au contraire. Comme le dit Mencius : « Il ne faut ni tirer sur les plantes pour les faire grandir plus vite, ni se dispenser de sarcler à leur pied pour les aider à pousser[5]. » Agir sans agir (non-agir : *Wu Wei*) est une notion ambiguë, parce que dynamique. Agir en imposant, c'est une stratégie directe. « Agir en épousant », selon la formule de François Jullien, c'est une stratégie de l'indirect, la seule qui vaille en Asie[6].

On en trouve une application brillante dans l'art de la guerre. La stratégie cherche en effet à tirer systématiquement parti des situations, à les exploiter, à s'y couler sans les forcer, à en profiter. Sans recours aux exploits désespérés des héros de la tradition épique occidentale.

Très tôt, les penseurs chinois ont écrit sur l'art de la guerre de nombreux traités, connus sous le nom de *Bing Fa* (*Bing* : soldat, *Fa* : la règle[7]). Le plus connu (mais il y en a bien d'autres) a été écrit par Sunzi, au IVe siècle avant notre ère[8]. Parce qu'il a été le plus diffusé, il est considéré comme la bible de la stratégie et d'abord parce qu'il a profondément influencé les Asiatiques eux-mêmes, chinois ou autres, comme dans le grand livre japonais des arts martiaux : le « traité des cinq anneaux[9] ».

La vision du monde pour Sunzi est, encore une fois, la vision dynamique du Yin et du Yang. Chaque force contient en elle-même sa force complémentaire, sinon opposée. Chaque force évolue dans un mouvement cyclique de sa force complémentaire. Comme il le précise lui-même, l'ordre porte en lui le chaos, le courage porte en lui la peur, la force porte en elle la faiblesse. Il n'y a pas de différence entre le haut et le bas, le long et le court, la difficulté et la facilité, mais une essence commune, comme les deux côtés d'une pièce de monnaie.

Une réalité est toujours appariée avec son contraire, une apparence avec une apparence contraire, une situation avec son inverse. L'endroit n'a d'intérêt que parce qu'il a un envers. Et c'est sur l'envers que l'on va agir. Ou plus exactement que l'on va « non-agir », en s'y coulant, non pas par effraction mais par mimétisme.

Chez Sunzi, une apparence déguise toujours son contraire. Derrière le déguisement se révèle la réalité. Lorsque quelqu'un est arrogant et parle fort, c'est pour masquer sa faiblesse. Lorsqu'il est calme et qu'il parle doucement, il faut le craindre, car il est vraiment fort. Pour s'avancer caché, le sage simule la folie. Pour conquérir de front, il passe par-derrière. Pour mieux tromper, il faut donner le change. Le sommet de l'art, c'est de gagner sans combattre. L'ennemi doit tomber comme un fruit mûr, s'effondrer de lui-même par sa propre faiblesse.

Toutes les ruses sont bonnes, bien entendu, et la tradition chinoise a produit de nombreux manuels sur les « trente-six stratagèmes » et autres tactiques guerrières. L'honneur y trouve bien peu son compte : l'essentiel étant de gagner, tout cynisme est utile. Il est bon d'attaquer par surprise ou lorsque l'adversaire est faible. Il est bon de le désinformer pour l'abuser, de prêcher le faux pour le vrai. Il est bon d'esquiver le combat. Il est bon de contourner et de se cacher, afin d'éviter un choc frontal. C'est l'approche indirecte qui est gage de succès. Car le véritable succès c'est de se fondre dans les apparences pour vaincre sans bataille. La bataille doit être gagnée avant même d'être commencée.

Il est bon, même, de perdre volontairement une bataille pour gagner la guerre. Un autre traité de la guerre, le *Sun*

Bin, en donne un exemple simple en forme de parabole. Un jour, le général Tian décida d'organiser une course de chevaux en défi à l'un de ses rivaux. A cette époque, chaque adversaire faisait courir trois chevaux deux par deux afin de juger sur une manche, la revanche et la belle. Sun Bin, le conseiller du général, lui indiqua un système infaillible pour vaincre. Il disposa le plus mauvais cheval du général contre le meilleur de son adversaire (une défaite). Puis il disposa le cheval moyen contre le plus mauvais de son adversaire (une victoire). A la belle, il restait le meilleur cheval du général, qui naturellement l'emporta sur le cheval moyen de l'adversaire. Deux victoires contre une défaite : une bataille perdue mais une guerre gagnée[10].

On retrouve une capacité de gérer le long terme, une patience devant la marche du monde qui va bien au-delà du cycle de la vie humaine. Lorsque la Chine, par exemple, a négocié le retour de la colonie anglaise de Hong Kong dans le giron de la mère patrie, elle a, en même temps, donné à Hong Kong une période transitoire de cinquante ans, entre 1997 et 2047, pour adapter son système à celui de Pékin.

Pour éviter la confrontation directe, non seulement les ruses de guerre sont toutes bonnes à prendre, mais aussi, et surtout, l'exploitation de la nature humaine. Pour tromper, il faut connaître tous les ressorts de l'orgueil, de l'avarice, de la gourmandise, de l'envie... bref des sept péchés capitaux, afin de les exploiter sans aucun scrupule. La victoire suppose une connaissance intime de l'adversaire, de ses motivations les plus profondes, des rapports de forces qui l'animent, afin de les annihiler lentement, subtilement, « mine de rien ». Comme le dit Jullien : « Cet art discret de la transformation est celui de la manipulation. Comme tel, il comporte deux aspects complémentaires : s'assurer progressivement l'initiative et par ce, réduire l'adversaire à la passivité en le dépossédant peu à peu de sa capacité à réagir. Il suffit de le séduire et de l'appâter : pour faire en sorte que l'adversaire vienne lui-même où l'on veut, il faut lui "tendre un profit[11]". De même que, pour faire en sorte qu'il ne puisse pas venir là où l'on ne veut pas qu'il vienne, il faut lui "tendre un danger". Manipuler l'autre, c'est faire en sorte qu'il désire faire de lui-même. »

On peut retrouver chez Confucius – avec chez lui la meilleure intention du monde – cette science subtile de la manipulation, dans les vertus qu'il enseigne pour le bon fonctionnement de la société. Dans une société hiérarchique, on s'en souvient, les inférieurs doivent pratiquer la loyauté. Mais cette loyauté ne doit pas être que de façade. Elle doit être « sincère ». C'est un principe politique vicieux que la sincérité. Car elle est un verrou moral à la loyauté. Elle convie à pratiquer de soi-même, par un impératif personnel ardent, le jeu du respect et de la soumission. Nietzsche l'avait réinventé, dans *La Généalogie de la morale*, en dénonçant la morale comme la soumission « volontaire » d'un inférieur à un supérieur, comme une manipulation des dirigeants sur les dirigés.

Cette manifestation mentale a donné naissance, dès les temps anciens, aux techniques de lavage de cerveau, dont on retrouvera la quintessence dans les camps de prisonniers de la Chine ou du Vietnam. Elle est la base de la pratique communiste moderne de la délation et de l'autocritique, qui verra son apogée dans le réduit révolutionnaire de Yanan, dans les années 40, et plus encore sous la Révolution culturelle, de 1966 à la mort de Mao. Regretter « sincèrement » ses fautes, réformer son esprit, se rééduquer dans la « voie correcte », telles sont les perversions d'un système politique dans lequel le sujet doit se soumettre de lui-même. Après la féroce répression de Tian An Men, en 1989, les leaders étudiants, petits ou grands, furent traqués sans pitié. Certains parvinrent, via Hong Kong, à se réfugier à l'étranger. D'autres furent attrapés sur-le-champ et mis en prison. D'autres enfin réussirent à se cacher dans leur famille. Et c'est là qu'ils furent dénoncés ! Ils n'avaient pas suivi la « voie correcte » : leurs parents étaient d'abord de bons citoyens. Entre les autorités et la compassion, le choix inhumain était fait. La prison est d'une brutalité directe, abondamment utilisée dans de tels régimes, mais il s'y ajoute une volonté de transformer mentalement l'individu. Il existe une condamnation pénale pour les petits déviants, qui a fait les beaux jours du régime de Mao : la « mise sous le contrôle des masses », qui consiste à remettre l'individu dans son milieu de travail, mais avec le groupe qui fait un rapport périodique sur son comportement et sur sa volonté de « réforme ». L'autocritique, le regret sincère sont d'une redoutable efficacité, car ils mettent en jeu une stratégie de l'indirect.

De même, dans l'art de la communication, préfère-t-on l'approche indirecte, la suggestion, l'émotion, l'allusion. La meilleure illustration en est la langue chinoise elle-même, c'est-à-dire la langue écrite. L'écriture chinoise est faite de signes, de dessins, de « pictogrammes », qui servent à donner une représentation globale et immédiate du mot que l'on souhaite exprimer. A chaque mot correspond un caractère dessiné, ce qui, soit dit en passant, impose un travail de mémoire considérable. Le dictionnaire de l'empereur Kangxi, au XVIIIe siècle, recensait plus de 40 000 caractères. Pour lire un journal actuel, il faut en maîtriser environ 5 000.

Le chinois parlé est, lui, multiforme : un habitant de Pékin ne comprend pas un Cantonais qui ne comprend pas un Shanghaïen. Mais l'écriture permet, a toujours permis, l'unification de la Chine, car en dessinant un fleuve ou une montagne, chacun comprend de quoi il s'agit, même s'il le prononce différemment. Exactement comme le chiffre « 8 » est compris sans ambiguïté, sous des lectures différentes, par un Français (huit), un Allemand *(acht)*, un Anglais *(eight)*, un Espagnol *(ocho)*, etc. Par extension aux marches proches de l'Asie, les caractères chinois se sont fondus dans les langues parlées locales, en coréen ou en vietnamien, jusqu'à des époques assez récentes ou encore en japonais. Un Japonais comprend le signe chinois « montagne » (*San* en chinois), qu'il utilise similairement, mais en l'exprimant autrement *(Yama)*.

A l'origine, on dessine des objets, la plupart du temps de manière très figurative : un homme, un bœuf, un poisson, le soleil. Plus tard, ces dessins de base évolueront au fil du temps dans un graphisme plus cursif, plus symbolique, mais dont la philologie retrouve aisément les racines. Ce langage des signes est très clair lorsqu'il s'agit d'exprimer des objets : il est facile de dessiner ou d'indiquer une maison, un arbre ou une chaise.

Mais comment exprimer des concepts ? C'est là qu'intervient une savante superposition de caractères qui, a priori, ne signifie pas grand-chose si l'on ne détient pas le code. Le concept de « bonté », par exemple *(Hao)* lie dans un même caractère une femme et un enfant. Le concept de « paix » *(An)* place une femme sous un toit, peut-être bien parce que la paix chez soi est d'avoir une seule femme sous un même toit, ou que l'ordre des choses impose que l'épouse reste à la maison !

L'écriture des concepts ne se laisse pas analyser, comme y inclinerait la bonne logique occidentale. En décomposant le caractère de « paix », on retrouverait bien le caractère « toit » et le caractère « femme », mais quelle conclusion en tirerait-on ? Ce sont là des exemples simples, trop simples. Les combinaisons de caractères sont multiformes, et d'autant plus difficiles à interpréter que les radicaux de base sont relativement peu nombreux. On ne peut donc connaître les concepts et les idées que si on les a appris d'un maître. C'est une langue initiatique.

On conçoit que ce petit jeu, où l'initiation joue le premier rôle, devienne rapidement fascinant, que le signe acquière l'importance mystique que note Paul Claudel : « Le signe est un être, et, de ce fait qu'il est général, il devient sacré. La représentation de l'idée en est ici, en quelque sorte, l'idole. Telle est la base de cette religion scripturale qui est particulière à la Chine[12]. »

La langue est façonnée par le signe, et non l'inverse. On y retrouve, dans son interpénétration étroite avec l'écriture, cette hésitation face au concept. L'allusion, le flou, l'approche indirecte en sont des caractéristiques impérieuses.

La langue et le texte peuvent donc se prêter à toutes les manipulations et justifier des interprétations dialectiques subtiles, dont le seul maître reste l'autorité, et son idéologie du jour indiquant quelle interprétation est la bonne. On peut donc relire les textes de multiples façons, et on ne s'en prive pas. La parole peut s'enfler avec démesure, et rendre tout débat démesuré... et dérisoire. Qui écrit, gouverne. Le pouvoir des scribes est une réalité essentielle.

La grammaire elle-même, du chinois comme de la quasi-totalité des autres langues asiatiques, est une grammaire floue, en ce sens qu'elle ne possède ni déclinaisons ni conjugaisons. Elle laisse donc une grande marge d'interprétation et pose, au passage, de gros problèmes de traduction dans un sens comme dans l'autre. Comment rendre, par exemple, toutes les subtilités des temps passés français (imparfait, passé simple, passé composé, subjonctif passé, etc.) dans de telles langues ?

Peu importe, d'ailleurs, d'exprimer clairement des idées (au sens abstrait des idées occidentales). « Le mot ne correspond pas à une notion dont on tient à fixer, de façon aussi définie que possible, le degré d'abstraction et de généralité, explique Granet. Il évoque, en faisant d'abord apparaître la plus active d'entre elles, un complexe indéfini d'images particulières[13]. » Chaque mot déclenche une cascade d'images, comme la poésie chinoise sait si bien le faire. Le respect du savoir, c'est le respect de l'écriture. Le respect de l'écriture, c'est le respect du pouvoir. La manière de choisir les mots, de les ordonner, de les interpréter, influence l'action des hommes, la dirige. La langue est l'apanage du père, du maître, du chef, qui indiquent ce qu'il faut penser.

Et parce qu'elle est imprécise, elle est une allusion permanente. Elle est à l'image de la peinture chinoise, qui préfère la brume aux éclairages violents du soleil, suggérant plus qu'elle n'indique. Quel trouble, mais quel délice !

CHAPITRE 6

La porte des relations humaines

Ce voyage dans la pensée chinoise donne un sens au fonctionnement actuel de la société. Cette culture du groupe, de la hiérarchie, de l'équilibre, de la relativité, a des dérivés modernes. Elle conditionne l'action quotidienne dans l'Asie d'aujourd'hui, par-delà les façades rutilantes d'un modernisme de surface.

Dans un groupe humain asiatique, les rapports doivent être harmonieux, équilibrés. Et pas seulement pour obéir à une vague règle philosophique mais, plus prosaïquement, pour assurer le bon fonctionnement du groupe. Il faut que l'ordre règne. Le désordre est le pire des maux. Le confort est dans l'ordre, car grâce à lui les situations seront prévisibles. Sa face visible, c'est l'harmonie, qui tolère de n'être qu'une harmonie de façade. Toute occasion de conflit, de contradiction, de désaccord visible doit être évitée à tout prix. Le principe cardinal est la « non-confrontation ».

En société, l'homme n'est pas lui-même. Il n'est qu'un acteur, qui joue la pièce que réclame son groupe, qui peut être jugé par la salle sur la manière dont il s'acquitte de son rôle, qui doit dire un texte écrit par d'autres. Comme un acteur, chacun porte un masque, tels les tragédiens antiques pour qui la personne c'était le masque (en latin : *persona*). Comme la pièce est celle du groupe, on n'exprime pas de sentiments personnels, mais un avis général, convenable, conforme. On ne dit rien avant d'avoir pu, le cas échéant, vérifier l'avis du groupe. « Je » pense bien entendu mais je ne l'exprime pas de moi-même : « nous » avons un avis, mais « je » ne pense rien.

Chacun doit, au nom de la face (*Mianzi* en chinois), montrer son côté respectable, selon un code précis, en supposant que les autres agissent de même, quels que soient leurs sentiments. C'est un petit jeu rituel, où l'on tourne autour du sujet : dire ce que l'on pense réellement, ce serait abaisser son masque, ne pas respecter la règle du jeu. Tout est honorable, à commencer par son interlocuteur, et l'on n'hésitera pas, par une délicate politesse, à faire l'éloge de son interlocuteur en se dépréciant (un peu) soi-même : « votre honorable maison », « ma misérable maison ». Ou encore « vous connaissez bien la Chine, expliquez-moi », ce qui est souvent la marque d'un charmant mépris, ironique et raffiné.

Au nom de la face, tout va toujours très bien. Les Chinois utilisent souvent l'image de la nage du canard. Le canard dans sa mare est un volatile calme, inexpressif, qui évolue lentement sur l'eau, en apparence impassible. Sous la surface, en revanche, il palme intensément, violemment parfois. Mais jamais il ne le montre. En Asie, il faut savoir rester physiologiquement amorphe, garder un visage inexpressif, faire preuve d'une patience qui puisse donner une idée de l'infini[1].

Malheur à qui perd la face, malheur à celui qui la fait perdre. L'horreur absolue, c'est *Diu Lien* (perdre la face). Perdre le contrôle de ses nerfs, sortir de ses gonds, céder à l'impatience, et donner ainsi le sentiment d'être arrogant, c'est montrer son côté le plus noir, l'envers du masque. La qualité que l'on met le plus en avant chez un personnage important, c'est souvent la modestie, la patience, l'apparence d'abnégation. C'est la vertu du sage.

Mieux vaut mourir que de perdre la face. Car l'inverse de la face, c'est la honte. Par le prestige bafoué, on peut mourir de honte. Tout doit contribuer à ne pas mettre l'autre dans une situation intenable. Une exigence déraisonnable, une demande provocante, exprimée en public, devant les autres, ouvertement, sans précautions particulières, en un mot directement, crée une situation intolérable. Les déclarations à l'emporte-pièce sur les droits de l'homme en Chine, prononcées lors de visites officielles devant des caméras par certains hommes politiques occidentaux, sont ainsi rejetées immédiatement par un porte-parole au nom de l'ingérence dans les affaires intérieures. C'est plus qu'une réaction étriquée de régimes totalitaires sur la défensive : c'est une atteinte au principe de la face. De même, dans le débat politique, l'indépendance de la grande île de Taïwan fonctionne-t-elle de facto depuis une génération. Mais user de cette expression en public serait un furieux *casus belli*, un crime de lèse-majesté. Un mot peut provoquer une guerre.

Sans même parler d'injures gratuites, ou ressenties comme telles, dont la plus fameuse est une déclaration officielle d'un exécrable humour involontaire traitant les Japonais de « fourmis »[2]. N'étant en rien responsable de ces propos, mais français tout de même, je me rappelle, à l'époque, avoir été pris à partie pendant quatorze mois d'affilée à chacun de mes entretiens avec des interlocuteurs japonais, petits ou grands, amis ou pas (les amis surtout), tant l'affront verbal avait été ressenti comme une gifle à tout un peuple.

Au nom de la face, on fera des réponses convenables, parfois artificielles, mais acceptables en public afin de ne pas détruire le jeu de la « non-confrontation ». Est-ce un mensonge que de répondre à côté d'une question embarrassante ? En voici un exemple simple. Un Européen marche dans la rue d'une ville asiatique pour aller à un rendez-vous dans un certain immeuble. Un peu perdu, il demande son chemin au premier passant qu'il croise (de préférence dans la langue locale). Soit le passant connaît l'immeuble, et notre ami aura une indication claire. Soit il ne le connaît pas et alors il y a un problème. Car s'il ne sait pas, va-t-il admettre qu'il ne sait pas, se mettre en état flagrant d'infériorité, être impoli par la réponse désagréable « je ne sais pas »[3] ? Le plus souvent, après avoir dansé d'un pied sur l'autre dans une attitude de profonde réflexion, notre passant répondra « tout droit », afin de ne pas perdre la face. Dans les métropoles asiatiques les plus stressées, on s'attire maintenant la réponse directe « je ne sais pas ». Mais dans les villes moyennes, moins au contact des étrangers, une charmante politesse consiste encore, le plus souvent, à répondre à côté !

Comment peut-on accepter à ce point de tordre la « vérité » ? Pour deux raisons, qui sont morales toutes les deux, en ce sens qu'elles n'altèrent pas les rapports sociaux. La première est qu'il est intolérable de s'abaisser outrageusement, de s'exposer à un jugement négatif en déclarant que l'on ne sait pas. La seconde raison tient à l'harmonie, qui impose l'équilibre en toutes choses. Vous avez posé une question, vous méritez une réponse. Ainsi, je me dédouane en donnant une réponse et, en même temps, j'accomplis un devoir d'équité, nos relations demeurent équilibrées. Mais cette réponse est-elle la « vérité » ? Là n'est pas le problème. Ce que je dis n'est pas nécessairement ce que je pense, mais nos rapports restent sereins. Comme le dit le malin poète : « J'aime tant la vérité que je la farde » !

Les Japonais ont formalisé cette attitude dans le couple *Honne/Tatemae*. *Honne*, c'est ce que l'on est à l'intérieur de soi-même. *Tatemae*, c'est ce que l'on montre à l'extérieur. L'un et l'autre peuvent correspondre, mais ils peuvent tout aussi bien se dissocier, sans que s'y niche aucune connotation de mensonge. C'est presque, d'ailleurs, l'un des beaux-arts, que de parfaitement maîtriser ce mode de communication. L'impassibilité, l'imperméabilité, la dissimulation, l'inscrutabilité sont enseignés tout jeune comme une des règles de vie en société. Les Asiatiques prennent souvent les Occidentaux en pitié parce que, tels des bébés, on peut lire sur leur visage toute la gamme des émotions qui les traversent. Le langage n'a pas à être explicite ni précis. Il s'accommode du flou, sinon le recherche. Il est plus fait, à la limite, pour déclencher des émotions que pour préciser des contours, comme l'illustre toute la grande tradition de la peinture et de la poésie chinoises, et leurs dérivés coréens, japonais ou vietnamiens.

Nul ne comprend s'il n'est pas initié. Le signe, dans un texte chinois, ne peut être compris que par rapport à ses voisins. Mais rien n'indique a priori le sens de la lecture. La Chine communiste a mis un peu d'ordre à tout cela, en organisant systématiquement les textes en lignes de gauche à droite comme en Europe. Mais au Japon, les livres commencent à l'envers de chez nous et le texte est disposé en colonnes de droite à gauche. Et à Taïwan, société chinoise traditionnelle s'il en fut, il est tout à fait malaisé de s'y retrouver. Un titre de journal peut y être disposé indistinctement de gauche à droite, ou l'inverse, en lignes ou en colonnes. Pour en trouver le sens, il faut donc se douter a priori du sujet abordé. Dans les plaques des immeubles, c'est encore pire : dire avec certitude que tel nom se lit en ligne ou en colonne revient à connaître déjà ce nom à l'avance[4]. On ne trouve que ce que l'on cherche. On doit être initié. C'est une malice permanente.

La clarté trompeuse des dictionnaires n'arrange rien. Bien sûr, on trouve à chaque mot occidental un correspondant asiatique. Mais que signifie-t-il réellement ? Le mot « valeur » par exemple, n'existe pas en chinois, en japonais, en coréen ou en thaï[5]. Le mot « oui », lui-même, est ambigu : lorsqu'un Chinois ou un Japonais ponctue de « oui » fréquents une conversation, l'Occidental croit souvent qu'il s'agit de son « oui » à lui, c'est-à-dire « oui, je suis d'accord ». Mais le « oui », en Asie, est un symbole d'harmonie, une marque de politesse où l'on montre l'intérêt que l'on porte à la conversation de son interlocuteur et rien de plus. Sûrement pas une marque d'approbation.

C'est par l'empathie que l'on comprend réellement le sens, par une attention constante à son interlocuteur. Non pas par un mode de relation intellectuelle et abstraite, mais en privilégiant la relation humaine. Dans un monde de valeurs relatives, dans un monde où le Yin et le Yang sont en perpétuelle évolution, dans un monde où les mots eux-mêmes dissimulent plus qu'ils n'expliquent, la branche à laquelle se raccrocher, c'est, littéralement, la sympathie (en grec *sun pathos* : partage des sentiments), que les Chinois rendent par le concept confucéen de *Renqing*, « les sentiments humains ».

Les relations humaines doivent être traitées sérieusement comme un rite. Elles ne sont pas générales, mais particulières car les hommes se parlent deux à deux. Cela commence comme un ballet de l'apprivoisement, où, ne se connaissant pas, on s'observe. Le maître de l'apprivoisement, Saint-Exupéry, enseigne au Petit Prince et au renard à s'observer mutuellement jour après jour, en silence au début, et, surtout, à respecter les rites.

Le rituel fixe les choses à leur place, leur donne un nom et donc un sens. Il importe de respecter les étapes, de faire la part des propos de salon et des conversations sérieuses. Il importe de respecter les titres qui conviennent, de désigner son interlocuteur selon son rang hiérarchique, de marquer le statut, avant d'aller plus loin. C'est d'abord parce que l'on a correctement accompli les rites que l'on se montre digne d'entrer dans le cercle de la bonne relation. C'est une séquence codée, prévisible, confortable. Il suffit d'en connaître les rythmes ou de se les faire expliquer : on ne s'assoit pas n'importe où, on ne boit pas n'importe comment, on n'use pas de familiarités déplacées. Exactement comme à la messe, où, quoi que l'on pense, on ne fait pas n'importe quoi à n'importe quel moment. Seul le rite rend la confiance possible.

Les relations humaines ressemblent aussi à de la comptabilité ! Les hommes se parlent deux à deux et, peu à peu, en viennent à s'inviter, à s'aider, bref à se rendre des services. En cette matière aussi, on doit veiller à un strict équilibre des faveurs. Un service en appelle un autre en échange, d'égale qualité. Un cadeau en appelle un autre d'égale valeur. Nul n'est plus expert que les Chinois pour évaluer le poids d'argent d'un cadeau, petit ou grand, afin de pouvoir strictement revaloir la réciproque, au même coût. Un trop grand service masque la demande d'une faveur importante, donc un peu suspecte.

Le temps n'a pas de prise. Le paiement en retour d'un service peut être suggéré ou réclamé des années plus tard. Il n'y a jamais de prescription. Ceci impose de tenir mentalement une comptabilité en partie double avec chacun de ses interlocuteurs, dans un tissu complexe de droits et de devoirs. Les Chinois appellent « le dû du *Renqing* » et les Japonais *Giri*, cet ensemble d'obligations personnelles réciproques qui s'imposent comme un impératif moral des relations humaines. La relation humaine est une assurance-vie, parce qu'elle est un crédit accumulé au fil du temps. Le mot « crédit personnel » et le mot « réputation », à Hong Kong par exemple, se recouvrent sous le même terme de *Sun Yung*.

De droits en devoirs et de devoirs en droits, se créent, au fil du temps, des réseaux d'une solidité à toute épreuve que les Chinois nomment les *Guanxi*. Les deux caractères pour écrire *Guanxi* signifient littéralement « trouver la porte des relations humaines », et donnent à ce terme une connotation de complexité. Les *Guanxi* sont des réseaux de solidarité qui se forment par agrégation successive de personnes prises deux à deux. Les solidarités sont naturelles au sein d'une famille ou d'un clan familial. Elles sont aussi naturelles, quand on habite à l'étranger, au sein d'un groupe de mêmes « pays », ou lorsque l'on pratique les mêmes dialectes (un Chinois de la diaspora à Bangkok ou à Djakarta, à Paris ou à San Francisco). Les *Guanxi* se façonnent par des appartenances communes à telle école ou à telle université ou auprès des élèves du même maître. Elles sont moins naturelles, sans doute, mais peuvent devenir tout aussi fortes lorsque se crée, par hasard ou par construction, une accumulation de droits et de devoirs entre des personnes. Les *Guanxi* sont perméables, qui peuvent accueillir avec le temps de nouveaux membres de manière fluide, y compris des étrangers.

Rien n'est écrit, mais chacun connaît les autres, ou peut les retrouver selon le principe de « l'ami de mon ami ». Le *Guanxi* se perpétue par la confiance personnelle et son ciment dans une société collectiviste : la réputation. La fiabilité est la condition fondamentale de fonctionnement du réseau. C'est sur la quantité de face et sur son contrôle de cette donnée que les opérations commerciales peuvent fonctionner. La confiance permet un flux d'informations confidentielles en tout sens. La confiance permet la mise en commun de moyens financiers par un crédit communautaire dont le système de la tontine est un bon exemple, comme on le verra. La confiance permet l'accès à des privilèges réservés et à la protection des puissants. Gare à celui qui ne remplirait pas ses obligations ou qui disparaîtrait dans la nature avec l'argent de la tontine. Où qu'il aille, on le retrouverait pour lui infliger la pire punition : détruire sa réputation et mettre la honte sur lui et sur sa famille. Dès lors, la famille se porte garante de l'action de l'un de ses membres, de ses faillites ou de ses dettes.

Dans un réseau, les membres ne sont pas tous du même rang. Il y a les puissants et les faibles, les maîtres et les élèves, les vieux et les jeunes. Le réseau est, par cette hiérarchie, un ascenseur de pouvoir. Dans un système centralisé, comme le Parti communiste chinois par exemple, la promotion ne se fait pas au mérite, ou fort peu, mais par la richesse de ses réseaux de relations. Le pouvoir commercial ou financier ne se résout pas au seul talent d'entrepreneur d'un individu, mais dépend des introductions et des relations. « Un allié dans la place, et tu pourras mener cent affaires sans connaître d'échecs », ou encore « Pour pêcher un gros poisson, il faut un long fil », ou, plus sournois, « Dans l'eau claire, pas de poisson », disent les dictons populaires chinois[6].

C'est pourquoi la relation humaine prend le pas sur les codes juridiques, la souplesse des valeurs relatives sur l'absolu du droit.

CHAPITRE 7

L'illusion juridique

Le droit en Asie, ou plus exactement le droit civil, dépend des relations humaines. Il se méfie des accords définitifs et des règles absolues. Il préfère des normes relatives. C'est la source, pour nous, de permanentes méprises.

Un contrat, comme chacun le sait, est un pacte entre deux personnes. Un contrat est libre et peut inventer toutes sortes de dispositions pour autant que celles-ci ne s'opposent pas à la loi générale. Il n'est pas licite de créer une association de malfaiteurs, par exemple. Mais c'est plus qu'un accord de principe. Un contrat est aussi un acte écrit qui sanctionne ce pacte. Le contrat, en Occident, est la pierre angulaire du droit civil car il devient le droit, comme le marque clairement le Code civil français : « Les conventions légalement formées tiennent lieu de loi à ceux qui les ont faites » (article 1134).

Le contrat est donc un texte écrit, gravé dans le marbre, précisé noir sur blanc sur une feuille de papier dûment paraphée. Un contrat est précis. Les termes sont définis, les limites sont recensées et indiquées le plus clairement possible. La marge d'incertitude doit être réduite au maximum. Le texte a valeur absolue, demain ou dans dix ans, parce que ce texte est la loi et que la loi est intangible.

Moïse, au XIVe siècle avant notre ère, est le grand législateur de l'Occident. Ses Tables de la Loi ont établi des principes intangibles dans un cadre strict établissant les notions morales du bien et du mal. Mentir ou tuer est mal car cela va à l'encontre d'un ordre défini du monde.

Si le contrat pose problème, on peut, bien sûr, chercher une sortie selon l'adage populaire qu'« un mauvais accord vaut mieux qu'un bon procès ». Mais très vite on bascule dans le recours à des éléments extérieurs, à des professionnels, à des experts pour s'occuper du litige (les avocats) et le juger (les tribunaux). C'est le confort relatif, neutre en apparence, du *rule of law* cher aux Anglo-Saxons. L'Occident a d'ailleurs développé deux traditions distinctes dans cette construction juridique. L'une est la *common law* anglo-saxonne, de tradition orale parce qu'elle est un ensemble de litiges privés arbitrés par un juge tout-puissant. Dans cette sphère, le droit dérive de plus en plus souvent en juridisme chicanier, avec cette inflation de *lawyers* qui coupent les cheveux en quatre et en vivent grassement. L'autre tradition, chère à la France, c'est un appareil codifié de droit écrit, auquel chacun, juge comme justiciable, est censé se conformer. Mais le fond est de même nature. Droit civil ou contrat, tout commence ou se termine par un texte écrit dans les moindres détails.

Pourquoi cette défiance perpétuelle, ce besoin de prendre des garanties, de confier ses intérêts au texte écrit ? Parce que la nature de l'homme est mauvaise. Au départ de notre mythologie occidentale, il y a l'histoire du Paradis terrestre. Dieu avait fait confiance aux hommes et tout le monde vivait heureux. Puis la règle fut transgressée, la pomme fut croquée et la confiance vola en éclats. L'homme fut chassé de l'Eden, avec la punition de devoir gagner son pain à la sueur de son front. La notion de travail est d'ailleurs différente selon les traditions. Il n'en existe qu'un mot dans la Bible des chrétiens, qui est rattaché à la notion de punition. Dans la Torah des juifs, il existe deux mots : l'un pour désigner le travail-punition (casser des cailloux par exemple), l'autre pour désigner le travail-accomplissement (la passion de l'orfèvre par exemple). L'activité humaine est marquée dès l'origine par le péché de l'homme contre la confiance de Dieu[1]. L'homme est donc fondamentalement mauvais. Dès lors, lorsque deux personnes se rencontrent et souhaitent faire affaire, elles ne peuvent pas se faire confiance. Elles doivent confier à un objet extérieur, en l'occurrence une feuille de papier, les termes de leur affaire. Et cet accord aura valeur absolue. Le temps ne pourra l'altérer. Et tout naturellement, nous passons des contrats à tout bout de champ, pour embaucher, pour nous marier, pour le commerce ou les assurances.

On retrouve ce goût du contrat dans la tradition arabe, mais pour une raison un peu différente. L'homme en effet n'y est pas foncièrement mauvais mais il est faible. Dans la Bible, l'homme et Dieu sont proches. Ils se parlent fréquemment et directement. L'homme est à l'image de Dieu. Dans le Coran, l'homme est infiniment petit face à Allah. Il ne dialogue pas avec lui sauf à l'implorer front contre terre. Il est en permanence soumis à la volonté de Dieu, tel un fragile fétu de paille. Les hommes, lorsqu'ils font affaire, signent donc des contrats, mais ceux-ci sont soumis, dans leur application, à la volonté de Dieu, au principe permanent du *Inch'Allah*.

En Asie, l'homme est bon par nature. Ou du moins n'y a-t-il jamais existé de mythe du péché originel. Celui que je rencontre pour la première fois n'est donc pas suspect a priori. Mais je ne le connais pas bien. Le premier pas d'un accord éventuel est donc l'apprivoisement, comme Saint-

Exupéry nous en a donné la recette un peu plus haut. Il n'y a pas de rapport à Dieu, puisque « Dieu » n'existe pas comme dans les religions révélées. Au terme de cet apprivoisement, l'accord viendra naturellement, sans feuille de papier, par une relation personnelle où la confiance règne. Cet accord n'a pas nécessairement à être précis. Il peut fort bien être ambigu. L'ambiguïté n'est pas considérée comme une plaie, mais peut-être bien comme l'un des beaux-arts dans les relations humaines. La sympathie n'est pas affaire de définitions.

L'accord verbal, d'homme à homme, est donc la base du « contrat » en Asie. En Occident, le contrat est la fin solennelle d'un accord. En Asie, il est le début d'une relation personnelle. Et lorsqu'un problème survient, il convient de le régler par le dialogue personnel, sans recours aux avocats et aux juges. Bien sûr, on signe des contrats en Asie (du moins l'étranger avec les Asiatiques) et les Etats asiatiques disposent tous de juridictions de recours ou de clauses d'arbitrage. Mais c'est pour mieux montrer au monde qu'ils sont des Etats « modernes » et qu'ils peuvent étaler une palette d'outils qui ne le cède en rien à celle de l'Occident. C'est souvent pour la face.

Il existe à Pékin, non loin de la place Tian An Men, un boulevard marchand bordé de grands magasins et de boutiques en tout genre, fréquenté par des dizaines de milliers de badauds et de familles : Wanfujing. Le coin de Wanfujing et de l'immense avenue qui mène à Tian An Men est donc un carrefour stratégique. Au début des années 90, le fleuron du fast-food américain, McDonald's, négocie de longues semaines avec la municipalité de Pékin, propriétaire du terrain, pour acquérir ce terrain ou plutôt (parce que seul l'Etat socialiste est propriétaire foncier) se faire accorder une concession de trente ans. Le contrat, ciselé par les *lawyers* américains, reprend toutes les clauses les plus fines des innombrables textes réglementaires chinois. On le signe en grande pompe, maire en tête. Le business peut donc commencer. Bientôt, la célèbre enseigne devient le rendez-vous du Tout-Pékin, avec ses détails insolites. Pour le niveau de vie des Chinois, le Big-Mac reste un produit très cher. Peu de clients peuvent payer les neuf yuans de ce festin. On y voit donc des familles entières de sept personnes prendre une table et commander un seul plat. Pourquoi sept personnes ? Parce que, dans ce pays d'enfants uniques, où le « petit empereur » fait l'objet de toutes les attentions, on régale le gamin d'une sortie de luxe, entouré de ses deux parents et de ses quatre grands-parents qui le regardent avaler son ketchup et ses frites. Pas une frite n'est jetée. On met religieusement celles qui restent dans un sac en papier que l'on rapporte à la maison. McDonald's est donc plus qu'une boutique anonyme de Pékin : c'est un symbole de réussite sociale.

Trois ans plus tard, coup de tonnerre. Par une savante magouille, le milliardaire de Hong Kong Li Kashing négocie directement avec ses amis du conseil d'Etat chinois, au niveau du Premier ministre, passant au-dessus de la tête de la municipalité de Pékin. Le vaste quadrilatère qui englobe le restaurant est attribué au promoteur, qui se promet de construire un centre commercial grandiose, avec des boutiques, des parkings, des bureaux et *tutti quanti*. L'énorme projet ne s'embarrasse pas d'une petite boutique. McDonald's se voit donc signifier son expulsion. Et le contrat ? Et la concession de trente ans ? Des armées d'avocats américains débarquent donc à Pékin et font le siège tout à la fois de la municipalité et du conseil d'Etat.

Le droit commercial contre l'empereur de Chine. Qui l'emporte dans ce cas : le contrat écrit ou l'arbitraire du pouvoir ? Tous les arguments rationnels percutent une muraille de coton. De feintes en esquives et en fins de non-recevoir, le gouvernement chinois campe sur ses positions pour ne pas se priver d'une juteuse affaire avec l'ami Li Kashing. Il faudra, après toutes ces missions et de faramineux honoraires d'avocats, que le président Clinton lui-même négocie en direct avec le président Jiang Zemin pour parvenir à une solution. Le chantier se fera donc, mais en épargnant le coin du quadrilatère. McDonald's pourra donc perdurer, mais sur un fond de palissades. Pendant trois ans, on y accédera par des planches de chantier. L'honneur est sauf et le business aussi. Et si, au lieu de McDonald's, ç'avait été l'entreprise lambda, sur un carrefour moins visible ?

La Chine s'est à peine ouverte au monde depuis une quinzaine d'années et ses pratiques juridiques ne laissent pas de surprendre. Pour les entreprises qui se ruent sur le marché chinois, le grand écart entre le texte et la pratique est souvent source de confusions. La Chine s'est dotée en peu d'années d'un arsenal juridique complet, mais la lettre de la loi est un concept nouveau. Les lois existantes sont souvent ambiguës, ce qui laisse une marge d'interprétation. On peut se voir opposer un texte local inconnu, car non publié, mais tout cela est « légal ». En théorie, il n'y a aujourd'hui qu'une seule loi pour toute la Chine, mais en pratique, les autorités provinciales ou municipales s'arrogent une autonomie considérable, accordent leurs faveurs et... négocient localement les contreparties. La Chine manque également de juristes. Les prétendus experts connaissent mal les textes. Les autorités pratiquent donc souvent un autre extrême : une application excessivement pointilleuse et souvent contradictoire.

Pour faire moderne, la Chine a signé la plupart des conventions internationales sur les marques, la propriété intellectuelle, et même, en fin 1998, le pacte annexe à la Déclaration universelle des droits de l'homme sur les droits civils et politiques et le pacte de 1966 sur les droits économiques et sociaux (que les Etats-Unis n'ont toujours pas ratifié d'ailleurs !). Mais la contrefaçon reste en Chine un sport national, normal, patriotique même. Le modèle en la matière pour les Chinois est le Japon qui, dans son gigantesque rattrapage de l'Occident depuis un siècle, a pratiqué tant et plus les copies utiles à ses intérêts nationaux.

Dans la pratique, pour les investisseurs étrangers, les recours juridiques fonctionnent rarement. Pas forcément par machiavélisme, mais parce que la notion d'accord recoupe la notion de changement, parce qu'une relation est d'abord plastique, relative. Si un changement de contexte rend l'exécution d'une clause de contrat impossible, inutile ou inopportune, les devoirs des parties changent et le contrat peut être modifié. Il faut en renégocier les contours, le contenu, la finalité et les réaménager en fonction du nouvel environnement extérieur.

Lorsqu'un contrat est signé en Occident, on peut dormir sur ses deux oreilles. Lorsqu'un contrat est signé en Asie, c'est le moment d'ouvrir l'œil. On doit donc, à tout prix, maintenir la relation humaine, l'alimenter par des visites ou des cadeaux, nourrir un dialogue. Et, chemin faisant, on pourra, à quelques signes discrets, déceler le cas échéant que le contexte est en train de changer, que des aménagements sont nécessaires. En somme que, dans le grand jeu des mutations du Yin et du Yang, les forces en présence ont évolué de leur vie propre et que si l'on a trouvé une position d'équilibre à un instant donné, il convient de rebâtir cet équilibre jour après jour, en se coulant dans l'évolution des choses.

Un contentieux est fait pour être réglé à l'amiable. Le contrat, en tout cas, n'est pas un élément de preuve en cas de problèmes, ou alors on entre dans un parcours du combattant sans fin. C'est au chef d'agir, car l'un des rôles du chef c'est d'aplanir les problèmes avant que la justice n'ait la tentation de s'en emparer. Le chef, dans une telle société hiérarchique, est tout-puissant. Il est omniscient, paternaliste, autoritaire, paré de toutes les vertus. Il a des privilèges naturels, bien éloignés du fair-play et de l'égalité de tous devant la loi. Que pèse l'esprit de la loi face à la parole de l'empereur ?

On se méfie du texte écrit et ce n'est pas le moindre des paradoxes dans cette civilisation modelée par le texte, béate devant les caractères de son écriture. Le texte écrit, pour le citoyen moyen, a un fort parfum de pouvoir, car il a longtemps été synonyme d'arrêt de mort. L'écriture chinoise et la mort jouent un jeu permanent. Lorsque l'on condamne à mort un délinquant quelconque dans la Chine actuelle, on le promène généralement avant son exécution autour des rues de la ville sur un camion. Autour du cou, il porte une pancarte où son nom est rayé ostensiblement d'une croix, signifiant qu'il est déjà mort et que son nom n'existe plus. Signe d'infamie, on ne peut plus le nommer.

Un texte écrit, cela peut circuler, faire l'objet de copies, échapper à tout contrôle. Il est courant d'observer aujourd'hui cette méfiance récurrente pour la lettre ou la télécopie, du moins pour la lettre qui dit réellement quelque chose, qui a une substance. Un ami chinois ne répond pas à une lettre. On croit alors que son silence épistolaire est une fâcherie, pour s'apercevoir au premier voyage que l'on reste les meilleurs amis du monde. Car la communication réelle est verbale, visuelle, face à face.

Le texte est un outil de pouvoir. Dans la tradition chinoise, le fonctionnaire, c'est-à-dire le délégué de l'empereur, est un expert du texte. Ce mandarin est un lettré. Il a patiemment appris des milliers de caractères et passé de difficiles examens. Dans cette bureaucratie céleste[2], le scribe a le pouvoir de diriger les citoyens, ou plutôt les sujets, par la grâce du texte : celui des édits impériaux, bien sûr, mais, dans la vie quotidienne, celui de ses propres décrets. Il écrit le droit, sans nécessairement se référer à un code, parce qu'il est le droit.

Droit et pouvoir s'écrivent du même caractère *(quan)* dans la tradition ancienne. Le mandarin a toujours le dernier mot lorsqu'il arbitre : c'est un Etat arbitraire. Au sommet de la hiérarchie, l'empereur lui aussi est le droit car il a le mandat du ciel. Il représente donc sur terre l'ordre cosmique immuable. Ses édits sont légitimes, sans qu'une assemblée ait eu à en décider. Il fait et défait, peut tout décider et le contraire de tout.

La loi *(Fa)*, c'est la règle[3]. Le droit civil a du mal à s'y frayer un chemin, car la conception de la loi est par essence pénale. Le caractère *fa*, en effet, signifie à la fois la règle et le châtiment, formé qu'il est de l'eau (impartiale comme la justice) et de la licorne, qui représente le supplice du pal pour les criminels, donc un outil d'oppression aux mains des dirigeants. La loi est un instrument de l'Etat et non une garantie pour les citoyens. A la conception du droit anglo-saxon qui procède du *rule of law* (mal traduit par « le règne de la loi »), la conception asiatique, en Chine, et bien au-delà de la Chine, répond, si l'on peut dire, par le « *rule* by *law*[4] », le règne *par* la loi au service du pouvoir.

Il est significatif de voir qu'au cours des derniers mois qui ont précédé le retour de Hong Kong à la Chine (1er juillet 1997), le combat le plus ardent et le plus sincère qu'aient livré les autorités britanniques et notamment le *chief justice* de Hong Kong (par fonction indépendant du pouvoir administratif), portait précisément sur le *rule of law*, c'est-à-dire sur l'inquiétude de voir l'arbitraire du pouvoir chinois s'installer à la place des règles du droit à l'occidentale.

Qu'il est mince, le vernis « universel » dont on badigeonne les débats internationaux !

CHAPITRE 8

L'autre Asie : ni tout à fait la même, ni tout à fait une autre

Est-il bien raisonnable de proclamer qu'il y a une seule Asie et que celle-ci obéit aux lois mentales de la sphère culturelle chinoise ? En réalité, l'Asie orientale, entre le sous-continent indien et l'océan Pacifique, est tout sauf homogène.

Si, par jeu, on retirait la Chine de la carte de l'Asie orientale, que resterait-il ? Au nord, une péninsule, formée des deux Corées, et l'archipel du Japon, plus éloignés l'un de l'autre qu'il n'y paraît superficiellement. Au point maritime le plus étroit, entre les villes japonaise de Shimonoseki et coréenne de Pusan, un ferry-boat moderne met douze heures à traverser. En Europe, le même navire met une heure entre Calais et Douvres. Cette distance, minime à l'époque actuelle, a été un obstacle majeur dans le passé. Par les techniques de navigation traditionnelles, en effet, il fut difficile d'organiser des transports lourds de matières pondéreuses, de produits de grande série... et de forces armées significatives. Ce handicap a été une chance pour le Japon, qui n'a jamais été envahi avant 1945[1].

Plus au sud, la géographie est encore une série d'îles et de péninsules difficiles d'accès, d'archipels dispersés, comme les Philippines ou l'Indonésie. La seule partie continentale d'Asie en dehors de la Chine est celle que les

Thaïs appellent *Souvanaphum*, la « péninsule d'or », qui va de la Birmanie au Vietnam, en passant par la Thaïlande et le Cambodge. Contrairement à l'Europe, l'Asie n'est donc pas un continent. L'Europe a toujours eu une continuité territoriale et des frontières perméables. Les Alpes n'empêchèrent pas Hannibal de passer en Italie avec ses éléphants. La Manche n'empêcha pas Jules César d'aller jusqu'en Ecosse ou Guillaume le Conquérant d'envahir l'Angleterre, à charge de revanche. L'Elbe ou le Rhin n'empêchèrent pas Attila d'arriver jusqu'aux champs Catalauniques en Champagne.

La mosaïque asiatique est disposée sur l'eau. C'est la mer qui a toujours été la barrière ou le lien entre les pays d'Asie. Au nord, le détroit de Tsushima entre le Japon et la Corée, à la fois protection et lieu d'échanges. Au sud-ouest de la grande côte chinoise, la mer de Chine méridionale, que bordent les Philippines, le Sarawak malais et le Vietnam. Les lignes de communication de l'Asie ne sont donc pas continentales. Les trains ou les camions comptent bien moins que les avions et les navires. Les lieux d'échanges ne sont pas des gares, mais des aéroports.

L'Asie du Sud-Est est disparate. Formée hier de royaumes brillants, fiers et autonomes, elle est aujourd'hui constituée de nations non moins fortes, jalouses de leur identité, chatouilleuses sur leurs prérogatives et leurs frontières. La haine entre les Coréens et les Japonais, par exemple, reste un réflexe viscéral. Beaucoup ont combattu les uns contre les autres, et l'aventure la plus intense fut, pendant la première partie du XXe siècle, celle de la conquête sauvage et sanguinaire de toute l'Asie par le Japon. Beaucoup de pays asiatiques ont conquis leur indépendance dans le sang, avec leurs pages d'héroïsme, leurs épopées et leurs héros charismatiques. La Chine a fait son unité avec Mao Zedong, en 1949, le Vietnam avec Hô Chi Minh un peu plus tard. Comme l'Indonésie avec

Soekarno, la Birmanie avec Aung San, les Philippines avec José Laurel ou Singapour avec Lee Kwan Yew. Leur histoire leur appartient parce qu'ils l'ont conquise et, fait remarquable, sans la grande crise d'identité qui a accompagné les indépendances africaines, par exemple.

Certains pays sont communistes, tels la Chine, le Vietnam et la Corée du Nord, première monarchie socialiste[2]. D'autres sont des démocraties authentiques telles les Philippines, ou le sont devenus, comme la Corée du Sud ou Taïwan. Certains pays sont profondément bouddhistes, comme la Thaïlande ou la Birmanie. D'autres, plus au sud, sont façonnés par l'islam, comme la Malaisie et l'Indonésie. Certains sont devenus très riches, plus riches que les Européens[3]. D'autres stagnent encore dans une pauvreté désolante, au Cambodge, en Birmanie, au Vietnam ou dans les provinces intérieures de la Chine.

Qu'y a-t-il de commun entre la masse humaine de la Chine (1,3 milliard d'habitants), de l'Indonésie (200 millions) et son petit voisin de Singapour (3 millions) ou le modeste Cambodge (9 millions) ?

Quoi de commun entre des langues austro-asiatiques comme le khmer, tibéto-birmanes comme le birman ou le kachin, austronésiennes comme le malais ou le tagalog des Philippines ? Sans parler du thaï, du lao ou du shan, dont les racines sinisées sont plus incertaines, ou du vietnamien, dont la parenté austro-asiatique ou sino-tibétaine est encore sujette à controverses[4]. Un seul point commun sans doute : il ne s'agit pas de langues indo-européennes. Les systèmes d'écriture n'ont rien à voir. Impossible à un Birman de lire du thaï ou du vietnamien. Difficile à un Chinois de lire une enseigne en coréen, en japonais ou en malais. Impossible à un Européen de repérer un nom de restaurant ailleurs qu'en Indonésie, à Singapour ou au Vietnam. Et encore : il y a douze accents différents sur les caractères romains qui écrivent le vietnamien !

LES INFLUENCES CULTURELLES EN ASIE

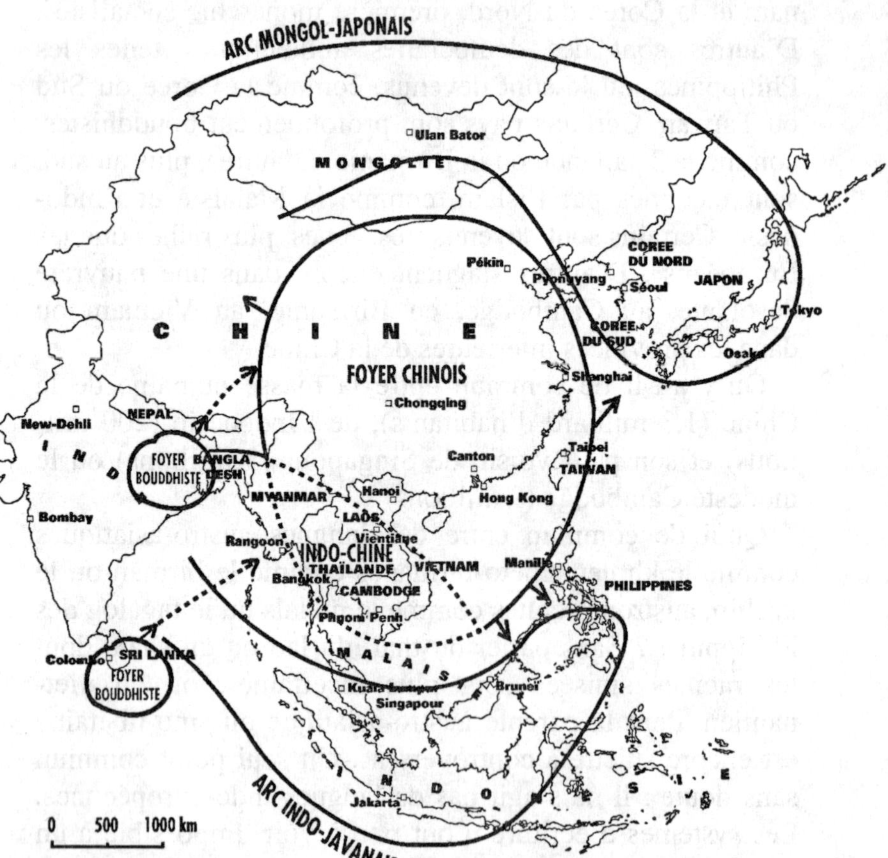

L'Asie-Pacifique existe-t-elle ? C'est un terme commode, forgé aux Etats-Unis pour désigner l'Asie riveraine du Pacifique, mais c'est une fausse notion, qui tendrait à faire accroire que l'océan Pacifique est un océan d'histoire et de civilisation. Dans la longue histoire de l'Asie orientale, l'océan Pacifique a été un océan vide. D'abord parce qu'il est immense, infranchissable aux temps anciens de la marine à voile : trois fois la largeur de l'Atlantique ! Et puis parce que, longtemps, il n'y a rien eu en face. La conquête de l'Ouest américain et de la Californie ne date que du XIXe siècle. Le Pacifique n'a donc jamais été la Méditerranée, et n'a ressemblé à l'Atlantique qu'au XXe siècle : est-ce suffisant, malgré l'accélération du progrès technique, pour modifier par osmose l'héritage de civilisations aussi fortes et anciennes ?

Le véritable océan asiatique est peut-être l'océan Indien. Le mécanisme des moussons donne la clé de l'affaire. Trois mois par an, les vents y soufflent régulièrement d'est en ouest, suivis de six mois de calme, puis de trois mois de vents de sens exactement contraire, d'ouest en est. Très tôt, on a donc pu et su bâtir des navires lourds destinés au commerce entre la côte orientale de l'Inde et le Sud-Est asiatique, parce qu'ils n'avaient pas à remonter au vent, à louvoyer. « En face », les Indiens trouvaient, entre autres choses, des ingrédients dont ils ont toujours été les premiers consommateurs du monde : les épices. Le poivre, la cannelle, le safran, la muscade sont produits en abondance sur cette « côte des épices » qui va de Sumatra aux îles de la Sonde et à Mindanao. Très tôt, les marchands de Java, des Célèbes ou de Bornéo ont, eux aussi, goûté les charmes de cet intense commerce maritime.

Tous ces pays ont été irrigués par la grande civilisation indienne. Au premier millénaire de notre ère, les multiples principautés du Sud-Est asiatique sont hindouisées. Ce ne sont pas les peuples qui ont incliné plus ou moins aux artefacts de la culture et de la religion hindouiste, mais les princes locaux qui l'ont choisi[5]. Partout, dans l'art, dans les modes de gouvernement, dans la pratique religieuse, c'est l'hindouisme qui s'impose aux royaumes du Sud-Est asiatique, dont quelques-uns ne tarderont pas à devenir des foyers majeurs de civilisation, tels le royaume de Java (le temple hindouiste/bouddhiste de Borobudur date du VIIIe siècle), le royaume de Pagan dans l'actuelle Birmanie (apogée au VIIIe/Xe siècle), le royaume khmer (les neuf cents temples et autres villes d'Angkor ont été construits entre le IXe et le XIIe siècle), ou encore le brillant royaume Champa, aujourd'hui disparu, dans l'actuel Vietnam central.

L'hindouisme des princes, des sages et des sculpteurs ne le cède en rien à l'hindouisme des marchands. L'Asie du Sud-Est, l'Asie des moussons, est la galaxie de l'échange. Ce n'est évidemment pas un hasard si le détroit de Malacca, entre Sumatra et la péninsule malaise, acquiert une telle importance dès cette époque et fait l'objet de tous les enjeux. Les pirates (déjà !) écument ses eaux. Les comptoirs y sont des lieux de vie d'autant plus dynamiques qu'à la longue saison de calme entre les moussons, les communautés de toutes origines y cohabitent, sédentaires pour quelques mois entre deux navigations.

Une première mutation de fond a lieu dans toute l'Asie du Sud-Est, étagée entre le XIIe et le XIVe siècle de notre ère. Au XIIe siècle, à partir du renouveau (ou plutôt de la reconquête autochtone) de Ceylan, s'étend sur l'Asie du Sud-Est la grande vague déferlante du bouddhisme. Le bouddhisme est né en Inde au VIe siècle avant notre ère. Son fondateur, Siddhartha Gautama (Gautama Bouddha – Bouddha signifie « l'Eveillé »), né selon la tradition en 563 avant notre ère, est pratiquement contemporain de Confucius (né en 551), très proche lui aussi, à une vingtaine d'années près, de Pythagore en Grèce ou de Laozi en Chine. Le bouddhisme est longtemps resté confiné à des communautés discrètes à l'intérieur de l'Inde, protégé officiellement par le grand empereur Ashoka (269-232 avant notre ère), mais surtout combattu âprement par les brahmanes hindouistes, pour lesquels il est un mouvement de réforme, donc une concurrence redoutable.

Le bouddhisme ne devient missionnaire que plus tard, en se propageant vers le nord au Tibet, puis en Chine, puis en Corée et au Japon (avec une dérive méridionale depuis la Chine jusqu'au Vietnam) sous sa forme doctrinale du « grand véhicule » (Mahayana). A partir de Ceylan, aux premiers siècles de notre ère, le bouddhisme se développera intensément vers la Birmanie, puis l'ensemble des royaumes du Sud-Est asiatique, sous sa forme dite de la « voie des anciens » (Theravada), aussi appelée par les tenants du grand véhicule « le petit véhicule[6] ». Dès lors, et jusqu'à aujourd'hui, la culture et la pratique quotidienne bouddhiste seront un trait majeur de toute l'Asie, du nord au sud, et tout spécialement, par son intense dévotion, dans la « péninsule d'or[7] ».

La deuxième mutation en Asie du Sud-Est est, presque à la même époque, l'inexorable poussée des Taïs depuis les confins méridionaux de la Chine, puis le nord de l'actuelle Thaïlande, à Chiangmai, jusqu'au sud, à Sukhothai, au XIIIe siècle en subjuguant le royaume môn. C'est une civilisation, en un sens, qui en remplace une autre : en langue môn, en effet, *Môn* signifie la civilisation et *Taï* les barbares ! Les peuples d'ethnie taï, en réalité se sont infiltrés graduellement le long des rivières, dans un mouvement général des populations du nord au sud[8].

Désormais, les voisins birmans et khmers ont à qui parler. La succession des emprunts réciproques et des conflits ne cessera pas, au point de fragiliser toute la zone. La région s'est à ce point affaiblie qu'elle va être conquise par les Chinois, ou plus exactement par les empereurs mongols, descendants de Gengis Khan, qui règnent alors sur la Chine. En 1285, les armées mongoles marquent le commencement de la fin du royaume champa. En 1287, elles s'emparent de l'immense capitale de Pagan, en Birmanie centrale, avec ses cinq mille temples, scellant la chute définitive du royaume et la mort de Pagan. L'invasion sino-mongole est un choc dont le Sud-Est asiatique ne s'est jamais remis, tournant alors le dos à l'Inde pour voler de ses propres ailes[9].

Un peu plus tard, mais à peine, dès le XIVe siècle, le prosélytisme musulman, de l'Inde s'étend, par la mer, à l'Indonésie. La poussée arabe, en effet, par les passes montagneuses de l'Afghanistan, est en train de subjuguer le nord de l'Inde. Au sud, les marchands arabes, dont c'est une longue tradition, poussent jusqu'aux îles de l'Indonésie. Avec eux, ils apportent le Coran, qui va si bien se fondre dans le monde malais qu'il va donner son empreinte définitive à la péninsule malaise et à l'Indonésie, et jusqu'à l'extrême est, à Mindanao, la grande île du sud des Philippines.

C'est un islam des marchands, sunnite, par nature plus plastique et plus tolérant que l'islam des prêcheurs de désert. Les princes de Java vont l'adopter et l'imposer, sans pour autant éliminer la vision sociale des castes propre à l'hindouisme. Les marchands auront entre eux, dans leurs comptoirs, un langage de communication simple un peu à l'image de l'anglais d'aéroport, qui donnera naissance au XXe siècle au malais simplifié *(bahasa melayu)* et à l'indonésien véhiculaire *(bahasa indonesia)*, formidable outil de simplification pour unifier un peuple disparate.

Le Sud-Est asiatique est plus ouvert à l'extérieur que le continent chinois, pour le meilleur et pour le pire. Plus accessible, plus morcelé, il subira en vagues successives au XIXe siècle sa troisième grande révolution : le colonialisme. L'Indonésie devient nominalement néerlandaise, la péninsule malaise, Penang et Singapour sont britanniques, les Philippines sont espagnoles (avant de devenir américaines). L'Indochine (le Vietnam, le Cambodge et le Laos d'aujourd'hui) est française.

Dans cette affaire, le royaume de Siam (l'actuelle Thaïlande) a toujours su protéger une indépendance de façade, malgré le blocus du port de Bangkok par les Français en 1893 et leur appropriation, en 1907, des territoires siamois de Sayaburi au nord et de Kampasak au sud. Les « Taïs » d'hier se sont entre-temps choisi le nom de « Thaïs », en s'ajoutant un *h* par une subtile et savante homophonie qui, désormais, signifie « hommes libres ». Ils réussiront par leur habileté diplomatique à sauvegarder leur monarchie derrière la façade. La Thaïlande est, en réalité, au tournant du XXe siècle, le client de l'Angleterre.

Puis le Japon mettra tout le monde d'accord par sa conquête de toute l'Asie en 1942, dans laquelle la Thaïlande – encore elle – maintient une indépendance formelle.

Histoire compliquée, contrastée, fragmentée, que celle de l'Asie du Sud-Est. Mais on y retrouve, en termes de civilisation, trois grands caractères communs.

D'abord la géographie du riz. L'Asie des moussons est une Asie de rizières. La culture du riz, dans tout le Sud-Est asiatique, n'est pas autochtone. On sait aujourd'hui qu'elle a été progressivement « importée » au cours du premier millénaire non pas depuis l'Inde mais depuis... la Chine – déjà[10] ! L'attention portée à l'eau, la culture réussie de la céréale la plus productive du monde ont permis de nourrir des populations très denses, grâce à une discipline sociale où la collectivité est mise à contribution intensément, quotidiennement, pour gérer l'eau dans la concorde. Les découvertes archéologiques faites en Chine, en Thaïlande du Nord, en Malaisie ou au Vietnam dévoilent sans ambiguïtés que les sociétés du riz sont des sociétés finement hiérarchisées en statuts bien différenciés. L'influence du riz dans l'organisation de la société, dans sa stratification, dans l'exercice du pouvoir de ses dirigeants offre en permanence une métaphore du père nourricier.

L'hindouisme ensuite, suivi par le bouddhisme, est l'autre grand trait commun en termes d'influence culturelle, même si, au sud, la pratique de l'islam se superpose à la vision hindouiste du monde et de la société. Les géographes, dans leur terminologie lapidaire, en donnent un sens, lorsqu'ils appellent le monde autour de Java « Indonésie » (de Inde et « nésie » : les îles, comme Polynésie ou Mélanésie), ou lorsqu'ils qualifient la péninsule d'or, littéralement d'Indo-Chine. La géographie physique est d'une précision diabolique. La limite de la Chine et de l'Indo-Chine (au sens large) suit, en effet, la ligne des crêtes de l'Himalaya, qui commence en Inde et au Népal, se prolonge sur la frontière sino-birmane, s'abaisse aux montagnes du Laos et vient mourir dans la mer au centre du Vietnam en même temps que la cordillère Annamitique. Au nord de cette ligne, c'est la Chine. Au sud, c'est cette zone d'influences mélangées entre le monde indien et le monde chinois : c'est l'Indo-Chine.

Car cette zone est d'abord une zone d'échanges. L'Inde, on l'a vu, a lourdement influencé l'Asie des moussons, d'ouest en est. Mais la Chine, du nord au sud, a aussi propagé une empreinte considérable. Pas tant par les conquêtes militaires à courte portée de Khoubilaï Khan au XIIIe siècle que par ses marchands. Par les passes de Birmanie, du Laos et du nord du Vietnam, par le dynamisme maritime de ses marchands autour du *Nanyang*, la mer de Chine du Sud, la Chine a toujours commercé avec l'Asie des moussons. Il ne faut jamais oublier que la troisième route de la soie, la moins célèbre, passait fort tôt par la Birmanie vers l'océan Indien et que la stratégie chinoise garde toujours la vivace mémoire de cette voie de pénétration-là. Depuis la renaissance des Etats de l'Asie du Sud-Est, après la Seconde Guerre mondiale, la main des Chinois de la diaspora est partout présente dans la formidable activité économique de la Thaïlande, de la Malaisie, de l'Indonésie, des Philippines, du Vietnam et de la Birmanie[11]. Le pouvoir de l'argent, à défaut du pouvoir politique, est chinois, et quelques-unes de leurs valeurs aussi.

Le troisième caractère commun est la vision de l'homme dans sa société. Sans forcer le trait ni chercher de résonances particulières à tout prix, on retrouve en effet dans tout le Sud-Est asiatique, par-delà les histoires particulières, un certain nombre d'attitudes semblables qui appartiennent au grand registre de la différence avec l'Europe[12].

D'abord, omniprésente, cette vision que l'homme ne vit pas seul, mais en groupe, que la collectivité est l'espace de la vie, que l'individu n'est (ou ne doit être) qu'un être situé dans sa communauté et subordonné à elle. On retrouve partout cette idée du groupe hiérarchisé, aux statuts fortement visibles de supérieur, d'égal ou d'inférieur, avec partout l'image du père qui donne un sens aux relations familiales, sociales et politiques. Dans chaque village vietnamien existe le *Van Miêv*, temple consacré au culte de Confucius et de ses préceptes paternalistes. Nul n'est plus sensible à la notion de père que le monde malais, et singulièrement l'Indonésie. Le groupe humain est formé du père *(Bapak)* et de ses enfants *(Anak-buah)*, qui ont ensemble des relations affectueuses, dénuées de soucis matériels. Les « enfants » sont loyaux envers le père. Le père est bienveillant, responsable vis-à-vis de ses enfants[13].

On retrouve sous une autre forme ce type de relations en Thaïlande, dans une version où le bouddhisme a apposé son empreinte indélébile. Le monde ne s'y conçoit qu'en groupe hiérarchisé. Au sommet de tous les groupes est le roi, d'ordre divin, tabou, représentant de l'ordre du ciel (le ciel bouddhiste, un peu différent du ciel des Chinois). Le père est bienveillant et la société n'existe pas s'il n'en est pas ainsi, car les personnes sont vulnérables, fragiles et sans ressources si le père ne dirige pas les autres « dans un sens constructif » (en thaï : *Karuna*), en faisant toujours preuve d'amabilité et de compassion *(Kwam Metta)*. En retour, le fils, le subordonné, le sujet, est loyal, marquant par là la dette qu'il encourt auprès de son supérieur *(Bun Kun)*. C'est une révérence naturelle, que les Thaïs appellent *Krengjai* (à la fois la crainte, *Kreng*, et le cœur, *Jai*[14]). La hiérarchie, ici comme ailleurs, joue un rôle central. Le statut *(Tana)* et la face *(Na)* sont des affaires fort sérieuses. Il existe un maître pour chaque aspect de la vie sociale, qui initie dans la conformité à la pratique convenable. Le maître est honoré officiellement lors de fêtes périodiques où les élèves des écoles, par exemple, vont rituellement pratiquer le salut en son honneur (la cérémonie, très vivante, du *Wan Waï Kru*).

La relation psychologique joue un rôle plus fort dans la culture thaïe que dans le monde malais[15]. Le cœur a toujours sa place dans le jeu hiérarchique des Thaïs. A la fois sensibles aux signes et aux rangs de la hiérarchie à des degrés inouïs (l'ancienne échelle de la *Sakdina*), qui révèlent l'héritage des statuts hindouistes, les Thaïs mettent l'inclination personnelle spontanée, d'essence bouddhiste, dans ces rapports hiérarchiques. La pratique dite de la « force du cœur » *(Kamlang Jai)* donne la sincérité nécessaire aux personnes de rang inférieur pour pratiquer leur loyauté vis-à-vis de l'échelon supérieur. La position d'inférieur n'est pas pour les Thaïs forcément humiliante et négative, comme le montre la relation de tributaire que le Siam a entretenue avec la Chine pendant plusieurs siècles. L'huile affective dont se tempèrent les rapports humains gomme bien des susceptibilités éventuelles.

Ces deux mondes malais et thaï, et à leurs portes les cultures birmane, khmère et vietnamienne, privilégient des relations collectives et hiérarchiques en suivant de mêmes vertus de loyauté, de sincérité et de bienveillance, de mêmes caractéristiques de paternalisme et de personnification de l'autorité[16]. Là comme ailleurs, l'obsession de la stabilité des rapports sociaux donne lieu à différentes variations sur le thème commun du consensus. Ce n'est pas forcément le terme d'harmonie qu'on explicite, comme en Chine, mais l'accent est mis sur les instruments de l'équilibre social. L'entraide est, en Indonésie, un concept central *(Gotong Royong)*, utilisé comme tel, d'ailleurs, dans l'exercice du pouvoir par les dirigeants. De même la recherche du consensus à tout prix est un exercice public, pratiqué dans le moindre village, où tous, jeunes et vieux, ardents et patients, sont invités à s'exprimer jusqu'à la phase finale de la démocratie à l'indonésienne, sacralisée sous la forme du « vote consensuel à l'unanimité » *(Musyawarah)*.

Ce rejet des extrêmes, ce souci de « non-confrontation » sont également présents dans l'influence bouddhiste sur la Thaïlande, la Birmanie et le Cambodge. Le bouddhisme enseigne, en effet, à maîtriser ses émotions, à rejeter les manifestations extrêmes telles que la confrontation (dans le sens négatif) et même l'engagement (dans le sens positif). D'où des attitudes consensuelles en apparence, mi-figue, mi-raisin, où prendre une décision est presque une insulte, où « tout va toujours très bien », où le sourire tient toujours lieu de réponse.

Au nom de la « non-confrontation », le rôle de la face est central. La face, qui fait de nous un acteur, impose de jouer une pièce écrite par d'autres, d'être conforme. Au nom de la face, les émotions sont gommées, refoulées. Le masque apparent doit être un masque engageant. Le sourire en Thaïlande, par exemple, donne lieu à d'infinies nuances et l'on y apprend avec patience les « quarante façons de sourire ». Les manifestations de colère, de trouble, d'anxiété ou d'approbation spontanée se cachent derrière ces sourires, au mieux derrière des circonlocutions embarrassées.

Toutes les cultures du Sud-Est asiatique disposent, en la matière, des mêmes concepts dans leur manipulation contrastée des sentiments intérieurs et des sentiments exprimés. Le monde malayo-indonésien, par exemple, utilise les notions de *Bâtin* et de *Lair*. *Bâtin*, c'est la dimension intérieure de la vie personnelle. *Lair,* c'est la manière de s'exprimer à l'extérieur, qui suppose forcément le raffinement, la douceur, l'harmonie sociale. Jamais un vrai Javanais ne manifestera d'émotion dans un dialogue public ou privé : ce serait d'une rare impudeur. Les passions doivent être exactement contrôlées. L'impassibilité est l'un des beaux-arts. L'homme supérieur est un *alus*, poli, subtil, exquis, en un mot civilisé[17]. Le théâtre d'ombres cher à la tradition javanaise, le *Wayang Kulit*, est la version la plus achevée de la vie en société.

Dans une telle pratique se niche également une sorte d'approche comptable des rapports humains. Les rapports humains s'établissent en réseaux d'apprivoisements réciproques, dans des services rendus entre supérieurs et inférieurs ou entre amis. Un service, un cadeau en appellent un autre de même valeur, afin que l'équilibre soit en permanence maintenu. Le *Karuna* thaïlandais du supérieur a pour contrepartie le *Krengjai* de l'inférieur. Dans le monde malais et indonésien, la relation de loyauté du fils au père, du sujet au supérieur, ou entre amis, se comptabilise en permanence par le *Hutang Budi*, une « dette incalculable », qui peut s'étendre indéfiniment dans le temps, comme en Thaïlande le *Bun Kun*.

L'autre Asie, l'Asie non chinoise, est bien autonome. Mais, par d'autres voies, elle n'est pas tout à fait différente, dans la pratique sociale, de sa grande sœur du nord.

CHAPITRE 9

Nous autres Japonais

Rien n'obsède plus les Japonais que de s'affirmer spéciaux et distincts, en un mot uniques. Rien ne les crispe plus que cette inquiétude permanente qui fait proclamer au Japon son absolue différence. Personne ne peut censément comprendre les Japonais ! Pour mieux le justifier, le discours officiel reprend périodiquement une vieille plainte, toujours la même : le Japon est un pauvre pays, sans matières premières ni terres agricoles substantielles, sujet aux colères du ciel et à ses cyclones, aux tremblements de terre et aux raz de marée. Mal-aimé, incompris pense-t-il, le Japon fait sien ce cri du cœur du philosophe Maine de Biran : « Renonçant à me faire comprendre, je cherche à me faire aimer. »

Le Japon n'est nulle part, ni en Asie, ni en Europe, ni ailleurs. Il est le Japon, archipel isolé face à lui-même, en tête-à-tête avec le ciel seul. Ses mythes fondateurs le disent. L'empereur originel Jimmu descend directement de la cuisse de la déesse du soleil Amaterasu O Mikami. A l'image de ces rochers de la mer du Japon reliés par une grosse corde de paille de riz, les « rochers mariés », le Japon est dans une relation spéciale avec la nature et les éléments. Bien entendu, la propagande du temps de guerre a magnifié cette vocation spéciale du Japon, en prenant dans les mythes de la religion shintoïste ce qui pouvait lui servir. Dans une telle période, on s'en doute, tout le monde devait s'aligner : l'organisation sévère du « contrôle de la pensée » y veillait.

Mais aujourd'hui il n'est nul besoin de contrôle pour qu'en masse, dans une affirmation lancinante, le dialogue avec des étrangers commence invariablement par un « nous autres Japonais », comme une justification. Cette forme d'angoisse, à la fois de se trouver une identité en niant toute ressemblance avec d'autres cultures, et de se comparer en permanence au reste du monde, est un trait permanent du Japon.

Les Japonais, sans doute, ont un vieux complexe vis-à-vis des Chinois parce qu'ils savent bien, sans toujours le dire, qu'à l'aube véritable de leur civilisation, aux premiers siècles de notre ère, la Chine avait déjà plusieurs millénaires d'une brillante histoire. La Chine est le phare de toute civilisation au pays du soleil levant. Au fil des siècles, les Japonais lui ont tout emprunté, ou presque : son écriture idéographique, prodigieuse construction, pourtant si peu adaptée à la structure de la langue japonaise qu'elle lui est un placage contre nature ; la religion bouddhique, certes née en Inde, mais ressuscitée, magnifiée, corrigée par la Chine; le confucianisme, qui modèle impérieusement les moindres manifestations de la vie en société, et auquel les Japonais donneront un tour plus militaire que la très civile Chine; les canons artistiques et les techniques essentielles de l'estampe, du papier, de la laque, de la soie, venues tout droit de Chine; son organisation administrative aux premiers temps de l'unification impériale du Japon autour de la ville de Kyôto ; et même le cheval, animal des steppes qui transforme les conceptions de la guerre. Jusqu'à une date fort récente, les fils de bonne famille japonais suivaient tous des études classiques où la Chine était, par sa langue, ses poètes et ses philosophes, la grande référence, plus encore que le latin pour les études des élites en Europe.

Dans la course aux racines, le Japon exalte la très ancienne culture Jômon et ses splendides poteries, manière de doter le Japon d'une légitimité archéologique impeccable en faisant des Japonais les descendants des chasseurs du néolithique, surgis d'une sorte de génération spontanée il y a dix mille ans. Rien à envier aux premiers Chinois, en somme.

Mais la réalité est sans doute différente. Les Japonais d'aujourd'hui sont vraisemblablement des descendants des premiers Coréens, lesquels sont des Mongols sédentarisés. Un faisceau de preuves archéologiques converge pour prouver que des tribus de la péninsule coréenne sont arrivées autour du IVe siècle avant notre ère, apportant avec elles des outils de métal que ne connaissaient pas les Jômon, et surtout la science de la culture du riz, venue tout droit de Chine. Peu à peu, en quelques siècles, ces immigrants fonderont dans les plaines proches d'Osaka le premier Japon en repoussant de manière inéluctable, grâce à leurs techniques, les rescapés des Jômon vers le nord de l'archipel[1]. C'est un furieux débat idéologique que les archéologues ont à mener, encore aujourd'hui, car il détruit le mythe d'un Japon unique et miraculeusement isolé.

Les linguistes et les historiens des religions ont, eux aussi, leurs propres méthodes qui les conduisent à raisonner dans le même sens. La langue japonaise a des racines communes et une grammaire similaire à celles du coréen et du mongol. En japonais contemporain, par exemple, comme en coréen (ou en turc, dérivé lui aussi des premières langues mongoles), le verbe vient toujours se placer à la fin de la phrase, au contraire de toutes les autres langues, qu'elles soient asiatiques ou indo-européennes. Cela n'a rien à voir avec l'allemand qui place le verbe à la fin de la phrase subordonnée : c'est de la principale qu'il s'agit. Au passage, il est fort difficile d'assurer l'interprétariat simultané du japonais : l'interprète doit attendre que la totalité de la phrase, si complexe qu'elle soit, soit terminée pour en savoir le sens général grâce au verbe ! La langue japonaise, comme toute autre, s'est enrichie de mots chinois pendant une grande partie de son histoire, ou anglais aujourd'hui, mais il n'empêche : son originalité se trouve quelque part dans les steppes sibériennes d'antan. Même chose pour la première religion des Japonais, le shintoïsme. C'est un dérivé direct du chamanisme sibérien, avec sa vision des créatures vivantes, des phénomènes extraordinaires révélés par des manifestations d'ordre divin (les *Kami* japonais) et son obsession de la souillure qui doit être blanchie afin de ne pas fâcher le ciel.

Le Japon est donc une civilisation de première grandeur qui ne peut se résumer à la seule influence de la Chine, si prégnante soit-elle. Elle a su en donner une construction originale, riche, forte et talentueuse, comme le prouvent les trésors de sa culture.

L'élément central du développement historique du Japon, c'est le riz, et comme toute société du riz, la primauté donnée à la communauté sur l'individu. En démêlant autant que faire se peut les éléments autochtones japonais de l'influence chinoise, on peut relever un grand nombre de valeurs japonaises d'une similitude troublante avec ses voisins asiatiques. Et au Japon, ces valeurs sont plus faciles à lire, moins brouillées, que dans le reste de l'Asie. Le Japon, en effet, a toujours été une société militaire, où les seigneurs féodaux se sont affrontés en permanence, mis au pas périodiquement par la puissance du plus important d'entre eux : le Shôgun. La classe des samouraïs, guerriers disposant du monopole du sabre, a toujours été beaucoup plus importante numériquement que les élites des autres pays. La noblesse de l'Ancien Régime français, par exemple, représentait moins de 2 % de la population. Même chose pour les mandarins de l'empire chinois. Au Japon, les samouraïs étaient proportionnellement trois fois plus nombreux, avant le retrait du grand privilège de porter le sabre en 1876 !

Cette primauté du militaire dans la tradition japonaise a toute la raideur des ordres, de la loyauté à la lettre, de la dureté au mal et de la discipline. Les règles n'ont pas la souplesse d'appréciation de la Chine mais sont délimitées avec rigueur. Les contours se font épure. L'étiquette des rapports humains ressemble à un manuel du soldat : à telle question correspond telle réponse codifiée, à telle situation correspond telle attitude à adopter. Le rituel est parfait, comme à la parade. Il n'y a pas de surprises car on applique une réponse programmée à des situations définies à l'avance. Nul état d'âme pour trouver une phrase de remerciements à l'issue d'un dîner : la formule rituelle est « *Gô chisôsama deshita* », ou lorsque l'épouse au foyer salue sur le pas de la porte son mari qui rentre à la maison, « *O kaeri nasai* ». L'ensemble des rencontres de la vie sociale ressemble à ces vieux standards téléphoniques dans lesquels, lorsqu'une lampe s'allumait au-dessus d'une alvéole, il suffisait de brancher la fiche correspondante pour obtenir la ligne. A une question codifiée répond une phrase codifiée, toujours la même. Les Japonais se sentent particulièrement mal à l'aise dans l'improvisation et dans l'imprévu. Ainsi est fait le grand confort de la vie en société au Japon.

Un Japonais seul est un Japonais mort ! Nulle part mieux qu'au Japon on ne ressent ce poids de la collectivité, d'une communauté étouffante, mais nourricière, dans laquelle l'individu ne peut ni ne souhaite s'exprimer.

Ou alors il le fait par petites touches, par des allusions subtiles ou des notations suggérées, jamais en public. Car il est mauvais de s'afficher, d'exprimer une opinion, lorsqu'on en a une, en face des autres.

Par des chemins sinueux, les réunions progressent donc laborieusement, qui visent plus à trouver un consensus du groupe qu'à résoudre des problèmes. Tous les détails les plus minimes sont explorés, dans l'ordre ou dans le désordre savant de la logique floue. Les arguments ne se font pas rationnels : on leur préfère souvent l'adhésion fondée sur une émotion partagée en commun *(Kimochi)*, presque d'ordre esthétique. Personne ne se met en avant et la plus belle vertu, la plus évidente aux yeux des Japonais, est celle d'abnégation *(Gaman)*. Tout le monde connaît les efforts de tel ou tel pour accomplir sa tâche, mais personne, jamais, n'affichera les sacrifices qu'il a dû consentir pour y parvenir.

Le groupe doit fonctionner en harmonie, par une mystique de la non-confrontation qui est la devise même de l'Etat japonais *(Wa)*. La seule opinion qui vaille est collective et hiérarchique. Un problème, au Japon, est toujours balisé très en amont, par des séries de consultations informelles qui éviteront à chacun, une fois le problème ouvertement posé, de perdre la face. Toujours proches de la nature, les Japonais comparent la résolution des problèmes à la transplantation d'un arbre. « Dégager toutes les racines de l'arbre avant de le transplanter » *(Nemawashi)* est le seul processus valide. L'efficacité ne passe pas par de grandes théories ou par des affirmations flamboyantes, mais par de tout petits détails. Rien n'est abstrait, tout est concret. Mais on l'exprime par touches successives, en contournant l'obstacle, dans un esprit de conciliation qui, après de longs détours, permet d'aller au but recherché.

Le chef, dans un tel contexte, n'est pas celui qui décide haut et fort. Il est au contraire celui qui écoute et qui encourage, celui qui par sa seule présence permet au groupe de s'épanouir. Car nulle société n'est plus hiérarchique que la société japonaise. Chacun doit se situer avec une grande précision. Chacun est l'inférieur, l'égal ou le supérieur de son voisin ou de son interlocuteur, et doit user du langage hiérarchique adéquat, se plier aux subtilités des courbettes sans fin, prendre sa place dans une voiture, dans un ascenseur ou à table sans commettre d'impair. Le chef, le patron, est vénéré avec une particulière componction et une série de signes qui marquent sa place sans ambiguïtés. Le chef a toujours raison, et c'est pour cela qu'il se tait très souvent. Car un ordre serait immédiatement exécuté, bien sûr, mais sans le respect dû à l'inférieur, sans l'adhésion indispensable qui s'aménage petit à petit. Le groupe fonctionne donc de manière subtilement autonome, par nuances, par une démocratie de ralliements personnels et jamais par une démocratie qui consisterait à échanger des arguments contradictoires.

Ce système privilégie l'ancienneté et les relations bâties en réseaux de solidarités ou d'allégeances sur une longue période, à tous les échelons, dans l'Etat, dans l'administration, sur les lieux de travail. Dans les grandes entreprises, les plus caricaturales, le chef doit avoir les cheveux blancs pour être crédible. Ce n'est pas le plus brillant en façade (ce n'est pas non plus le moins intelligent !), mais ce n'est pas ce qu'on lui demande. Modeste, toujours d'une extrême courtoisie, ce chef-là est aux antipodes de l'image de leadership que l'on met en exergue en Occident. C'est un stéréotype, bien entendu. Le Japon est un immense pays, la deuxième puissance économique du monde, l'un des plus riches et des plus foisonnants. Les entreprises de l'électronique, par exemple, ont des styles très différents, innovantes et agressives s'agissant de Sony, compassées dans le cas de Matsushita. Des personnalités brillantes s'expriment, créent des entreprises ou des œuvres d'art. Mais partout, le carcan de la respectabilité pèse d'un poids particulier.

La hiérarchie finale se décide très jeune dans la méritocratie des examens. S'ils ont passé les concours des bonnes universités, les jeunes Japonais ont un avenir brillant (les Japonaises sont encore largement laissées pour compte dans la montée au cocotier social). On pourrait penser qu'ils souhaitent s'exprimer ou choisir des voies d'ascension rapide, ces brillants sujets. Il n'en est rien, de manière encore massive. Si une grande entreprise propose à un jeune de bon calibre d'entrer chez elle, avec implicitement un emploi à vie, il est encore bien rare que l'étudiant refuse, poussé par la pression sociale, à commencer par celle de ses professeurs. Malgré ce que l'on peut lire çà et là sur l'évolution du Japon, les faits sont têtus : l'écrasante majorité choisit cette voie, même si chacun sait que l'évolution est fort lente dans un tel système : pas question d'espérer diriger un département ou un grand projet si l'on n'a pas passé de quinze à vingt ans à blanchir sous le harnois.

Pourquoi ce conformisme qui annihile bien des velléités ? Parce que rejoindre une grande entreprise (ou un ministère puissant) est le symbole même de la respectabilité. Il est plus important d'être « de chez Mitsubishi » que de devenir un improbable génie. Peut-être n'est-ce qu'une coïncidence, mais à l'époque d'Internet, il est intéressant de noter que le « Bill Gates japonais », le flamboyant créateur de la Softbank, Masayoshi Son, n'est pas japonais d'origine, mais coréen, c'est-à-dire membre d'une communauté soigneusement tenue en marge.

Bien peu échappent à cette formidable pression du conformisme de groupe. Celui qui se singularise fait rapidement figure d'hurluberlu et quitte la route de la considération sociale pour les voies plus périlleuses des chemins de traverse. Une sorte d'ostracisme, plus mortel dans une telle société du groupe que dans toute autre. On en parle beaucoup, surtout depuis la période de langueur économique des années 90, manière d'exorciser une profonde crise de confiance. Mais on le fait rarement.

Au Japon, il faut avoir un Maître et le suivre en tout point. Le *Sensei*, le Professeur, a une emprise morale considérable sur ses étudiants, au point de leur imposer souvent sa volonté. Et comme il est difficile à la fois de suivre le maître en se pliant à tous les arcanes de sa pratique et de sa vision (souvent étriquée), et de découvrir par soi-même des champs nouveaux, la créativité pose problème. Mais ce qui est un lourd handicap scientifique s'avère un avantage pour la politique. Car il est conforme à la norme d'adopter le point de vue de ceux que la respectabilité sociale a consacrés comme les maîtres à penser modernes : les éditorialistes. Ce sont eux qui donnent le ton et indiquent dans leurs journaux à grand tirage ce qu'il convient de penser. On se méfie des politiciens et du jeu obscur de leurs parrains. La rancœur ne tarde pas à faire dériver les conversations privées sur le thème du « tous pourris ». Mais pour autant, le Japon n'a cessé, par ses votes, de reconduire au pouvoir la même mouvance de partis conservateurs depuis la première Constitution de Meiji, en 1889. Et s'il y a eu des variations de majorités, elles sont dues aux déchirements des factions au pouvoir et non à un basculement significatif d'électeurs tentés par on ne sait quel changement. Plus ça change, au Japon, et plus ça continue.

Pourtant, s'il y a eu une expérience en vraie grandeur pour modifier le comportement d'un peuple entier par une réforme radicale des institutions et des règles du jeu, c'est bien au Japon, lors de l'occupation américaine de 1945 à

1952, comme on le sait. La pression de l'étranger *(gaïatsu)*, déterminante aux grandes dates de l'histoire japonaise, a-t-elle provoqué une mutation sans retour du système[2] ?

Si des réformes ou même des révolutions suffisaient à modifier le cours de valeurs fort anciennes, la culture moderne du Japon en aurait été bouleversée, et la pratique quotidienne de la société japonaise s'alignerait aujourd'hui sur des normes occidentales. Or c'est à peu près le contraire qui continue à se produire. La démocratie et l'économie américaines ne vivent que de transparence. Transparence à la Bourse, où les sociétés sont soumises à l'inquisition quotidienne des analystes et des marchés financiers. Transparence dans la politique, où les parlementaires et, plus encore, le président sont passés au scanner des médias à sensation, au nom du droit à l'information. Transparence de la justice et du gouvernement, à qui les avocats, lâchés en meute, réclament tous les détails et exigent toutes les garanties sur tout et n'importe quoi. Le Japon fait de la résistance. Il a réussi à maintenir sa vieille manière de faire et de penser derrière la façade du modernisme. Et sans doute est-ce un formidable instinct d'identité qui pousse le Japon à cette sorte de cohésion. Les formes d'expression ont beau être multiples, dans un pays aussi moderne et actif, le socle des valeurs traditionnelles demeure.

Là où le management nous enseigne que l'ordre économique doit être ouvert et plastique, les entreprises japonaises continuent à se complaire dans une structure presque féodale, avec ses immenses conglomérats de l'establishment au sommet, et leur cohorte de sous-traitants en cascade. Le pouvoir des grands groupes va au-delà, dans cette société communaliste qui ressemble à ce que pourrait être une société communiste idéale[3] ! L'entreprise y est le groupe dominant de référence. Ce pouvoir est idéologique. Censément les plus puissants dans l'ordre féodal, les grands groupes donnent le ton, dictent la façon de penser, à l'image des autres « sages », les grandes plumes des journaux, les professeurs d'université ou la coterie des principaux hauts fonctionnaires, avec qui d'ailleurs ils ont partie liée. Le modèle de société véhiculé par les grands groupes s'applique à tout le reste, avec plus ou moins de bonheur, mais sans beaucoup de latitude. Quoi qu'on en dise, l'emploi à vie reste la norme, même si on l'a aménagé depuis une dizaine d'années, en le réservant aux titulaires et en modulant sévèrement l'âge de la retraite selon les entreprises. La loyauté à l'entreprise est totale et, là aussi quoi qu'on en dise, la mobilité des cadres et des employés d'une entreprise à l'autre demeure extraordinairement confinée. Cela représente, dans l'inconscient collectif, une forme de trahison. Bien sûr, les anciens se plaignent de l'attitude des plus jeunes. Ils sont peut-être loyaux en surface, disent-ils, mais ils n'ont plus la sincérité d'antan dans leur loyauté. Au Japon, Confucius n'est plus ce qu'il était ! Les avocats d'une évolution en profondeur du Japon en sont pour leurs frais. Le système évolue certes, notamment sous la pression molle de la morosité économique des années 90, comme nous le verrons, mais à tout petits pas très lents. Et, ce faisant, il se protège[4].

Un Etat moderne est-il nécessairement un Etat de droit, où le *rule of law* anglo-saxon serait la norme universelle ? Le Japon a sa propre réponse, mi-figue mi-raisin. D'un côté, le fourmillement des règlements dans tous les registres est la marque, sans doute, d'un Etat de papier, au Japon comme ailleurs, où la bureaucratie a envahi tous les interstices des civilisations urbaines, dites « avancées ». Mais de l'autre, la machine légale et technocratique continue à privilégier la parole par rapport au texte écrit. La plupart des règles ou des réformes édictées par les ministères le sont, en effet, sous la forme de directives administratives *(Gyôsei Shido)* énoncées verbalement, sans décret ni journal officiel pour en marquer la trace noir sur blanc. Et gare au naïf entrepreneur ou à l'avocat étranger qui voudrait exiger une base écrite, donc légale, des règles pour les appliquer.

Le contrat écrit reste encore, au Japon, une notion occidentale assez artificielle. On ne signe toujours pas de contrat de travail formel lorsque l'on entre, au 1er avril de chaque année, dans l'un des grands groupes industriels ou financiers, et pour la vie. Le contrat moral, le seul qui compte, est bâti sur une relation personnelle, sur une parole donnée et surtout sur un faisceau d'obligations réciproques, construit au fil du temps en dehors de tout contrat écrit. Cette obligation morale, le tout-puissant *Giri,* est un ciment autrement plus fort qu'un accord signé sur un coin de table. Un service rendu en amène un autre en retour, un cadeau entraîne sa stricte réciproque, une relation d'amitié est faite pour durer. On est très proche des notions du *Renqing* chinois, du *Bun Kun* thaïlandais ou de la « dette incalculable » du *Hutang Budi* indonésien.

Comparaison n'est pas raison, mais bien des comportements se déclinent de manière similaire dans toute l'Asie, malgré les variations parfois importantes autour des mêmes thèmes. Au Japon, l'individu n'existe pas devant le groupe. Il n'est qu'un bon acteur, qui doit jouer un rôle selon les règles et appliquer le rituel. La face, ici comme ailleurs, est un concept central et il est toujours préférable d'exprimer des vues qui ne heurtent pas, plutôt que des opinions qui pourraient être corrosives. Et ce n'est pas un mensonge que de répondre « n'importe quoi » à une question embarrassante. Au nom de la face, les sentiments intérieurs *(Honne)* et les sentiments exprimés *(Tatemae)* se situent sur un registre différent.

Le Japon se croit différent de ses voisins. Il en fait le ciment de son identité et de sa cohésion sociale. C'est un formidable atout psychologique et pratique. Et comme le Japon reste discipliné, il tire de ses valeurs japonaises un avantage décisif, dans un consensus massif, contrairement peut-être à la très fluide Chine et à son penchant pour l'indiscipline publique. Mais sur le fond, le Japon appartient bien au même monde asiatique. Ravi de se croire spécial et unique, il se berce aux délices de la fausse différence.

CHAPITRE 10

Tous particuliers, tous universels

Entre la différence que chacun revendique et la grande conscience humaine qui nous rend semblables, la culture a du mal à se frayer un chemin.

Nous sommes tous frères, dans une grande connivence universelle qui déploie ses ailes sur tous les hommes, par différence avec les animaux. La mystique va même au-delà, en appelant toutes les créatures à une fusion cosmique, dans des traditions d'une haute élévation qui vont du Bouddha à saint François d'Assise. Tous nous sommes censés avoir les mêmes besoins et les mêmes valeurs de base. Citoyens du monde, nous avons des droits : à une vie décente, à la sécurité, à la propriété et à bien d'autres choses encore. Les Asiatiques sont donc en cela nos semblables. Tous particuliers, nous sommes également tous universels.

Si l'on pose la question aux Asiatiques, les réflexes particularistes sont les premiers à surgir spontanément. Tous différents, les Asiatiques ! comment peut-on décemment comparer des comportements chinois et japonais, des valeurs thaïlandaises et indonésiennes ? Quelle présomption, quelle insensibilité que de faire fi, par exemple, des haines instinctives qui hérissent le poil de tout Coréen à l'évocation des Japonais, et vice versa. Et même, peut-on assimiler un Chinois à un autre ? Lorsque l'on interroge tel ou tel Chinois, du Nord ou du Sud ou de la diaspora, il se trouvera une identité avec son clan familial, peut-être sa région ou son dialecte d'origine, mais au-delà ? Un Pékinois se méfie d'un Cantonais, lequel le lui rend bien, à longueur de ces proverbes roboratifs qui marquent les caractères établis. Le Pékinois, dit-on, dirige la Chine, le Shanghaïen achète la Chine, le Cantonais mange la Chine ! L'« autre », mon voisin, le villageois d'à côté est différent, spécial, distinct, un peu bizarre sans doute. Comme le dit un autre proverbe, japonais celui-là : « Une grenouille au fond de son puits ne connaît pas l'océan. »

Dans notre vie quotidienne, nous savons bien cependant que nous ne sommes ni complètement isolés ni en communion cosmique avec le reste de l'univers, sauf à être marginalisés dans la folie ou dans le mysticisme. Vivant dans un groupe humain, nous dépendons depuis notre naissance, par héritage, de cette communauté de référence, et c'est cela qui fonde notre identité. Est-ce notre village, est-ce une nation, est-ce un type de civilisation ? C'est notre « culture » en tout cas, qui serait, comme le dit Adler, « quelque chose de partagé par tous ou presque tous les membres d'un groupe, quelque chose qui façonne le comportement, quelque chose que les anciens tentent de transmettre aux jeunes[1] ».

Parce que les groupes humains se chevauchent, leurs identités se situent à des niveaux distincts. Baignés dans une « culture », nos points de repère sont faits à la fois de ce qui nous attache et de ce qui nous distingue de la culture d'à côté. La culture d'un village du sud de la France peut être différente de celle d'un village du nord, mais ils partagent des référents français qui les distinguent d'un village allemand. Les sociétés européennes, à leur tour, partageront de mêmes caractéristiques culturelles qui les distinguent de sociétés arabes ou chinoises. De même, un Parisien peut fort bien se définir, à des degrés divers d'identité, comme français, chrétien, européen ou occidental.

La société humaine est donc à l'image d'une vaste pyramide inversée. Au sommet, la race humaine, cette grande communauté globale avec une identité censément universelle. Un peu en dessous, la première grande subdivision en civilisations. Puis des sphères culturelles plurinationales (la France et l'Italie, par exemple, appartiennent au monde latin). Puis un pays, une région, une ville, un quartier, un groupe, un clan, une famille... sans parler des communautés transfrontières. Qui peut dire à quel niveau exact se situe l'observation ? Les stéréotypes se chevauchent en effet selon le sens donné à la question, mais on sait, ou on devine, qu'au centre du dispositif – en somme à équidistance du particulier et de l'universel – l'attachement à une sphère culturelle ou à une culture nationale donne sens à notre identité, comme nous allons le voir.

La représentation que l'on se fait de la culture n'a jamais été figée. Il y avait déjà eu au XVIIIe siècle la « théorie des climats », chère à Montesquieu, qui explique les différences entre peuples par les diverses conditions du milieu naturel. Mais la véritable idée qu'un peuple ait une culture n'est apparue qu'au milieu du XIXe siècle dans la nouvelle discipline de l'anthropologie. Il va sans dire que, pendant un siècle, les anthropologues sont tous blancs, ou presque, et que lorsqu'ils généralisent leurs « lois », ils fonctionnent sur le registre du « nous autres Occidentaux ». Cette époque marque le début des sciences dites humaines, dans une atmosphère de positivisme triomphant qui pare toute explication d'une aura scientifique, donc irréfutable.

Avec de belles et simples certitudes, les premiers tenants de l'explication culturelle, les « évolutionnistes » de la seconde moitié du XIXe siècle, Charles Darwin en tête, ont postulé d'emblée que toutes les cultures doivent nécessairement converger vers un idéal plus « avancé ». Pour lui et ses disciples, la culture suit des lois communes à tout le genre humain : à un même instant, les diverses sociétés ne se trouvent pas toutes à la même étape de l'évolution, mais dans l'avenir elles les parcourront inévitablement toutes, l'étape la plus évoluée étant celle de la société européenne. Si l'on en restait à ce type d'explications, l'Asie serait, en somme, comme nous il y a cent ans[2].

L'hypothèse évolutionniste comble d'aise les tenants des valeurs européennes. Et comme les Européens (tout spécialement les Français) ont « inventé » les valeurs universelles, elle verrouille l'évolution vers une convergence inéluctable, censément commune à tous les peuples. Si l'on pouvait synchroniser toutes les sociétés, on finirait, disent les évolutionnistes, par avoir la même culture partout. Et ce point de vue se double d'une position ethnocentrique, plaquant nos propres images, nos propres structures sur le reste du monde en pensant que cela va de soi. En somme, les chantres actuels de la mondialisation ne sont que les petits-fils de Darwin ! Dans cette belle arrogance, quelle est la place faite à d'autres histoires, à d'autres expériences, à d'autres cultures ?

Qu'il y ait une évolution homogène de l'humanité, les meilleurs penseurs en ont douté dès le début du XXe siècle. Cette réaction s'est développée en même temps aux Etats-Unis et en Allemagne. Franz Boas et avec lui les « diffusionnistes » mettent sérieusement en question toute tendance d'évolution selon de mêmes schémas historiques.

Ils accordent à la culture un pouvoir autonome d'orienter les gens dans leur comportement social[3]. Ils constatent l'existence d'« aires culturelles » (géographiques ou non) au sein desquelles se trouve un certain nombre de traits culturels communs. Pour les diffusionnistes, la culture est une totalité, une sorte de scène commune aux membres d'une société dont certains éléments sont présents dans les scènes des sociétés voisines. Y figurent au même titre les récits mythologiques que les connaissances nécessaires pour fabriquer un bateau ou tisser une écharpe. Dans cette optique, la notion de culture perd ainsi toute référence à une loi « naturelle ». La « culture », c'est la matrice commune aux membres d'une société donnée, qui détermine l'agir social.

Le point de vue de l'observateur compte souvent autant que le sujet observé. Cela peut affecter l'idée que l'on se fait de la culture. L'aventure dominante au cours du siècle compris entre 1850 et 1950 est, en effet, celle de la colonisation. Le statu quo colonial tue l'histoire des peuples, préjuge d'une absence de l'histoire ou, pire, crée une histoire complètement fictive, celle des colonisateurs, à l'image des régimes totalitaires qui refont quotidiennement l'histoire pour qu'elle leur serve. La culture, pense-t-on à cette époque, est une fonction de la société, qui sert à la préservation de cette société, une sorte de ciment pour que des sociétés cohabitent les unes à côté des autres de manière figée et statique[4].

Pendant toute cette période fondatrice de l'anthropologie, les champions de la « culture » sont les ethnologues, qui s'intéressent aux peuples dits primitifs, par opposition aux sociologues qui étudient les sociétés contemporaines, les leurs, les sociétés blanches[5]. On comprend, dans ce contexte, l'agacement de certains pour le mot de culture, dont, jusqu'en 1945, on a usé et abusé afin d'exagérer, ou pire de justifier la différence : celle des dominants sur les dominés. De là à rejeter en bloc le culturalisme, il n'y a qu'un pas qui ressemble fort à une autre forme de préjugé.

Une Américaine pressée par la Seconde Guerre mondiale, Ruth Benedict, réconcilie les deux approches en renouvelant le genre. Les Américains, entrés en guerre contre le Japon fin 1941, ont en effet le plus grand mal à comprendre ce qui rend les Japonais si différents des attentes américaines. Les Japonais, à cette époque, c'est la quintessence de « l'autre », de l'incompréhensible, de l'étrange... le tout avec une efficacité redoutable. Dans une étude qui n'a pas pris une ride, *Le Chrysanthème et le Sabre*, Benedict conclut à la différence absolue de la culture japonaise (comparée à l'américaine), dans une démarche résolument « culturaliste », mais elle apporte aussi du nouveau au concept de culture[6]. Benedict enrichit en effet la définition avec les apports de la psychologie, intègre l'inconscient, les émotions et leurs interactions comme une composante au moins aussi importante que la transmission d'un savoir ou de techniques d'adaptation au monde[7].

Dans une veine similaire, Gregory Bateson s'attache à l'idée de culture comme un logiciel mental où l'association d'élément fixes et de fonctions constitue le modèle d'action spécifique d'un peuple, où l'émotion est partie intégrante[8]. Bateson différencie, dans la culture d'un peuple, l'*eidos* de l'*ethos* : le premier est l'ensemble des processus cognitifs et le second l'ensemble des accentuations émotionnelles d'une même culture. Le concept d'*ethos* d'un peuple a immédiatement fait le consensus dans la communauté scientifique. Font partie de l'*ethos* les valeurs, c'est-à-dire des idées auxquelles les individus attachent une importance émotionnelle très élevée, qui sont le plus souvent considérées comme universelles et qui fonctionnent comme déterminantes de l'agir humain (l'éthique d'une certaine culture). L'héritage transmis par l'apprentissage est donc différent du sens. Le cercle vicieux de la grande confusion entre valeurs et culture est enfin brisé.

La culture appartient au domaine de la coutume et de la tradition. C'est un environnement qui nous façonne, parce qu'il nous a été transmis par nos pères, par nos maîtres, par nos médias, par nos institutions. Pour évoluer à l'intérieur d'une culture, il convient de se conformer à des normes, à des règles admises par les autres.

Les « valeurs » se situent sur un registre distinct, car elles impliquent un sentiment, et non plus seulement des règles de conformité. Les valeurs sont des éléments auxquels on attache une forte inclination, parce qu'elles donnent un sens à notre vie. Elles appartiennent au domaine de la croyance, de ce que nous jugeons être bien ou mal. Elles sont à ce point fondamentales que l'on ne peut y renoncer, car elles façonnent une morale. Avec la culture, on est sur le registre des acquis neutres. Avec les valeurs, on glisse vers le registre du bien et du mal, de la vérité et du mensonge.

Les valeurs sont liées à un système de représentation. Dans telle société, une valeur aura une importance capitale. Dans une autre, la même valeur censément acceptable (sinon universelle) n'apparaîtra pas comme telle parce qu'elle ne sera pas vue comme telle par les acteurs locaux. Sur des valeurs de ce type, les règles du jeu ne seront pas les mêmes.

L'héritage culturel est à la fois plus riche et plus complexe que le positivisme ne l'avait affirmé. Cette approche ne fait pas que des heureux, à cause, comme le dit Lucian Pye, de « l'extraordinaire besoin qu'ont certains universitaires de croire que le monde est commandé par la raison et les jugements articulés, et non par les passions, les modes ou les idées préconçues[9] ».

Toujours à propos de sociétés asiatiques, Edmund

Leach, dans une impressionnante recherche sur la Birmanie, enrichira encore le concept en pointant le va-et-vient constant entre la culture et la personne, dans une complexité qui autorise qu'à l'intérieur d'une même société puissent coexister des forces, des idées ou des valeurs différentes[10]. Sitôt que l'on veut réduire la définition de la culture, elle se dérobe. Comme le dit Lévi-Strauss : « L'explication scientifique, en sciences humaines, n'est pas la réduction du complexe au simple, mais la substitution à une complexité inintelligible d'une complexité plus intelligible[11]. »

Dans un ouvrage classique sur le Sud-Est asiatique, Charles Keyes insiste sur le rôle de la culture. Le système social valorise l'action d'un de ses membres en fonction de la contribution positive ou négative qu'elle apporte au modèle idéal de représentation que la société se fait d'elle-même ou à une partie de ce modèle, comme le fonctionnement économique ou la pratique religieuse. La culture joue donc un rôle fondateur dans les comportements et dans les valeurs. « La culture est l'expression de l'adaptation de l'homme aux conditions de son existence et en même temps l'ensemble des conditions auxquelles l'homme doit s'adapter. C'est donc un système que l'on peut parfaitement observer sous des formes précises, lesquelles signifient quelque chose de précis pour les membres d'un groupe humain. Les hommes acquièrent ces "significations" lorsqu'ils se socialisent dans leur plus jeune âge, lorsqu'ils sont exposés de manière répétitive aux mêmes expressions culturelles, à l'enseignement de leurs maîtres, ou à leur pensée rationnelle propre[12]. »

Clifford Geertz, dans son étude de référence sur l'Indonésie, traduit lui aussi cette complexité en appelant culture « le système ordonné des symboles à l'intérieur duquel a lieu l'interaction sociale[13] ». L'action en société n'existe pas pour elle-même, mais en relation étroite à la signification que cette action a pour celui qui l'exécute. C'est donc un code d'interprétations qui prend sens pour des membres d'une même société, souvent imperméable aux membres d'un autre groupe humain. « Comme les règles de grammaire, ces règles d'interprétation n'ont pas besoin d'être clairement perçues pour être mises en pratique[14]. »

Un même signe peut être interprété différemment. L'affaire du baiser est, à cet égard, exemplaire. En pleine Seconde Guerre mondiale, l'armée américaine fut cantonnée en Angleterre afin de préparer le débarquement en Normandie. Les GI's aimaient sortir avec d'accortes Anglaises et les danses allaient bon train. Les Américains étaient prompts à essayer d'embrasser leurs partenaires de bal car, pour eux, un chaste baiser n'était qu'une forme d'amitié sans conséquences. Mais, dans l'Angleterre de l'époque, le baiser était pour les jeunes Anglaises le stade ultime, prélude naturel aux derniers outrages ! Ainsi donc, certaines s'y résolurent enfin de leur plein gré, mais pour se livrer aussitôt tout entières. Stupéfaction des Américains, qui se plaignirent à leurs chefs que les Anglaises étaient hystériques et nymphomanes, alors que les Anglaises de leur côté n'étaient pas loin de considérer les Américains comme des satyres, ou bien voulaient dans l'instant les présenter à leur famille ! Qu'y a-t-il donc dans un baiser ?

Les approximations successives par les anthropologues de la notion de culture, si elles sont convaincantes sur la question des sphères culturelles, ne permettent pas de mesurer clairement l'impact des cultures nationales, mais d'autres types d'approches autorisent des réponses pertinentes. Dans un autre champ des sciences sociales, la théorie des organisations, Geert Hofstede a donné ses propres conclusions à partir d'une importante étude réalisée au plan mondial[15]. A travers l'étude détaillée d'une série de critères, il bat en brèche l'hypothèse de la convergence, selon laquelle un modèle universel s'appliquerait indifféremment et avec des conséquences similaires, dans des milieux nationaux différents. La culture nationale est réhabilitée, au sens d'une sphère culturelle propre, différente selon les pays. La nationalité, indique-t-il, est importante pour au moins trois raisons. « La première est d'ordre politique : les formes de gouvernement, les systèmes juridiques, les systèmes d'éducations diffèrent. Et, même si l'on pouvait les considérer comme équivalents, la manière officieuse de les utiliser différerait. De telles réalités politiques informelles résistent très fortement au changement. La seconde raison pour laquelle la nationalité importe est d'ordre sociologique : l'appartenance à une nation ou à une région a une valeur symbolique pour les citoyens. Nous en tirons une part de notre identité. La troisième raison est d'ordre psychologique : notre pensée est en partie conditionnée par des facteurs culturels nationaux[16]. » Sa définition du mot culture est lapidaire : « une programmation collective de l'esprit qui distingue les membres d'un groupe humain d'un autre[17] ».

La tentative des spécialistes des organisations réduit donc la définition de la culture, mais dans un but louable, celui de fournir une grille d'analyse des comportements humains plus facile à lire. La culture, pour eux, est une condition nécessaire, importante, dominante, de l'activité humaine, mais elle n'est pas suffisante à l'explication. Des facteurs « objectifs », comme la technologie ou les moyens de communication, compliquent les interactions. La réduction débouche donc sur de nouvelles complexités. Mais de toutes ces approches se dégage, petit à petit, un constat qui dérange : nous fonctionnons selon des aires culturelles et des cultures nationales. Il n'y a pas de culture universelle.

Dans le bouillon de culture du XVIIIe siècle, on a très tôt opposé l'individu et la société, dans un divorce permanent entre le particulier et l'universel qui s'est perpétué jusqu'à aujourd'hui entre la pensée allemande et anglo-saxonne, d'une part, et certaines écoles de pensée françaises. Le philosophe allemand Herder, dès 1774, – suivant en cela le courant de Jean-Jacques Rousseau – met en avant la diversité des cultures. Pour lui, les cultures sont des « individus collectifs », individus égaux malgré leurs différences (ce qui devrait satisfaire les « universalistes »), mais pour mieux disposer d'un droit égal, sans qu'une culture prétende prendre le pas sur une autre[18]. Le principe de base est le même. Son application à l'homme individuel est simplement transférée au plan de la collectivité.

Ce n'est pas une vision statique. Les cultures peuvent s'emprunter mutuellement des éléments en les transformant à leur usage. Elles ne sont pas figées dans une tradition, c'est-à-dire condamnées à se reproduire à l'identique en imitant sans imagination la génération précédente. Ce point de vue intègre parfaitement, sans le démentir, le rôle de l'action dans l'existence des sociétés, de même qu'il ne prétend pas un instant que les hommes – enfermés dans une sorte d'essence – subiraient leur destin au lieu de le construire[19]. Chaque culture évolue, comme le dit Louis Dumont, dans « une succession d'épanouissements d'égale nécessité, d'égale originalité, d'égal mérite, d'égal bonheur[20] ». L'histoire, pour lui, est un jeu contrasté d'individualités culturelles dont chacune constitue une communauté spécifique, un peuple. La nature sociale de l'homme, c'est son appartenance à une société concrète comme condition de son éducation à l'humanité. L'homme pense, agit, existe en vertu de son appartenance à une communauté culturelle donnée. Il n'est pas un individu abstrait, représentant de l'espèce humaine, porteur de raison mais dépouillé de ses particularités.

Nous sommes ici devant une différence essentielle dans la manière de penser l'homme. Ou bien la valeur fondamentale est placée dans l'individu, comme Voltaire et Diderot l'avaient postulé, anticipant la vision universaliste de la Révolution française et le futur débat sur les droits de l'homme. Ou bien la valeur est placée dans la société, dans la culture, dans l'être collectif, et il existe un droit des peuples et des cultures[21]. Herder, le premier, s'élève avec force, comme le dit Louis Dumont, « contre l'hégémonie de ce rationalisme universaliste qui méprise ce qui lui est étranger et prétend imposer partout son raffinement sénile[22] ».

Les anciens sages ont une étonnante actualité. Par des voies différentes, la plupart des travaux scientifiques de la fin du XXe siècle, notamment américains, marquent le retour en force de la culture dans la vision du monde. Les sciences politiques, la sociologie des organisations, la psychologie clinique et bien d'autres champs de la recherche accumulent des travaux qui se méfient, avec quelques preuves, de la vision messianique de l'universel, avec de nouvelles formes de respect pour la différence, et sans lui appliquer de redoutables jugements en forme de vérités et de mensonges. Le discours idéologique a perdu de sa superbe depuis la chute de l'empire soviétique. La science – distincte de la morale – retrouve ses droits.

Est-ce à dire qu'il n'y aurait pas de références éthiques universelles ? Est-ce à dire que, au nom de la différence, il faudrait accepter ailleurs les violations de la dignité humaine que nous refusons chez nous ? Personne n'a jamais dit cela. Mais même les plus grandes consciences et les plus farouches opposants à la peine de mort (largement pratiquée, comme on le sait, en Chine mais aussi aux

Etats-Unis) prennent le soin de préciser que « dans leur expression, les droits de l'homme revêtent des aspects culturels divers[23] » (Robert Badinter). « On a pu traduire la Déclaration universelle des droits de l'homme dans toutes les langues, ce qui implique que la notion de dignité de la personne humaine suscite un écho dans toutes les cultures. On peut douter qu'il y ait des lieux où la notion de justice soit dépourvue de sens... Les mots que l'on fait correspondre à ces notions dans les diverses langues renvoient à des expériences qui ont sans doute quelque chose d'universel », indique Philippe d'Iribarne. Mais il précise : « Ce qui est regardé comme une situation digne ou comme une décision juste est fort loin d'être universel[24]. » Il y a donc des « universels » qui ont des identités spécifiques.

Les mots eux-mêmes cachent des concepts différents dans leurs interprétations locales et les problèmes de traduction peuvent être un véritable casse-tête, tout spécialement pour des valeurs occidentales généreuses et générales, telles l'égalité, la liberté, la responsabilité, la dignité, la justice, ou tous les mots en « isme ». Le mot « valeur » lui-même n'existe tout simplement pas, en tant que tel, en chinois, en japonais, en hindi ou en urdu[25]. La définition de la responsabilité varie considérablement selon les environnements. Pour un Japonais, c'est le privilège du chef, et non pas la résolution d'une forme judéo-chrétienne de complexe de compassion. Les pays européens ont peut-être en commun un attachement profond aux valeurs d'égalité et de liberté, mais, comme le dit d'Iribarne, « ces conceptions restent influencées, jusque chez leurs défenseurs les plus intraitables, par les préjugés qui marquaient ces sociétés au temps de l'Ancien Régime ; en France par un idéal d'activité noble et de possession d'un fief, dans les pays anglo-saxons par celui du contrat régi par le droit, et dans les pays de l'aire germanique par celui de l'assemblée des pairs qui délibèrent[26] ». D'où, sans doute, une vieille horreur française pour les situations de dépendance, qui lui rend absurde, par exemple, la relation japonaise à la collectivité.

On voudrait que les cultures soient perméables l'une à l'autre, dans une urgence que nous dicte une sorte d'idéal. Dans le meilleur des cas, on donne l'exemple des langues qui empruntent sans arrêt à leurs voisines les mots qui leur conviennent. Mais les langues, par leur grammaire et leur usage national, conservent une identité profonde. Les cultures n'évoluent que sur un temps très long, y compris au sein de sociétés occidentales censément nourries aux mêmes sources. L'exemple des cultures politiques est à cet égard éclairant. Les institutions politiques évoluent, certes, mais elles conservent une identité profonde qui s'est perpétuée sur des siècles, souvent des millénaires. Le contrat social qui structure aujourd'hui la démocratie américaine a des fondements très anciens et n'est pas le même que celui qui régit la France ou l'Allemagne. La France, nous dit Christian Saint-Etienne, reste conduite à la fois par un égalitarisme absolu et par un déterminisme absolu, qui se traduit par la primauté donnée à l'égalité de la sécurité et des résultats indépendamment de l'effort individuel, par un Etat-providence sans limites qui redistribue les revenus de manière autoritaire et par une suspicion permanente à l'égard de l'économie de marché, dans une vieille tradition catholique du péché d'argent. L'individu est largement irresponsable devant l'Etat, et il en vient à tout en attendre[27].

Aux Etats-Unis, au contraire, le déterminisme relatif (autonomie des choix) et l'égalitarisme relatif par la responsabilité individuelle met en valeur la capacité de chacun à influencer son destin, à privilégier l'égalité de moyens mais pas de résultats, et à confier à la main invisible du marché le soin d'assurer la redistribution des richesses, avec un filet de sécurité de l'Etat réduit à la portion congrue. Le riche n'est pas suspect, en Amérique. Il est par sa réussite l'élu de Dieu. Le pauvre n'a à s'en prendre qu'à lui-même[28]. L'Allemagne, de son côté, postule un égalitarisme absolu, comme en France, mais un déterminisme relatif, comme dans les pays anglo-saxons. L'Etat-providence (de moins en moins conditionnel) cohabite avec la reconnaissance de l'entreprise et de la responsabilité individuelle, comme en témoignent par exemple les traditions syndicales opposées entre la France et l'Allemagne, revendicatives dans un cas, cogestionnaires dans l'autre. On se plaint de sa situation et l'on lorgne vers celle du voisin, mais voudrait-on sérieusement sauter le pas qui transformerait, par exemple, l'égalitarisme français en compétition américaine ?

Il en va de même hors de la sphère occidentale. Geertz, par exemple, a parfaitement montré que l'islam indonésien a largement repris les conceptions contrastées de l'homme et de la vie en société qui préexistaient à l'islamisation de ce pays. Et quant à plaquer les conceptions occidentales de la démocratie en Chine ou au Japon, c'est un exercice idéologique qui risque fort d'être décevant. Même les pays les plus à cheval sur la démocratie peuvent avoir une justice à deux vitesses selon qu'elle concerne leurs concitoyens ou des étrangers. Les parents d'une jeune femme chinoise assassinée en Suisse par son mari ont ainsi appris à leurs dépens le prix relatif d'une vie : la justice helvétique a en effet estimé, en 1997, qu'ils ne pouvaient prétendre qu'à 5 000 francs suisses des dommages et intérêts, « le coût de la vie en Chine étant vingt fois inférieur à celui de la Suisse[29] ». La suppression généralisée de la peine de mort en Europe est une avancée toute récente. Saisis d'une bouffée humanitaire, les Etats-Unis l'avaient également abolie au début des années 70, pour mieux la rétablir quelques années plus tard et l'appliquer systématiquement. Les leçons de droits de l'homme que donnent les Etats-Unis à la Chine se font discrètes lorsque l'on aborde le meurtre judiciaire.

Les droits acquis évoluent aussi par le progrès technologique : c'est un droit aujourd'hui pour un employé de bureau de Hong Kong ou de Singapour que de disposer d'un climatiseur dans la fournaise tropicale, ce qui aurait semblé un luxe inouï il y a encore vingt ans. Mais dans le domaine des « droits », nous n'avons encore rien vu ! En Amérique, les enfants mineurs peuvent depuis 1998 demander le « divorce » d'avec leurs parents lorsqu'ils boudent l'ambiance familiale. En France, depuis novembre 2000, un enfant handicapé est juridiquement fondé à demander réparation parce qu'on l'a laissé vivre, sans faire avorter sa mère. Dans une société confucianiste, l'enfant n'a que des devoirs et l'on voit les Chinois du 13ᵉ arrondissement de Paris se désoler parce que leurs enfants rentrent de l'école française le soir en proclamant qu'ils ont des « droits ». Lorsque l'Etat de droit devient un Etat de papier, au nom de quelles valeurs abstraites peut-on imposer le « progrès » aux autres sous un habillage « universel » ?

II

La modernisation réussie

CHAPITRE 11

Le Japon en tête

L'Asie vient de pénétrer par effraction dans le monopole incontesté de la réussite matérielle que détenait l'Occident. En une petite génération, la nôtre, l'Asie orientale a fait irruption dans le monde moderne par une réussite économique brutale, aussi incroyable qu'irréversible.

En 1960, l'Asie c'est le tiers-monde. La misère noire du Japon dans les années d'après guerre ne permet à nul devin d'imaginer la folle croissance économique des années qui suivront. En 1960, personne ne peut miser sur le Japon. C'est un pays sous-développé. Il ne produit que 3 % de la richesse mondiale. Il n'exporte que des tissus de coton et des montres de qualité médiocre, symboles de camelote. Un Japonais, en 1960, est exactement aussi pauvre qu'un Mexicain ou un Grec, avec 450 dollars de PNB par habitant, moins du tiers d'un Français de l'époque[1].

L'Asie tout entière, en ajoutant au Japon la Chine et le Sud-Est asiatique, c'est un quinzième seulement de la production mondiale. Toujours turbulente, toujours famélique, la Chine s'est enfermée dans un splendide isolement. Elle a le monde entier pour adversaire. En 1960, elle en vient même à expulser les techniciens soviétiques qui, par milliers, l'aidaient à sortir de l'ornière, non sans désintéressement, on s'en doute. A peine relevée des années de guerre, à peine « libérée » par l'installation des communistes au pouvoir, la Chine retombe dans les affres de la famine, de la dénonciation, de la désolation. Comme cela, parce que Mao Zedong l'a décidé. La Chine a voulu faire sa révolution, purger une société entière, s'immerger dans l'utopie et – pourquoi pas ? – changer la nature humaine. La Chine est épuisée par la lubie discrétionnaire de son empereur et sa folie brouillonne du « Grand Bond en avant » qui mobilise les masses dans un chantier sans trêve à l'échelle d'un pays-continent. Sombres jeux de pouvoir, gigantesques mouvements de foule, économie ridicule. La Chine, c'est le grand trou noir, et pour longtemps.

Le reste de l'Asie, en 1960, est encore moins bien loti. Les deux Corées sont exsangues de leur guerre, suspendue en 1953. L'Asie du Sud-Est est à parité exacte avec l'Afrique en termes de revenu par habitant. L'Indonésie est trois fois plus pauvre que l'Egypte. Singapour n'est qu'une bourgade, appendice d'une Malaisie assoupie dans une langueur tropicale.

En 1960, donc, hormis des foules immenses et émaciées, l'Asie n'est pas grand-chose. Rien ne permet de prévoir la suite, du moins pas avec les baromètres dont disposent nos experts. L'un de ces gourous, Gunnar Myrdal, prix Nobel d'économie, explique à cette époque dans une volumineuse étude que l'Asie, archétype du sous-développement, n'arrivera jamais à s'en dépêtrer[2]. Dans la même veine pessimiste et condescendante, on n'a longtemps considéré les Asiatiques que comme des *coolies*, sinon des « fourmis », aptes certes à porter des paniers de terre sur la tête, en longues colonnes pour construire des barrages, mais sûrement dénués de talents individuels. L'origine du mot *Kuli* en chinois veut dire « la force amère » et donne l'image d'une main-d'œuvre servile digne des descriptions du prolétariat famélique du XIXe siècle.

Vingt-cinq ans plus tard, l'Asie est passée de 8 % à

23 % de la richesse mondiale, à égalité avec l'Union Européenne. Le Japon a un produit par habitant supérieur à celui de n'importe quel pays européen, talonné par Hong Kong, Singapour ou la Corée du Sud. La Thaïlande et la Malaisie sont en bonne voie de réaliser les mêmes performances. La Chine leur emboîte le pas. Que s'est-il donc passé ? Comment, si vite, si fort, un continent presque oublié a-t-il pu arriver à parité économique avec l'Europe ou les Etats-Unis ? Cela mérite un retour sur image.

Tout a commencé au Japon. Au début du XIXe siècle, l'empire nippon est raffiné, actif, fier, en un mot brillant. Mais il croit que l'ordre social est immuable et que le monde extérieur est une menace à son intégrité. Le Japon se refuse strictement à tout contact avec l'étranger.

Le Japon s'était entrouvert au milieu du XVIe siècle. Les navires portugais avaient abordé ses côtes méridionales, amenant avec eux les premiers missionnaires. Les Jésuites n'avaient pas tardé à prêcher leur religion avec succès. En 1587, le maître du Japon, Hideyoshi, prohibe le christianisme, idéologie étrangère, égalitaire et menaçante sans doute pour le pouvoir féodal établi. Ses successeurs, en 1615, défendent tout échange avec l'étranger. Le confinement presque absolu va durer plus de deux siècles.

Le Japon a l'occasion d'une confrontation brutale avec l'extérieur, lorsque, en 1853, les modernes cuirassés américains du commodore Perry viennent faire une démonstration de force dans la baie de Yokohama, afin de s'ouvrir des ports pour les escales de leurs chalutiers. Devant la pression extérieure, que les Japonais appellent *Gaïatsu*, le Japon décide de bouger. Après d'intenses flottements intérieurs, qui sont un véritable coup d'Etat, l'avènement de l'empereur Meiji, en 1868, marque une rupture incroyable, brutale, d'un enthousiasme forcené, avec le passé d'enfermement. Le Japon moderne est né.

Le Japon va passer d'un pays agricole traditionnel à une puissance industrielle moderne, abolir son système féodal et se doter d'institutions stables. En très peu de temps, l'espace d'une petite génération, les réformes à marche forcée du Meiji vont créer un pays moderne, presque l'égal de l'Europe de l'époque, au nom du slogan « un pays riche, une armée forte » *(Fukoku Kyôheï)*, exactement le même que celui du premier unificateur de la puissance chinoise, le grand Qing Shi Huangdi, deux mille ans auparavant (en chinois *Fuguo Qianbing*) ! Le Japon veille à ne pas perdre son âme dans cette affaire et conduit sa modernisation en exaltant les vertus japonaises par l'autre grand slogan, « la technique occidentale, l'âme japonaise » *(Wakon Yôsaï)*.

Le vieux rêve humain d'accès à la richesse commence à se matérialiser. Le Japon, dans sa confrontation fortuite avec l'Occident, a été à la fois choqué et fasciné par la supériorité matérielle, à un point tel qu'il n'a pas hésité à faire une révolution, à la fois douloureuse – comme toute mutation à marche forcée – et positive. C'est cette ouverture qui servira de référence à ses voisins asiatiques, dès le XIXe siècle. De grands rois, tels Mindon Min en Birmanie, et surtout Chulalongkorn au Siam (1868-1910), l'actuelle Thaïlande, admireront directement et explicitement l'exemple de Meiji pour s'en inspirer[3].

Mais le spectacle du monde, à l'époque, est plus fait d'armées arrogantes que d'échanges commerciaux pacifiques. Le Japon, lui aussi, va rêver d'une armée, la faire et s'en servir sur le continent asiatique, en Corée et en Chine, et d'abord contre les Russes, comme on le sait. Parti pour la gloire, le Japon force la main des Occidentaux pour entrer dans le concert des puissances, et entreprend, dans les quarante années qui suivent la victoire de Port-Arthur, de conquérir le reste de l'Asie. Cette période chaotique pour l'Asie se termine dans les cendres de l'effondrement japonais de 1945.

Plus encore que la contamination de l'étranger par la pression extérieure, le Japon découvre au XIXe siècle le concept de progrès pour se l'approprier. C'est une révolution considérable dans un système d'ordre social figé. Le « progrès » ouvre le champ des possibles, montre le sens d'une amélioration. Ce n'est d'ailleurs pas une notion très ancienne. Francis Bacon, Descartes, Pascal, au XVIIe siècle, ont les premiers réfléchi à la notion de progrès en l'affirmant possible, mais c'est le XVIIIe siècle qui donne à ce principe tout son rayonnement et tout son dynamisme, avec Diderot, Condorcet, Kant et quelques autres en Europe, suivis par les scientifiques du XIXe siècle. Cette ouverture conceptuelle, aussitôt traduite dans les faits, balaie tous les fondamentalismes religieux ou politiques, ou du moins les relègue au second rang. Le bouddhisme seul, parce qu'il est infiniment plastique, tolérera la recherche toute matérielle du progrès, avant (qui sait ?) de s'y dissoudre.

La révolution de Meiji permet la première montée en puissance du Japon moderne, ancre pour la suite cette idée de progrès et fabrique des élites pour la mener. Ces dernières seront la clé du renouveau japonais du XXe siècle, après la catastrophe de la Seconde Guerre mondiale[4].

Cette révolution bouleverse le paysage, mais elle n'est pas suffisante pour écorner sérieusement la puissance de l'Europe et de ses pseudopodes anglo-saxons (l'Amérique n'étant pas le moindre). Même avec son remarquable dynamisme industriel – en partie dû aux besoins de ses aventures militaires – le Japon ne réussit à atteindre qu'une croissance moyenne de 4 % par an, ce qui est remarquable en longue période, double de celle de l'Europe, mais insuffisant pour passer vraiment la vitesse supérieure. Il y a donc eu un premier départ du Japon dans la course à la puissance, mais c'était un faux départ.

Le reste de l'Asie se traîne lamentablement, à commencer par la Chine, mise en coupe réglée par les seigneurs de la guerre et le gouvernement central de Chiang Kaishek, plus sûrement que par les puissances étrangères, plus commerçantes que prédatrices. La Chine, c'est, comme on le dit alors, « l'homme malade de l'Asie ». Pour bien des raisons, le revenu par personne en Asie orientale reste en 1950 au même niveau qu'en 1913, alors que les Européens se trouvent sept fois plus riches et les Américains douze fois[5].

Après la Seconde Guerre mondiale, le Japon doit brider ses ambitions, revoir sa conception brouillonne de l'expansion qui l'avait mené à une idéologie de conquête. Le Japon ne peut plus jouer que dans un seul registre : le progrès économique. Et il va s'en faire une idéologie. C'est la religion de la croissance. Dès lors, l'économie devient la seule norme. Le Dieu-PNB seul doit être adoré. Tout est subordonné à l'impératif de production et pas seulement pour reconstruire un Japon détruit par la guerre. Le tout-économique devient un but en soi, le seul horizon d'un peuple et de ses gouvernants, le seul digne d'une foi aveugle, sans autres arrière-pensées, ou alors fort lointaines.

Et voici qu'à partir de 1960, le Japon réussit à doubler sa richesse en sept ans seulement, puis à la quadrupler en sept autres années. Ce n'est pas un mystérieux coup de chance, un « miracle asiatique » merveilleux et inexplicable. C'est planifié. Le Premier ministre japonais Ikeda l'a annoncé dès 1960, dans son plan de doublement du revenu japonais en dix ans. Et il va être en mesure de tenir parole dès 1967.

Tout change au Japon. L'exode rural façonne des villes sans fin, et leurs cortèges de métros et de trains rapides. Les usines des grands trusts fonctionnent à plein régime. Les troupes de *salarymen* en uniforme de leur entreprise deviennent la norme. Les Japonais consomment à tout va, avant de devenir les empressés touristes que l'on sait. Les modes, timides au début, vont accélérer leurs rythmes ravageurs, laissant souvent à la vieille génération – celle de l'effort et du grand Japon – une impression de vacuité. Mais le sentiment général est que l'on vit « mieux ». En contrepoint, les loyers deviennent faramineux, la pollution aussi. Les familles éclatent dans les distances des grandes villes.

Le Japon change aussi dans la vision occidentale. Il devient, peu à peu, digne d'entrer dans le club des nantis fréquentables. Les jeux Olympiques, à Tokyo en 1964, en sont une première marque. Puis les admirations publiques que l'on commence à lui porter ou les leçons sur le management japonais[6]. De pays oublié, sinon méprisé, le Japon devient, à nos yeux, irrésistible. Les pèlerinages de leaders politiques et économiques s'y succèdent. Le Japon est à la mode.

Non sans raisons, bien sûr. Le Japon est bien devenu le « troisième grand » décrit par un livre à succès[7]. Dans un monde où le seul critère de mesure est devenu économique, le Japon a défrayé la chronique. Il a pris l'Occident par surprise. Il est devenu membre du club des pays les plus riches dès les années 70. A l'aube du premier choc pétrolier (1973-74), le Japon n'a pas encore la première richesse par habitant du monde. Il est encore dépassé par les Etats-Unis, l'Allemagne, la France et quelques autres, mais le décollage inéluctable a bien eu lieu, et c'est cela qui importe. Le « décollage » est une notion précise en économie. C'est un processus très rapide qui fait passer un pays d'un seuil de développement à un seuil nettement supérieur, et sans retour[8]. Une notion assez récente, d'ailleurs, car les précédents historiques n'abondent pas pour l'étayer. Malgré leur dynamisme légendaire, les Etats-Unis, par exemple, n'ont réussi à doubler leur richesse nationale que tous les quarante-cinq ans depuis la guerre de Sécession. L'Europe, au cours du XIXe siècle, n'avait pu le faire qu'en soixante-cinq ans.

L'important, dans ce processus d'émergence moderne, est ce coup de reins décisif qui a permis au Japon de franchir cette très haute marche d'escalier entre l'état de puissance faible ou moyenne et l'état de grande puissance (dans le registre économique s'entend). Seules les très hautes croissances permettent ce passage. Le reste n'est qu'élucubrations.

CHAPITRE 12

En Asie et nulle part ailleurs

L'émergence du Japon aurait pu être un phénomène isolé. Mais pratiquement au même moment, deux petits territoires entreprennent, eux aussi, de se lancer dans la course aux hautes croissances : Hong Kong et Taïwan. Dès la fin des années 60, ils se livrent, à marche forcée eux aussi, à la même compétition économique que le Japon. Ce ne sont pas des territoires subordonnés, des colonies économiques du Japon. Hong Kong, par exemple, n'en dépend pas : ni investissements japonais, ni commerce significatif avec Tokyo. Il ne doit son succès qu'à sa seule volonté, avec le cocktail explosif des talents et des capitaux des filateurs venus de Shanghai, et l'abondante main-d'œuvre des réfugiés de la province de Canton, toute proche, qui ont voté avec leurs pieds à l'arrivée des communistes en Chine[1].

Un peu plus tard, dans les années 70, Singapour, tout au bout de la péninsule malaise, et la Corée du Sud sont pris par la même frénésie de développement. Les instances internationales forgent, à cette époque, le vocable de « nouveaux pays industrialisés », que la formule populaire désignera en Asie comme les « quatre dragons » (Corée du Sud, Taïwan, Hong Kong, Singapour). Au début des années 80, la Malaisie, la Thaïlande, et des poches urbaines entières des Philippines et d'Indonésie cèdent à leur tour aux délices de la croissance, allumant dans tout le Sud-Est asiatique l'incendie pacifique du boom économique. Que s'est-il passé d'irréversible dans cette partie du globe qui ne se soit produit nulle part ailleurs ? Qui en est responsable ?

Lorsque l'on y regarde de plus près, on repère très vite des acteurs singuliers, tous issus d'un même creuset originel : les Chinois. Ce sont, en effet, les entrepreneurs et les marchands d'origine chinoise qui ont façonné l'émergence de Hong Kong, de Taïwan, de Singapour, et, immédiatement après, de la Malaisie, des Philippines, de la Thaïlande et de l'Indonésie, bien avant que les entrepreneurs locaux ne les relaient plus modestement. C'est ce grand réseau chinois qui, par-delà les frontières, est la véritable colonne vertébrale de l'Asie du Sud-Est. Il mérite que l'on s'y arrête un instant.

Les Chinois hors de Chine, c'est la plus grande diaspora du monde : 59 millions de personnes, loin devant la diaspora indienne, estimée à une quinzaine de millions[2]. Si l'on enlève les habitants de Hong Kong et de Taïwan, ainsi que les Chinois d'Europe et d'Amérique, on trouve encore 28 millions de Chinois d'origine dans le Sud-Est asiatique[3].

Il y a toujours eu des Chinois dans la région. Dès le XIIIe siècle, comme on le sait, des commerçants sont venus ouvrir des comptoirs aux côtes de l'Indonésie, des Philippines, de Malaisie, autour de cette mer que les Chinois considèrent comme la leur et qu'ils appellent le *Nanyang* (la mer du Sud). D'autres les ont suivis tout au long du développement du trafic maritime dans la prospère Asie des moussons. Et puis les Européens sont arrivés, et avec eux la colonisation, toujours par l'ouest, depuis l'Inde, en contournant l'Afrique, puis plus encore après l'ouverture du canal de Suez, en 1869.

La Chine, à cette époque, est déjà très peuplée, mais elle est faible. La dynastie impériale est en train de lentement s'effondrer. La pression fiscale, la désorganisation générale, le marasme apportent la misère, la famine. A la même époque, les colons britanniques de Malaisie, hollandais d'Indonésie, français d'Indochine mettent en valeur les terres et les mines. Ils ont besoin d'une main-d'œuvre abondante et dure au mal. La Chine leur est un réservoir inépuisable. C'est le temps des migrations.

Dans les villages chinois des provinces côtières du sud de la Chine, les plus pauvres, les plus faméliques vont tenter leur chance. Les mieux lotis travaillent dans les plantations ou les usines des Blancs. Une immense troupe de femmes aux pieds nus quitte la province de Canton pour aller se placer dans les maisons coloniales, où leur talent d'« Amah », de bonnes d'enfants, leur frugalité et leur dévouement feront merveille, un peu comme les Philippines à l'heure actuelle. Ces Chinois se regroupent, tant bien que mal, quand ils le peuvent, par solidarité de dialectes : les Hokkien de la province de Fujian, comme les Teochew, proches de la ville d'Amoy, ou encore les Hakka, ou bien les Cantonais[4].

Cette grande génération du tournant du XIXe siècle s'en sort comme elle peut. Rapidement, elle saura s'organiser. Beaucoup, en épargnant sou après sou, parviendront à éduquer leurs enfants, dans un vieux réflexe qui met sa confiance dans le savoir. Beaucoup, aussi, sauront ouvrir boutique, devenir des intermédiaires talentueux et obligés des flux commerciaux, petits ou grands, qui fleurissent dans la région. Durs au travail, âpres au gain, sans cesse sur le qui-vive, ils deviennent indispensables, sinon bien intégrés.

Dans la très bouddhiste et très tolérante Thaïlande, ils sont acceptés, s'intègrent, ont pignon sur rue. En Malaisie ou en Indonésie, sociétés musulmanes, ils doivent se faire plus discrets. Les pogroms ne sont jamais bien loin. La ségrégation est nette. La jalousie des autochtones, devant ces étrangers qui s'enrichissent, est permanente. Ils cherchent à se fondre dans le paysage, s'ils le peuvent, dans un réflexe qui demeure le même aujourd'hui. Ils « localisent » leur nom : le très puissant Liem Soo Liong, en Indonésie, se présente sous le nom indonésien de Soedono Salim. La famille Chia, de Thaïlande, qui règne sur le grand groupe CP, se « thaïise » et se fait appeler Chearavanont. Tous prennent des prénoms locaux, au moins sur leurs cartes de visite.

Les plus malins bâtissent des empires commerciaux et financiers. Les autres se rendent indispensables. Par leur activité, par leurs réseaux, ce sont eux qui font marcher l'Asie du Sud-Est. « Si un jour, par une lubie quelconque, note Tiziano Terziani, tous les Chinois de la région décidaient de rester chez eux, de ne pas travailler et de fermer leurs usines, les Indonésiens n'auraient plus de voitures pour se déplacer, de cigarettes à fumer, ni de papiers pour écrire ; les Philippins n'auraient plus de bateaux pour se déplacer entre leurs milliers d'îles, et les Japonais n'auraient plus de homards dans leurs poêles. La plupart des gratte-ciel en construction resteraient inachevés et tout le continent tremblerait[5]. »

La mainmise est telle que l'on estime aujourd'hui la part de ces « Chinois ethniques » à 60 % de l'économie réelle de tout le Sud-Est asiatique, sans parler du quasi-monopole qu'ils exercent dans les sociétés complètement sinisées de Hong Kong, Singapour et Taïwan[6].

Les communautés chinoises communiquent entre elles par-delà les frontières, constamment, ardemment. L'économie des réseaux, les Chinois en sont les précurseurs, bien avant l'ouverture mondialisée des salles de change, bien avant l'invention d'Internet. L'information sur le monde, sur ses marchés, sur ses opportunités, ils la pratiquent avant tous les autres, à parité avec les Japonais, et souvent en avance sur eux. Tout ce beau monde a passionnément suivi et entretenu l'ouverture de la Chine, dans les années 80, dès que les obstacles politiques ont été levés. Aujourd'hui, les Chinois du continent participent aussi de cette osmose. Ils vont à Hong Kong, qui leur appartient depuis juillet 1997. Ils parlent mandarin avec leurs cousins de la diaspora et le chinois, dans toute l'Asie, détrônera peut-être l'anglais d'aéroport comme langue de communication : c'est déjà le cas à Hong Kong.

L'exception qui confirme la règle, c'est la Corée du Sud. Contrairement au Sud-Est asiatique, les Coréens n'ont pas eu besoin des Chinois pour réussir leur décollage économique. Mais ils ont eu le modèle japonais en exemple, souvent même les investissements japonais. Dans les années 70, ils bâtissent une stratégie nationale de décollage économique en copiant le modèle des groupes industriels et financiers japonais, en mettant l'Etat au service de l'économie, comme le Japon d'après guerre l'avait fait avec son ministère du commerce international et de l'industrie (MITI). La Corée, pourtant, se nourrit à un fonds culturel similaire. La volonté de « s'en sortir » puise aux mêmes sources que les Chinois de la diaspora. On retrouve, chez eux comme chez les Chinois de l'époque moderne, trois facteurs communs : le traumatisme de sociétés déplacées par l'exil (pour les Chinois de la diaspora) ou détruites par la guerre (comme la Corée) d'abord, les valeurs confucéennes de travail, de discipline, de respect de l'autorité et de passion pour l'éducation ensuite, enfin le pragmatisme et la vitalité des entrepreneurs. Ce ne sont pas des esprits obscurs ou abstraits qui ont fait le boom de l'Asie, mais des acteurs bien vivants.

La réussite asiatique est traversée par un même champ de forces. Le Japon est une référence, mais sans plus. Le tout premier boom, celui de Hong Kong (c'est-à-dire la période où les taux de croissance excèdent 10 % par an), démarre même un peu avant celui du Japon : en 1956. A une échelle, il est vrai, plus modeste, mais ceci n'enlève rien sur le fond : il s'agit d'une vraie économie industrielle et financière, et non d'un avatar plus ou moins heureux, ou d'une excroissance d'un boom plus vaste[7]. Au milieu des années 90, Hong Kong aura une richesse par habitant supérieure à celle du Japon ! Le boom de la grande île de Taïwan démarre un peu plus tard que celui de Hong Kong, à partir de 1961. Jusqu'à 1973, Taïwan enregistrera, elle aussi, des croissances supérieures à 10 % l'an[8]. Puis Singapour et la Corée du Sud entrent dans la danse, avec eux aussi des croissances superlatives. Les chiffres et les pourcentages ne sont que des abstractions, sauf si l'on se rappelle que 10 % par an de croissance entraîne un quadruplement du produit national brut en quinze ans ! Vers la fin des années 70, une partie du Sud-Est asiatique est touchée à son tour par la grâce du progrès économique, en l'occurrence la Thaïlande et la Malaisie. Puis, quelques années plus tard, le géant indonésien, avec ses 180 millions d'habitants, qui passe de 70 dollars de richesse par habitant en 1975 à 1 000 en 1996 !

Que des pays aussi divers en apparence réussissent en quinze ans à passer du sous-développement au seuil fatidique des 1 000 dollars de richesse par habitant, là où une majorité d'autres, à travers le monde, ne peuvent même pas en rêver, pose question. Que tous ces pays soient circonscrits dans une même aire géographique, sinon dans une même sphère culturelle, celle de l'Asie orientale, pose également question.

Et c'est alors qu'entre en scène dans la course au progrès matériel le dernier pays asiatique, le plus grand de tous : la Chine. Lorsque Mao meurt, le 9 septembre 1976, la lutte pour la succession est âpre. Un petit homme pétillant, Deng Xiaoping, va mettre trois ans à arriver au pouvoir absolu. Son regard sur le monde est d'une lucidité impitoyable. La Chine est pauvre, son agriculture plafonne, son industrie est en déshérence, ses technologies sont risibles, sa société est traumatisée, rasant les murs après la folle période de la « grande révolution culturelle prolétarienne » lancée en 1966, qui s'est prolongée en vagues concentriques jusqu'à la mort du « grand timonier ». La Chine a certes reconquis sa fierté nationale sous Mao, mais à quel prix ?

En politicien roué, Deng Xiaoping sait bien que son pouvoir, même étayé par le rempart du Parti communiste tout-puissant, n'est un « mandat du ciel » que si ce mandat est confirmé par des résultats tangibles. Pétri d'histoire de la Chine, il sait aussi que le cœur politique du pays bat à la campagne beaucoup plus que dans les villes. C'est à la campagne que résident les trois quarts des Chinois. C'est par la campagne et ses grandes révoltes récurrentes que toutes les dynasties impériales ont été chassées du pouvoir, et pourquoi pas le système communiste lui aussi si l'on n'y prend garde. C'est donc des paysans qu'il faut s'occuper concrètement.

Dès 1979, Deng Xiaoping lance le slogan un peu vague des « quatre modernisations », manière de marquer que les fantaisies idéologiques appartiennent au passé, et que désormais c'est le rattrapage matériel du pays qui est à l'ordre du jour.

Très concrètement, il lance diverses expériences dans la campagne chinoise. Tout au bout de la Chine, dans la province du Sichuan, un gouverneur habile, Zhao Ziyang, entreprend sans le dire de mettre à bas le système bureaucratique des communes populaires. Des paysans sont autorisés à cultiver ce que bon leur semble en s'organisant comme ils le souhaitent. Très rapidement, l'enthousiasme est tel que l'expérience est étendue au reste de la Chine.

Simplement en démantelant le carcan administratif, la Chine voit ses productions de céréales bondir de 30 %. Cela est-il politiquement correct ? La très sévère Académie des sciences sociales de Pékin est appelée à la rescousse pour justifier sur le plan idéologique ce qui n'est, après tout, qu'une libéralisation déguisée à grande échelle[9].

En 1984, Deng Xiaoping brise un autre tabou, celui de l'isolement de la Chine. Toujours de manière très pragmatique, en faisant d'abord des expériences locales pour régler le système, la Chine décide d'ouvrir quatre zones économiques spéciales, puis quatorze villes côtières aux investissements étrangers. Il ne suffit pas, bien entendu, de susurrer de douces paroles aux investisseurs étrangers pour que ceux-ci se précipitent. Echaudés par l'histoire récente de la Chine, la plupart n'osent imaginer que l'Empire du Milieu leur ouvre les bras. Mais, à une périphérie immédiate de la Chine, les Chinois de la diaspora, à commencer par ceux de Hong Kong, arrivent peu à peu en reconnaissance. Les premiers vont dans les provinces du Sud sur les tombes de leurs ancêtres. Les autorités locales ont pour mot d'ordre de leur faire bonne figure. Certains de ces Chinois de l'extérieur s'enhardissent et se mettent à établir, qui des ateliers de sous-traitance, qui des petites unités de production, qui des hôtels. Petit à petit, dans toute la seconde moitié des années 80, le capital étranger, d'abord asiatique, va timidement mais constamment arriver en Chine. Au début des années 90, les Occidentaux arrivent à leur tour. Les choses sérieuses peuvent commencer. L'incroyable boom de la Chine va se faire, avec des investissements étrangers qui montent peu à peu en puissance pour atteindre au total, 306 milliards de dollars au cours des années 90, c'est-à-dire la première masse absolue d'argent investie dans un pays en dehors de l'Occident !

Dans le même temps, le dogme des hautes croissances

et de l'argent pénètre lui aussi en Chine, à l'image de ce qui s'était passé chez les proches voisins du Sud-Est asiatique. Désormais, « il est glorieux de s'enrichir », comme dit le slogan officiel. Les premiers sont les paysans autour des grandes villes, qui viennent vendre leurs légumes dans les petits marchés libres. Ces premiers nouveaux riches sont exaltés par les journaux officiels (il n'y en a pas d'autres !) comme « les paysans à dix mille yuans » (la monnaie chinoise). L'initiative individuelle peut exploser. Ouvrir un commerce, créer un business, spéculer, devient le paysage économique habituel. Quelle révolution !

Les résultats sont là. La Chine, qui ne produisait que 300 milliards de dollars de PNB en 1985, en pèse quatre fois plus quinze ans plus tard. Les taux de croissance sont de 10 % par an en moyenne sur toute la période, c'est-à-dire une nouvelle Chine tous les sept ans ! Dans ce processus géant, elle a laissé sur place ses deux grands voisins : l'Inde et la Russie. Le décollage de la Chine a enfin eu lieu. Mais on se doute bien qu'avec plus de 1 milliard d'habitants, elle reste globalement un pays pauvre avec 800 dollars de revenu par tête à l'aube de l'an 2000. Dans le même temps, dans les villes côtières notamment, toute une classe moyenne a pu naître en l'espace de quelques années, objectif impensable il n'y a pas si longtemps. Même si 300 millions de Chinois de la campagne risquent encore de s'éclairer à la lampe à huile pendant un certain temps, 300 autres millions accèdent aujourd'hui à la consommation, aux supermarchés, à la télévision, à des logements décents, à un matelas d'épargne et à un avenir meilleur pour eux-mêmes et pour leurs enfants. La Chine a accouché d'une classe moyenne qui, plus vite qu'on ne l'imagine, entraîne le reste. La Chine s'est ouverte comme jamais. C'est très nouveau pour elle, et elle devra en tirer toutes les conséquences. C'est très nouveau pour nous, et notre horizon stratégique en sera à jamais bouleversé.

En très peu de temps, l'Asie a donc su atteindre ce qu'elle n'avait jamais pu entrevoir au cours de son histoire : une place dans le monde à parité avec les grandes puissances. Un continent entier a fait irruption avec un poids humain faramineux : 2 milliards d'hommes, un tiers de l'humanité ! Il s'agit d'une révolution douce parce que sans armes et sans slogans. Jamais transformation à cette échelle n'a été aussi vive, aussi profonde, aussi brutale où que ce soit sur notre planète.

Cela aurait pu se produire ailleurs. Nous autres Occidentaux regardions avec appréhension vers la puissance soviétique. Nous avions une arrière-cour africaine, riche de promesses. Nous connaissions l'Inde et ses talents, l'Amérique latine et son foisonnement, l'or noir du Moyen-Orient. Mais cela s'est produit en Asie orientale, et nulle part ailleurs. Nous souffrons, il est vrai, de persistance rétinienne. Il est plus confortable de vivre de clichés. Nous n'avons pas vu que tout changeait très vite, que l'Asie était en train de nous exploser à la figure, et que la carte du monde, de l'économie, de la stratégie, des valeurs était en train d'être bouleversée sous nos yeux.

Même les économistes font de la résistance ! La dernière mode consiste à invoquer l'histoire pour évoquer des rattrapages successifs[10]. On a ainsi beau jeu d'expliquer que l'Asie, aujourd'hui, ne fait que retrouver une place perdue au début du XIXe siècle. Cette grande Asie (Inde comprise) représentait 58 % de l'économie mondiale en 1820, et s'était amenuisée, en part relative, à 32 % en 1900 et 17 % en 1950[11]. Le mouvement actuel ne serait qu'une résurgence : 35 % de la richesse mondiale aujourd'hui, sans doute 57 % en 2025, nous dit la Banque mondiale. La boucle est bouclée, l'Asie ne ferait que reprendre sa place telle qu'elle était en 1820.

Tout cela est du déterminisme gratuit. Le problème, c'est que le monde a changé d'une manière si radicale depuis 1820 que toute comparaison serait vaine. Le péché des économistes a constamment été l'oubli des phénomènes d'innovation. Peut-on comparer les sociétés du char à bœufs aux sociétés des microprocesseurs, les communications de la marine à voile et celles d'Internet, les borborygmes des médecins de Molière aux techniques de manipulation génétique ?

Et puis, pourquoi n'aurait-on pas pu appliquer les recettes de l'Asie orientale à d'autres parties du monde ? L'Inde, par exemple, était la dixième puissance mondiale en 1950, ses exportations dépassaient de 50 % celles de la Chine[12]. Mais en 1998, la Chine exportait cinq fois plus que l'Inde et avait su attirer vingt-quatre fois plus d'investissements étrangers ! En 1960, la Corée du Sud et l'Egypte étaient à stricte parité humaine et économique. Trente ans plus tard, la Corée du Sud était trois fois plus riche par tête d'habitant... et l'Egypte, trois fois plus peuplée. En 1964, le revenu par habitant du Brésil était le double de celui de la Corée du Sud[13]. Trente ans plus tard, la proportion était inverse : le revenu coréen était le double du brésilien.

S'il suffisait de reproduire des conditions de succès d'un pays à l'autre, les techniciens de l'économie ou les experts des institutions internationales auraient la part belle, les économistes pourraient faire des prévisions exactes. Mais il y manquerait toujours l'élément catalyseur qui a fait ses preuves en Asie et nulle part ailleurs. Et l'on soupçonne que la technique ne suffit pas, qu'il y faut un substrat de valeurs, auxquelles s'articulent des comportements économiques, politiques, sociaux, qui font le cocktail unique du progrès.

CHAPITRE 13

Entreprendre

Au départ, les acteurs du boom asiatique n'ont rien : ni argent, ni matières premières. Tout juste une vague idée que tout est possible, que la précarité n'est pas un horizon inéluctable. Une vision taoïste, en quelque sorte. L'Asie sinisée a toujours été dense, d'une extraordinaire densité. Elle a toujours dû faire fructifier à l'extrême les maigres portions de terres dont pouvait disposer chaque famille. Dès l'origine des temps, le riz, céréale la plus productive du monde, a été cultivé partout où c'était possible. L'Asie a dû se protéger des aléas en portant une attention extraordinaire à l'eau. Trop d'eau, c'est l'inondation et la famine. Pas assez, c'est la sécheresse et aussi la famine. Il faut se mettre ensemble pour gérer l'eau. La solidarité villageoise, ciment primordial, est mise à plus rude épreuve que partout ailleurs. Il n'y a pas d'échappatoire, pas de possibilité de défricher la forêt d'à côté : dans des pays aussi densément peuplés, cela a été fait depuis longtemps. L'Asie n'a pas de rente. Certains pays ont eu la chance d'être assis sur des gisements de pétrole, de fer, de bois précieux facile à exploiter. L'Asie n'a que l'eau et le travail. Sans eau il n'y a pas grand-chose. Avec l'eau seule, il n'y a pas grand-chose non plus, n'était le travail humain.

C'est le sens des civilisations sinisées que d'avoir donné

ce primat au travail. Avec le travail, tout est possible. S'il s'agrémente du talent de l'artisan, le travail crée des objets utiles ou beaux, et un peu plus que le nécessaire. Chacun peut espérer des fruits de son travail. Les sociétés sinisées, en effet, n'ont jamais été des sociétés de serfs. Les familles possédaient en général leurs terres, même minuscules. Elles pouvaient s'employer ailleurs, en complément, sur les terres des plus riches ou en fabriquant des objets. Mais elles connaissaient la valeur de l'initiative. Elles profitaient directement, même chichement, de leur travail. L'initiative est plus familiale qu'individuelle. Dans cette Asie si dense, les ressources sont rares. La famille est donc un noyau de solidarité fondamental, un système d'assistance naturel. Les connexions qu'elle a su développer sont essentielles pour un apprentissage, pour établir une boutique, trouver un débouché à ses produits, faire valoir un membre plus valable que les autres. De proche en proche, le circuit familial de protection en échange du respect et du travail devient ainsi le modèle dominant.

L'Asie industrieuse, c'est celle de l'entreprise familiale, agricole, artisanale ou commerçante. Le commerce, pour les plus doués, c'est un bon moyen de tenter sa chance et d'y entraîner sa famille. Il n'y a pas besoin de capital de départ, comme pour l'agriculture ou l'industrie, ou si peu, et il est possible, par astuce, par de bonnes connexions, par de bonnes informations, par un travail de tous les instants, de s'enrichir. Ni l'entreprise ni encore moins le commerce ne sont « nobles », mais qu'importe. Ils n'occupent pas une place éminente dans la hiérarchie du pouvoir, dans l'ordre de la respectabilité sociale. Dans les sociétés bouddhistes, les moines sont les plus respectables, mais les commerçants sont honorés, car le commerçant est un personnage important, qui entreprend de longs et périlleux voyages pour rapporter des produits utiles. En Chine, il n'y a même pas cela. Ce sont les mandarins, les instruits, les maîtres du texte et des caractères, qui se verront confier le pouvoir d'Etat. Dans la hiérarchie sociale de l'ancienne Chine, venaient après l'empereur, dans l'ordre : les mandarins, les paysans, les artisans, les militaires et les commerçants. Au Japon, société militaire, ce sont les samouraïs qui auront le beau rôle. Mais partout, c'est l'entreprise, l'entreprise familiale, la PME, qui sera la base de la prospérité de l'Etat, la véritable colonne vertébrale, le cœur économique, politique et social des sociétés sinisées. Aujourd'hui encore, s'il n'y avait pas cet incroyable foisonnement des petites entreprises, l'Asie telle que nous la connaissons n'existerait pas.

Dans ces sociétés menacées de famine, grippe-sous, avaricieuses, il y a l'obsession de l'argent. Le souci d'assurer sa famille, d'avoir un magot, de montrer aux autres sa prospérité, est permanent. Nul péché ne s'attache à l'argent dans les sociétés sinisées, confucianistes ou bouddhistes. L'argent n'est pas une honte, une maladie cachée comme dans les sociétés catholiques. Il peut faire l'objet de commerce, de prêts, de taux d'intérêt, d'usure, contrairement aux sociétés musulmanes.

Dans le monde chinois, l'argent est une passion permanente, ancienne, en tout cas fort antérieure aux modes du matérialisme moderne. Que fait Deng Xiaoping lorsqu'il engage la Chine vers la modernisation, dans les années 80 ? Il déclare tout de go qu'« il est glorieux de s'enrichir », tout comme Guizot en 1843. Le prude Mao Zedong doit se retourner dans sa tombe. Le communisme chinois et sa pureté révolutionnaire sont bien morts.

Cette avidité immense, ravageuse, permanente, n'est pas celle des nouveaux riches : c'est celle des anciens pauvres. Elle est souterraine lorsque les Chinois du Sud-Est asiatique se sentent menacés. Leur richesse se fait modeste en Malaisie et en Indonésie. Elle éclate au grand jour là où les Chinois ont pignon sur rue, à Hong Kong, à Taïwan, en

Thaïlande et, aujourd'hui, en Chine. Empêchés pendant des siècles d'avoir pu montrer leur argent, quand ils en avaient, les Chinois et leurs voisins, par mimétisme, laissent exploser ce rêve d'argent. « Les Chinois des générations récentes n'ont qu'une seule peur : celle de ne pas être pris pour des riches, et ils portent sur eux tout ce qui peut leur donner de l'assurance », regrette Terziani[1].

L'entreprise, la création de richesses, c'est l'affaire de tous. Chacun guette la bonne idée, l'opportunité juteuse, le créneau nouveau. L'information sur les produits, sur les prix, sur les lieux les plus propices est transformée immédiatement en une activité fébrile. La famille met le pied à l'étrier aux plus actifs et aux meilleurs de ses membres lorsqu'un projet se fait jour. Elle sait que l'éducation est un investissement. Elle envoie donc le plus doué étudier dans les écoles les plus réputées, si possible à l'étranger, avant que les autres ne suivent et ne remboursent un jour en renforçant la prospérité générale du clan. La famille ou les réseaux de solidarité proches mobilisent les capitaux, et d'abord par la tontine.

C'est un système vieux comme le monde. On le retrouve sur tous les continents. Des membres d'une même famille ou d'un village ont toujours mis au pot pour que l'un des leurs monte un projet, avec un remboursement à plus ou moins court terme de tous les prêteurs, garanti par la famille. C'est la parole donnée qui a toujours scellé les accords, avec le même contrat verbal du « tope là » que se passaient, chez nous, les marchands de bestiaux dans les foires d'antan.

C'est un système rodé, bien antérieur à la création des banques, hors des règles juridiques ou bureaucratiques de l'Etat, quand il y en a. La collectivité prend tout autant de garanties informelles que les banques pourraient prendre d'hypothèques. Mais ces garanties sont sociales. Gare à l'ostracisme humiliant qui pourrait frapper un margoulin, et avec lui sa famille, si l'emprunteur ne remboursait pas. Perdre la face serait pire que le défaut de paiement. La tontine chinoise, le *Hui*, est permanente[2]. Elle s'est raffinée au fil des ans, par exemple par la création de sociétés mutuelles à crédits tournants. « Cinquante personnes, explique Eric Bouteiller, se prêtent à tour de rôle une certaine somme. Chaque membre, en fonction de ses besoins, lève la mise en participant à une adjudication par enchère. Le montant de l'enchère est ajouté à la valeur de l'apport mensuel qu'il faut effectuer jusqu'à la fin de la tontine. Logiquement, plus tardive est la levée, plus faible est le montant total des débours individuels et donc le coût du crédit[3]. » Pour épouser la fondation des grands réseaux de la diaspora, la tontine s'est faite transfrontalière. Les levées d'argent peuvent s'opérer par téléphone. Mais les joueurs ne sont jamais anonymes : ils sont connus et peuvent être retrouvés, éventuellement dénoncés discrètement à la communauté s'il y avait un problème.

La société se tient. On est souvent créditeur de quelqu'un et débiteur de quelqu'un d'autre. Ainsi se créent les réseaux. Les réseaux sont familiaux, au premier chef. Rapidement ils se sophistiquent, par extension des solidarités d'affaires, cimentées par la confiance mutuelle. Ces solidarités sont aussi des systèmes de protection, relativement imperméables à l'extérieur. La force de ce mode d'organisation est celle des tissus intermédiaires, très actifs, très puissants. Une chambre de commerce chinoise, à Bangkok, à Taipei ou à Kuala Lumpur, est souvent plus déterminante pour le capitalisme local que l'Etat. C'est même le contraire de l'Etat : une association spontanée, patiente, réactive d'intérêts bien compris, fondée sur des personnes.

Le capitalisme asiatique n'est pas un capitalisme de métier : il est opportuniste. On aurait d'ailleurs grand mal à traduire le mot « métier » en chinois ou en japonais. Le japonais, par exemple, ne distingue pas la notion de rôle de celle de tâche (et encore le terme le plus approchant serait *Shokumu*) et n'a pas de mot précis pour désigner le métier, au sens de tour de main acquis. La rentabilité, la liquidité sont toujours privilégiées, d'où une capacité étonnante à investir vite et massivement selon les occasions. Parfois tout le monde peut s'engager dans des spéculations désastreuses, ou céder à la mode du jour, tels ces 35 millions de Chinois qui aujourd'hui jouent en Bourse.

Les entreprises qui ont réussi, dans toute l'Asie, sont flexibles, incroyablement rapides. Elles peuvent être très compétentes dans un métier, mais aussi bien s'engouffrer dans un autre, parce que le marché leur semble porteur. Une entreprise thaïlandaise comme CP peut ainsi passer de l'élevage de poulets aux télécommunications. Un groupe coréen comme Hyundai peut commencer par l'acier et les chantiers navals, pour aller de l'automobile à l'électronique, en passant par les grille-pain ou les fours à micro-ondes, suivant en cela les stratégies opportunistes des grands groupes japonais.

Les entrepreneurs et leurs entreprises créent des richesses. Cela, les Etats asiatiques l'ont bien compris. Et pourtant ces Etats sont fort différents. Les uns ont une forte administration, très charpentée, volontiers interventionniste, tels le Japon ou la Corée du Sud. Les autres sont dirigistes, comme Singapour. Certains, comme la Chine, hésitent entre une lourde tradition de planification et un capitalisme sauvage. Les stratégies d'entreprises n'ont donc pas été les mêmes partout, la main de l'Etat non plus.

Il existe deux modèles principaux. Dans le Japon de l'après-guerre, le gouvernement a joué un rôle planificateur très lourd. Le tout-puissant MITI des années 50 a orienté les entreprises, les a subventionnées, leur a indiqué des priorités industrielles, leur a prodigué des « directives administratives » aussi impératives que des lois[4]. A charge, bien sûr, pour les entreprises de prouver leur savoir-faire et de trouver les bons managers. Avec ce système planificateur – qui ne s'applique réellement qu'aux années 50, contrairement à un mythe répandu –, le Japon a pu se doter (ou reconstruire, comme l'on veut) des industries lourdes indispensables.

En Corée du Sud, la légende dorée donne la part belle aux géniaux créateurs d'entreprise, les fondateurs des grands *Chaebol* Samsung, Hyundaï et autres Daewoo. Et il est parfaitement exact que s'il n'y avait pas eu ce génie entrepreneurial des fondateurs, l'Etat coréen n'aurait été qu'un Etat interventionniste de plus, sans talent ni réussite. Mais l'administration coréenne, fascinée par le modèle japonais, a presque coprésidé, dès les années 70, aux décisions stratégiques et au financement des *Chaebol* coréens, parfois au-delà du raisonnable. A Singapour, le gouvernement de Lee Kwan Yew a tout planifié avec son « Economic Development Board » et étatisé les secteurs qui comptaient, c'est-à-dire presque tous. Dans ces pays c'est, à tout le moins, un capitalisme de coopération qui s'installe en compagnie de l'Etat. Mais qui dirige qui ? Dans le Japon de l'après-guerre, qui fait les gouvernements et finance les campagnes des politiciens « agréés », sinon la puissance patronale ? Qui dirige le MITI, sinon une coopération étrange et pragmatique entre des administrateurs du ministère et des cadres d'entreprises privées, à l'intérieur des mêmes bureaux ?

Ce modèle « coopératif » coexiste, en Asie orientale, avec un modèle plus « entrepreneurial », où l'Etat joue un rôle effacé. Hong Kong est un archétype presque caricatural de laisser-faire[5]. A Taïwan, le parti au pouvoir, le Kuo Min Tang, s'est gardé quelques monopoles et de bonnes prébendes, mais le développement économique passe par la création foisonnante de quantités d'entreprises, dans la plus grande liberté. Il n'y aura donc pas d'industries lourdes à Taïwan, ou très peu, mais un tissu formidablement dynamique de PME. Dans tout le Sud-Est asiatique, ce sont les entrepreneurs d'origine chinoise qui font la pluie et le beau temps. Les Etats y sont tolérants. Ils se ménagent, là aussi, leurs monopoles telles les sociétés pétrolières Pertamina en Indonésie ou Petronas en Malaisie. L'administration est d'autant moins interventionniste qu'elle est souvent corrompue. Mais cette quasi-taxe de la corruption prélevée sur l'entreprise ne tue pas la poule aux œufs d'or. L'Etat peut être corrompu, il n'est pas prédateur. C'est une différence majeure.

L'immense Chine, lorsqu'elle s'ouvre, réussit à faire cohabiter les deux modèles à la fois, avec les entreprises d'Etat et les coopératives, les sociétés conjointes avec les étrangers et les capitalistes locaux qui émergent spontanément. Et parmi ces capitalistes locaux, les moins surprenants ne sont pas les militaires, qui profitent de certaines de leurs situations acquises localement pour créer des hôtels et des entreprises civiles parfaitement capitalistes ! Il existe plus de vingt mille entreprises civiles possédées par l'armée chinoise, qui produisent de tout sauf des armes. Devant ce détournement d'énergie militaire, le gouvernement chinois a tenté de mettre le holà à l'été 1998.

Partout, même dans les Etats les plus administrés, l'entreprise n'est ni sujette ni suspecte. Les entrepreneurs sont valorisés et respectés. Les institutions sont au service des entreprises. L'Etat est modeste. Est-ce à dire qu'il n'y a pas de bureaucratie ? Cela dépend. Ceux qui créent une entreprise en Asie, autochtones ou étrangers, peuvent le faire rapidement, en général, mais on leur inflige souvent de la paperasserie ou des contrôles tatillons : qui s'est frotté à l'administration japonaise ou chinoise le sait bien. Ailleurs, les procédures peuvent être beaucoup plus souples, comme dans la très libérale Hong Kong, ou paradoxalement, dans la très étatique Singapour. Le problème n'est pas là.

Si la création d'entreprise est, partout, un sport national, c'est qu'elle participe d'un esprit général. Les impôts sont faibles, à commencer par l'impôt sur les sociétés ou sur les personnes. Le record en la matière est à Hong Kong, où l'un et l'autre de ces impôts ne dépassent pas 17,5 % (contre 35 % en France les bonnes années et 50 % les mauvaises pour l'impôt sur les sociétés seulement). Les charges sociales sont modestes : 14 % de charges sociales patronales moyennes sur les salaires en 1999 au Japon, 11 % à Hong Kong, contre 50 % en France. Qui veut encore créer une entreprise en France ?! Les systèmes de santé ou de retraites sont encore modestes, mais cela change à mesure de l'évolution de la richesse nationale. A Singapour, le Central Provident Fund permet un système social très développé. Au Japon, qui dispose maintenant d'un dispositif moderne, le choix a été fait de systèmes par capitalisation ou, pour les grandes entreprises, d'une forme de fonds d'entreprises indépendants de l'Etat.

Ce n'est pas un monde idyllique, mais c'est un monde des possibles, où la liberté économique est calculée, mise en œuvre, garantie. La notion de « liberté économique » est précise pour les économistes. Elle comprend trois éléments principaux : 1) la liberté fiscale ; 2) une bureaucratie faible ; 3) un poids modeste du système de sécurité sociale (retraite, santé, allocations chômage, etc.). Les règles du jeu y sont stables, prévisibles. La politique intérieure n'interfère pas sur le monde de l'entreprise[6].

L'ennemi de l'entreprise, c'est le désordre ambiant. Le risque d'entreprendre est suffisamment lourd comme cela. Nul n'est jamais assuré d'avoir la bonne idée au bon moment et de pouvoir la mener à son terme. Si, de surcroît, l'environnement est instable, si les règles du jeu changent constamment, si l'Etat pèse excessivement par ses impôts ou par des contrôles fallacieux, si le flou ambiant condamne toute prévision raisonnable, si l'on doit affronter des émeutes ou des guerres, les entrepreneurs s'étiolent ou fuient. Prendre des risques, soit. Le faire selon des règles du jeu imprévisibles, c'est trop. L'entreprise s'épanouit en Asie parce que les règles du jeu sont lisibles, dans une forme de religion qui est celle de la croissance.

CHAPITRE 14

La religion de la croissance

Il n'y a pas de miracle asiatique. C'est un terme fourre-tout pour ce que l'on ne comprend pas. Il n'y a pas non plus de modèle asiatique. Il n'y en a jamais eu. Ou alors c'est un modèle en forme de mode pour les gogos, comme il y a eu le modèle israélien, le modèle irlandais ou même le modèle cubain. Nous n'avons donc rien à copier. Nous n'avons pas non plus à brûler ce « modèle » lorsqu'il a des ratés ou des crises. L'émergence de l'Asie est plutôt un long chemin balisé d'idées simples.

Pour les dirigeants asiatiques, l'idéologie du progrès économique à tout prix, en suivant les traces de l'exemple japonais, se résume à un mot d'ordre simpliste, presque besogneux, mais limpide, qui fonde une sorte d'idéologie : la religion de la croissance. Cette obsession de la croissance est facile à suivre, parce que tangible. Les sermons se font chiffrés. Les progrès prennent la forme de pourcentages. Ils se traduisent par des changements concrets, visibles, rapides dans la vie quotidienne des citoyens, et d'abord des citadins.

Les bulletins de victoire n'ont rien à voir avec ceux des systèmes communistes. Nulle fantaisie planifiée à la soviétique et nul communiqué de propagande sur d'hypothétiques récoltes miraculeuses. Même en Chine, même dans l'opacité du système statistique chinois, nulle variation, comme dans les années 60, sur la production mythique du village modèle maoïste de Dazhaï. La « Brigade modèle » de Dazhaï, dans le nord de la Chine, avait été forgée de toutes pièces par la propagande de la révolution culturelle, à partir de 1966, pour promouvoir le stakhanovisme et l'autarcie. La très exaltée épouse de Mao, Jiang Qing, en fit une utopie du bazar révolutionnaire. C'est en réalité l'armée rouge chinoise qui permit à ce « village-Potemkine » d'exister. Dazhaï sera promptement mis à la trappe par Deng Xiaoping.

Au « tout-politique » des communismes en général et du maoïsme en particulier, le tout-économique répond par des résultats crédibles. Et c'est cela qui en fait la force. L'aisance matérielle progresse. La consommation devient intense, et pour des couches toujours plus larges de la population : elle n'est pas l'apanage d'une petite caste privilégiée. Le phénomène le plus significatif – contrairement à ce qui se passe partout ailleurs en Amérique latine ou en Afrique – est une grande égalité dans l'accès à l'entreprise, dans la fabrication des richesses et dans son libre usage. Et si l'on en doute, on en trouvera des preuves mesurables dans le chapitre suivant.

Le même processus va servir de base au développement de tous les pays d'Asie orientale. Le slogan de la croissance à tout prix s'accompagne d'un formidable pragmatisme. Le parti pris est délibéré d'une croissance résolument déséquilibrée, sans dogmatisme, et en tâtonnant moins que ce type de développement ne le laisserait penser[1]. On se concentre sur certains secteurs. On produit d'abord dans les activités les plus porteuses, on concentre la richesse avant de la répartir éventuellement.

L'option de base, partout, est qu'il vaut mieux créer d'abord la richesse que de songer à la répartir, qu'il vaut mieux agir concrètement que d'en parler. On ne prend pas aux riches pour donner aux pauvres. On investit massivement dans les niches d'activités les plus immédiatement rentables ou les plus prometteuses, en négligeant les infrastructures telles que les routes ou l'énergie, en faisant une impasse provisoire sur les infrastructures juridiques et institutionnelles. De la richesse naîtra la possibilité d'épargne. De l'épargne naîtra la possibilité d'investissement. Des investissements naîtront de nouvelles richesses : voilà le cercle vertueux. Car ce qui frappe partout, c'est un extraordinaire pragmatisme : on tâtonne puis on s'engouffre dans les succès possibles, résolument, rapidement. Cela peut paraître brouillon à des esprits cartésiens : c'est formidablement efficace.

La meilleure illustration de cette orientation, c'est la Chine. Dès les prémices du boom chinois, dans les années 80, tous les moyens de la réussite sont bons, quelles qu'en soient les justifications. Deng Xiaoping lui-même en a donné la voie dans son slogan maintes fois répété : « Qu'importe qu'un chat soit blanc ou gris s'il attrape les souris. » La Chine, sous son égide, a pourtant fait le choix d'un Etat fort, où le Parti communiste doit conserver la haute main sur les gens et les choses, sinon le contrôle idéologique. Pour garder un semblant de justification, l'Académie chinoise des sciences sociales est mise à contribution afin de trouver des explications « politiquement correctes » aux réformes. Mais celles-ci sont mises en place avant d'être expliquées. La réforme des communes populaires paysannes, par exemple, est entamée dès 1980 avant d'être justifiée deux ans plus tard. De même, l'ouverture des « zones économiques spéciales » pour les capitalistes étrangers sur la côte chinoise à partir de 1984.

Partout en Asie, on a abandonné le discours politique au profit du pragmatisme économique. Ou plutôt le pragmatisme économique est devenu discours politique et d'abord discours des gouvernants. Le choix du tout-économique est d'abord celui des Etats et de leurs dirigeants. Il faut qu'ils soient assurés de leur pouvoir pour agir de la sorte, car la conséquence naturelle du tout-économique dans un monde de libre-échange, c'est l'ouverture internationale.

La croissance est déséquilibrée. Elle est aussi extravertie. C'est le monde qui est en point de mire, pour s'y comparer, pour faire mieux, pour y exporter. Tout ne s'exporte pas, et ce n'est pas le moindre des paradoxes que de voir le boom japonais des années 60 reposer sur le marché intérieur infiniment plus que sur le commerce international. Contrairement à une idée tenace, en effet, la croissance japonaise s'est faite essentiellement sur le marché intérieur et non sur les exportations, qui ne représentent, bon an mal an, que moins de 10 % du PNB, trois fois moins que la France. Mais le Japon choisit aussi, dès cette époque, des créneaux mondiaux pour tenter de contrôler des parts de marché dominantes à haute valeur ajoutée : les appareils photographiques dans les années 60, les grands navires dans les années 70, l'automobile et l'électronique dans les années 80. De là naîtra un débat politique avec le Japon, car les produits japonais d'exportation sont tous extraordinairement identifiables sous les marques Sony, Toshiba, Toyota ou autres : la perception de ces marques trop visibles gêne plus que leur chiffre d'affaires réel.

Pour d'autres pays asiatiques, l'ouverture massive est un choix délibéré. A Hong Kong ou Singapour, parce que ces petites villes sont des ports, mais aussi en Corée du Sud, à Taïwan, en Thaïlande. Et bien sûr en Chine, où la dimension internationale devient dominante. Au slogan maoïste autarcique de « compter sur ses propres forces », on substitue dans les années 80 l'ouverture à tous crins : la part du PNB chinois dépendant de l'étranger était de 8 % en 1985. Elle va passer dix ans plus tard à plus d'un tiers.

La croissance rapide est un succès dans toute l'Asie. Elle crée l'optimisme et avec lui encore plus de croissance. La théorie économique néoclassique voudrait que la croissance soit soumise à la dictature des rendements décroissants, condamnant la dynamique d'investissements et de consommation à s'amortir inéluctablement. En d'autres termes, il aurait fallu à l'Asie accumuler d'abord de l'épargne pour pouvoir investir, puis produire, enfin consommer. Les faits suggèrent exactement le contraire. La croissance naît, en effet, d'initiatives de départ, privées ou publiques, qui créent un climat de confiance.

La confiance ne se mesure pas. Comme l'exprime André Orléan, « cette notion renvoie à une dimension fondamentale du lien social qui rend possible la coopération entre les hommes, là où n'existait auparavant que la méfiance réciproque. Elle constitue un élément central de la production de richesses et repose sur trois processus fondamentaux : le gage, la sanction et la bienveillance... Cette bienveillance permet de comprendre une caractéristique bien connue de la confiance, à savoir son caractère autovalidant : en faisant confiance à autrui, je renforce sa bienveillance à mon égard, ce qui diminue d'autant la probabilité de trahison[2] ». C'est la croissance qui encourage l'épargne et aussi la consommation. En termes techniques, les rendements croissants sont la clé du « miracle » asiatique et pas le contraire. C'est une « économie de l'optimisme », décrite dès 1920 par le grand Allyn Young, aujourd'hui un peu trop oublié[3]. La croissance génère la croissance.

La sociologie vient à la rescousse de l'économie. « Si tous les individus ont une représentation morose de l'avenir, nous dit encore André Orléan, ils investissent peu et créent un enchaînement qui nuit à la conjoncture. A l'inverse, une vision optimiste engendre un cercle vertueux... La confiance possède une dynamique spécifique où les phénomènes de contagion et l'exemplarité jouent un rôle majeur : la réalité économique n'est pas donnée dès le départ, mais elle est le produit de nos représentations et de nos croyances[4]. »

Progrès, croissance, confiance sont les trois verrous de la réussite asiatique. Mais il a peut-être fallu que la chance s'en mêle, pour que les séquences de décisions soient toujours favorables. En somme, ce qu'un devin asiatique appellerait une heureuse conjonction lunaire.

Le hasard, le destin ou, plus simplement, une conjonction favorable de facteurs, a donné à l'Asie les clés de la course confuse à la prospérité. On le sait, les pays d'Asie sont disparates. Leurs histoires sont singulières. Leurs contextes sont différents. Les conditions de chaque « miracle » économique, les cocktails explosifs du progrès n'ont pas suivi les mêmes séquences. Les structures, les institutions, les choix techniques ou financiers, les atouts spécifiques n'ont presque pas, apparemment, de dénominateurs communs. Et pourtant tous ces pays, sans exception, ont pu passer de la pauvreté sans espoir au seuil de l'aisance, ou presque.

Une fois filtrées les conditions particulières de chaque pays, on retrouve, partagés par tous, un certain nombre d'invariants qui balisent les critères techniques de la réussite[5]. D'abord (en dehors du cas spécifique japonais), ces pays ont fait le choix de s'ouvrir à l'extérieur. A des degrés divers, ils ont tous exporté fortement dès l'origine, parce que le marché intérieur était manifestement étroit pour certains, comme on l'a vu. Ou bien ils ont intégré le risque de règles du jeu libérales et adopté délibérément les modèles les plus ouverts : l'Indonésie, par exemple, a toujours eu le contrôle des changes le plus souple qui soit.

Ils ont sciemment accepté la contamination de l'extérieur, en invitant les capitalistes étrangers et leurs technologies les plus avancées, en éduquant les élites locales au contact des meilleures universités étrangères. Ce fut le cas du Japon sous le Meiji, des « quatre dragons » dans les années 70 et, après le formidable virage de Deng Xiaoping, de la Chine à partir des années 80. C'est un risque énorme et il faut se sentir sûr de soi pour le courir. La Chine sait qu'en ouvrant la fenêtre, les bonnes choses de l'extérieur entreront, mais aussi, selon la langue de bois, « la pollution spirituelle venue de l'Occident ». La Chine accepte ce nouveau défi. Le Vietnam ne l'accepte pas : pureté originelle et stagnation iront de pair malgré la timide ouverture du « Doï Moï » en 1986.

Dans cette économie ouverte, il faut être vif, et se porter sur les créneaux de marché les plus prometteurs. Très généralement, les produits ou les services des pays asiatiques se développent par référence à la meilleure pratique mondiale et en analysant les marchés les plus porteurs, à commencer par les Etats-Unis (et non pas le Japon, comme on l'imagine souvent). Il peut s'agir de fleurs en plastique ou de chemises, à Hong Kong dans les années 60. Et ce n'est jamais stupide, même dans les produits à faible valeur ajoutée, que de conquérir des parts substantielles du marché mondial. Mais, pour de tels produits, chacun sait, et surtout les brillants commerçants chinois, que cette stratégie touche rapidement ses limites. Des pays voisins auront toujours des coûts de main-d'œuvre inférieurs et la course aux délocalisations sera vite une valse infernale. Les T-shirts de Hong Kong vont se déplacer en Chine continentale, puis au Vietnam ou au Bangladesh.

Alors ce n'est pas la course aux délocalisations que les Asiatiques entreprennent, mais la course à la valeur ajoutée. Les Japonais en avaient bien compris l'enjeu dès les années 60. Les Coréens du Sud vont leur emboîter le pas.

Ils sont capables de produire de grands navires dès les années 70, puis des voitures, puis le nec plus ultra du haut de gamme. Le groupe Samsung, par exemple, deviendra rapidement capable de produire des composants électroniques de la dernière génération.

Les petits pays d'Asie et leurs entreprises méconnues n'ont rapidement rien à envier aux multinationales occidentales. Le groupe taïwanais Formosa Plastics, fondé par l'archétype du self-made-man, fait aux Etats-Unis le plus massif des investissements industriels dans les matières plastiques. La Thaïlande donne naissance à l'une des plus fortes multinationales mondiales de l'agroalimentaire à partir d'un petit commerce de semences, le groupe Charoen Pokphand[6]. Le génial Stan Shih, de Taïwan, fait de sa société l'un des premiers concepteurs au monde d'architecture interne d'ordinateurs. Stan Shih est le créateur de la société ACER, en 1975, fondée au départ sur les compatibles IBM-PC, puis, rapidement, sur les périphériques et les architectures internes sophistiquées. Et ainsi de suite. Les fabricants de chemises sont devenus, en moins de temps qu'il n'en faut pour le dire, les hérauts des technologies de pointe[7].

Il est vrai que l'environnement mondial est porteur. L'heure est au libre-échange. Les grands pays industriels ont décidé, depuis la fin de la Seconde Guerre mondiale, de s'ouvrir largement, et dans les deux sens. C'est un calcul d'économie bien compris, où l'avantage technologique leur permet, pensent-ils, de rester en tête dans la course aux valeurs ajoutées. C'est aussi une stratégie politique. Après les turbulences internationales et les années de guerre, le libre-échange est l'arme de la paix et de la stabilité mondiale par l'argent. Que l'argent ait remplacé les armes est un progrès. Mais ce progrès ne signifie pas la tranquillité, comme on le découvrira avec le grand débat des années 90 sur la globalisation. Seuls les plus doués sont conviés au banquet. Et à ce jeu-là, les Asiatiques sont bien dotés.

Car l'Asie a su investir, et d'abord dans l'éducation. L'éducation est un gage pour l'avenir parce que l'avenir mérite qu'on y investisse des talents. L'attention gouvernementale à l'éducation est toujours très forte, à commencer par l'éducation de base. Les estimations des dépenses pour l'éducation primaire indiquent que les pays asiatiques consacrent des budgets publics équivalant à 3 % de leur PNB, contre la moitié seulement pour l'Amérique latine[8]. Un enfant chinois ou japonais, c'est d'abord un gamin qui fait ses devoirs, qui est premier en classe, qui ne regarde pas la télévision, qui passe des nuits et des dimanches à préparer des examens. Aux classements mondiaux, les Singapouriens, Japonais et autres Taïwanais sont fiers de gagner constamment les tout premiers rangs pour les mathématiques et les disciplines scientifiques. Les classements annuels établis pour 1997 sur des tests scolaires de grande ampleur au niveau des classes de seconde et première en mathématiques et en physique donnent les scores suivants : 1) Singapour, 2) Japon, 3) Taïwan, 4) Corée du Sud, 5) Etats-Unis[9]. Par contraste, des sociétés plus laxistes en matière d'éducation, comme la Thaïlande, portent en germe des fragilités de structure beaucoup plus importantes que le monde chinois, coréen ou japonais. Taïwan, petite île de 21 millions d'habitants, « produit » plus d'ingénieurs par an que la France et fabrique même de futurs chômeurs : il y a trop de titulaires de doctorats scientifiques à Taïwan pour ce que peut absorber le tissu local !

Le travail des jeunes fait partie d'un ensemble plus vaste : c'est un comportement social. Le travail en Asie, c'est d'abord la forme respectable de la vie en société, et non la punition subie par Adam et Eve pour prix de leur trahison au Paradis terrestre. Il est normal de s'y consacrer corps et âme et de devenir un drogué du travail. La réussite est à ce prix, mais le succès est au bout du chemin. L'enthousiasme dans le travail, dans les projets, dans l'amélioration permanente, dans l'ouvrage sans cesse remis sur le métier, est la marque même de cette Asie industrieuse.

Est-ce « génétique »? Est-ce une caractéristique des sociétés sinisées, censément confucéennes? Nous en débattrons un peu plus loin. Est-ce l'obsession d'une première génération de pauvres avides de s'en sortir? Sans doute. Toujours est-il que cette discipline au travail n'a d'égale que la discipline politique. Un autre facteur de cette conjonction lunaire de la réussite est, en effet, une grande constance politique sur de longues périodes. La stabilité intérieure peut être imposée par des régimes autoritaires, ou librement choisie par le consensus populaire, dans une palette très large. Il n'empêche : l'ordre règne.

L'argent, on s'en doute, joue un rôle central dans le développement de l'Asie, mais selon une séquence bien précise. L'épargne, d'abord, est un ressort essentiel. Elle est un réflexe ardent, primaire, intense. Les performances asiatiques en la matière laissent pantois. Bon an mal an, au cours des vingt dernières années, les Japonais ont épargné 26 % de leur revenu national, et les citoyens du Sud-Est asiatique 31 %! alors que les Européens en étaient à 21 % et les Américains à 15 %[10]! Contrairement à l'Amérique, on ne vit pas à crédit en Asie. Et il est un peu court d'expliquer ce phénomène par le souci des ménages de se préparer des retraites décentes ou de pallier un système de sécurité sociale encore largement inadéquat. Les Etats asiatiques sont de grands épargnants, à côté de l'épargne privée. L'épargne publique totale, en effet, a représenté, au cours de la décennie 1980-90, 10,2 % du produit intérieur brut des pays d'Asie, contre 5 % pour les pays d'Amérique latine. L'épargne du gouvernement central est encore plus forte en longue période : 4,3 % du PNB pour l'Asie orientale, contre 1 % pour l'Amérique latine, 0,8 % pour le sous-continent indien et... 0 % pour l'Europe et l'Amérique du Nord réunies[11].

Le besoin d'argent liquide, disponible, tangible, est plus fort que tout. C'est avec lui que l'on investit. Et l'on investit lourdement. Si les hautes croissances ont longtemps perduré c'est, en effet, qu'elles étaient constamment alimentées par les investissements. Les taux d'investissement en Asie ont toujours été trois fois plus élevés qu'en Europe. Pourquoi ? Pour faire de l'argent demain, mais aussi pour construire une réussite pour sa famille et ses enfants qui survive au lendemain. Bien sûr, la tentation de la spéculation est également forte. Quoi de plus alléchant que de construire un immeuble dans des villes où les loyers flambent ? Et ce sera le boom immobilier, un peu partout, avec son cortège de prêts bancaires douteux et, lorsque le cycle s'inverse, de bides retentissants : au Japon en 1991, en Thaïlande en 1997, et ailleurs. Mais c'est écumer la surface des choses que de juger le boom asiatique sur la spéculation immobilière. Le fond de l'affaire, des affaires, est ailleurs, dans cette création autonome de capacités industrielles, financières et technologiques qui s'enchaîne, comme les conjonctions lunaires, de manière fort logique.

CHAPITRE 15

Les quatre cercles vertueux

La conjonction des facteurs de l'émergence asiatique peut s'articuler selon quatre cercles vertueux[1]. Le premier cercle, c'est celui des « fondamentaux justes ». L'épargne locale se développe et atteint des niveaux élevés. Elle autorise des investissements élevés en capital qui laissent envisager des revenus élevés de ces investissements. Mais ceux-ci ne peuvent continuer à être élevés que si la valeur ajoutée s'élève également. La productivité joue donc un rôle essentiel. Elle ne peut augmenter que si l'investissement humain vient en corollaire de l'investissement en capital. La formation, la technologie, le management sont les formes de cet investissement humain. Mais ils supposent que l'ensemble des secteurs progressent également, ou plus exactement, qu'un secteur nouveau n'émerge pas sur les ruines d'un secteur traditionnel. Dans les grands pays agricoles, l'agriculture aussi doit être en croissance rapide, faute de quoi un éventuel boom industriel ne pourrait se poursuivre.

C'est un vieux constat des économistes : il n'y a jamais de décollage industriel dans un pays sans que, d'une façon ou d'une autre, la question agricole ait été favorablement résolue. Par la réforme ou par petites touches, mais en tout cas par la création d'une agriculture prospère qui profite au plus grand nombre. La Corée du Sud et Taïwan ont fait une réforme agraire de fond, dans les années 60, avant de se ruer vers l'industrie. Sait-on, par exemple, que l'Indonésie, avec ses ahurissantes densités rurales sur l'île de Java, a réussi à faire progresser ses rendements rizicoles de 5 % par an au cours des vingt dernières années ? Cette révolution agraire réussie en Indonésie est la combinaison de quatre facteurs : de nouvelle semences à maturation rapide, des incitations financières à utiliser des engrais chimiques, des récoltes multiples (deux ou trois par an) et l'extension systématique de l'irrigation. La Chine, au moins dans les provinces « riches », est en train de suivre le même chemin. Aux Philippines, au contraire, faute de réforme agraire, une classe de grands latifundiaires constitue un sérieux frein à toute politique agraire raisonnée et à un véritable développement durable.

Le deuxième cercle vertueux concerne l'Etat. L'Etat a eu, dans le développement asiatique, un rôle décisif mais prudent. Cette action est d'ailleurs difficile à tracer au cordeau, mais on lui attribue, en général, deux vertus. La première est d'avoir su prendre, ou su accompagner, des décisions macroéconomiques de manière sage et selon une bonne séquence. Les Etats asiatiques ont délégué une grande autorité aux élites technocratiques ou patronales. En d'autres termes, le rôle d'une administration éclairée, ou tout au moins compétente, a été déterminant dans des pays comme le Japon, la Corée du Sud, Singapour, l'Indonésie et aujourd'hui la Chine. Et dans des économies à la main publique moins lourde, comme Hong Kong, les élites des affaires ont largement guidé les choix.

La seconde vertu des Etats asiatiques est aussi d'avoir su garantir un environnement économique stable. S'il y a stabilité, l'investisseur peut se lancer sans trop de risques. Son pire ennemi, l'imprévisibilité, s'est évanoui. C'est du moins la théorie néoclassique. Parce qu'elle n'est pas doctrinaire, cette attitude encourage les acteurs de l'économie. A eux d'être réactifs, flexibles, adaptables, parce qu'ils sont en réalité protégés. Pour d'autres économistes occidentaux, qualifiés de « révisionnistes », la main de l'Etat est plus perverse, parce qu'elle en vient à fausser sciemment les règles admises de la concurrence internationale. Pour eux, des pays comme le Japon ou la Corée du Sud auraient maintenu artificiellement des prix très bas à l'exportation, en protégeant outrageusement leur monnaie. Ils prônent la révision de la politique américaine envers le Japon, c'est-à-dire son durcissement, au motif que le fossé culturel entre lui et l'Occident impose de lui appliquer des règles du jeu différentes[2]. C'est l'accusation récurrente sur les taux de change du yen japonais avant 1985. Ou encore sur les prix bas qui seraient subventionnés par des marges indécentes sur le marché intérieur, c'est-à-dire en pressurant indûment les consommateurs locaux. Le Japon est encore une fois en cause. Mais une analyse plus serrée indique que les « révisionnistes » ne peuvent expliquer la croissance de la Chine ou du Sud-Est asiatique. Va donc pour la théorie de la stabilité.

Le troisième cercle vertueux, c'est celui de la coopération. Les acteurs économiques, l'Etat, l'administration, les entrepreneurs, les étrangers coopèrent au lieu de s'opposer. Les uns et les autres ont su créer un environnement favorable aux affaires. Les lois sont modérées, les finances publiques ont belle allure. Le mouvement est naturel sans que les lobbies jouent un rôle excessif. Le pays est plaisant, il attire les investisseurs étrangers, la Banque mondiale chante ses louanges. Le meilleur exemple de cette combinaison angélique est la Malaisie : un taux de croissance de 8 % par an, des indicateurs de bonne qualité et la propagande gouvernementale en ont fait le chouchou du Fonds monétaire international et de la Banque mondiale... avant le krach de l'été 1997. Ce troisième cercle, on s'en doute, peut être sujet à caution. Mais dans des pays ouverts, chacun peut à loisir vérifier l'efficacité de cette coopération, quitte à la tempérer de quelques bémols.

Le plus intéressant est le quatrième cercle. Ce que montrent en effet les calculs détaillés de la Banque mondiale, c'est que l'Asie orientale est unique sur un point précis : celui de l'égalité. L'Asie orientale a enregistré de très hautes croissances, constate la Banque mondiale. Sur vingt-cinq ans, les pays « à hautes performances » d'Asie ont progressé trois fois plus vite que l'Amérique latine ou le sous-continent indien, vingt-cinq fois plus vite que l'Afrique subsaharienne. Et cette progression s'est faite dans une remarquable égalité entre riches et pauvres, entre classes moyennes et prolétaires, entre secteurs formels et informels (le travail non comptabilisé). La part de la population possédant 25 % de la richesse nationale est, en effet, la suivante : Amérique latine : 5 %; Asie de l'Est : 13 %; Europe de l'Ouest : 16 %[3]. On voit bien le caractère « inégalitaire » de l'Amérique latine. Les hautes croissances ne sont pas nécessairement là où l'écart entre riches et pauvres est plus faible. Les pays de la vieille Europe, par exemple, sont assez égalitaires, sans doute parce que la lourde main fiscale de l'Etat se charge d'une redistribution forcée. Déjà matures sur le plan économique, ils ont enregistré des taux de croissance annuels faibles (2 à 3 %) au cours de ces vingt-cinq années. Mais, à l'inverse, là où il y a très fortes croissances, il y a toujours très forte égalité relative[4]. La corrélation est saisissante dans le cas des « quatre dragons », et aussi pour le Japon, l'Indonésie ou la Thaïlande. Seul mauvais élève de la classe asiatique une fois encore : les Philippines.

Une corrélation n'est certes pas une démonstration, mais elle suggère un redoutable contraste entre l'Asie orientale et l'Afrique noire, et surtout entre l'Asie orientale et l'Amérique latine. Tout se passe comme si, en Amérique latine, les inégalités avaient sabordé le progrès ou l'avaient confiné à des scores modestes. Et l'on en a quelques autres preuves. Les pauvres, ceux qui sont au-dessous de la ligne de flottaison de la survie économique, ont régressé de 58 % à 17 % de la population totale en Indonésie en dix ans, de 59 % à 26 % en Thaïlande, de 37 % à 14 % en Malaisie. Au Brésil, ils ont régressé de 50 à 21 %, mais en Inde, de 54 % à 43 % seulement et en Côte-d'Ivoire, ils ont augmenté de 30 à 31 %[5]. Le seuil de pauvreté varie d'un pays à l'autre, il est également entaché de larges incertitudes statistiques. Mais son calcul a le mérite de tenter une mesure, même approximative : la Banque mondiale l'évalue à 1 dollar par personne et par jour.

Est-ce à dire que les riches et les pauvres d'Asie se fondent en une sorte de nirvana égalitaire, un peu comme l'utopie maoïste l'avait laissé accroire dans la Chine révolutionnaire ? Evidemment non. Les riches peuvent être très riches, et les bidonvilles très douloureux, comme ceux de Manille ou de Jakarta. Mais il y a, toutes proportions gardées, infiniment moins de très riches et de très pauvres qu'ailleurs. Et surtout, il existe une immense classe moyenne en pleine croissance qui, peu à peu, devient la colonne vertébrale de l'Asie. C'est bien sûr le cas du Japon, de Singapour et de Hong Kong. C'est presque le cas à Taïwan, en Corée du Sud et dans les zones urbaines de la Thaïlande et de la Malaisie. Ce sera très bientôt un moteur essentiel de la Chine côtière, en attendant un jour l'intérieur.

Si l'on voulait reproduire ailleurs ce qui a semblé réussir à l'Asie jusqu'à présent, quelles politiques faudrait-il mener ? Par quel cercle vertueux commencer ? Avec quel Etat, quels citoyens et quels dirigeants ? Et selon quelle idéologie ? L'idéologie de la transformation, du travail acharné peut-elle prendre sur des sociétés fatalistes ? La sphère islamique peut-elle être une autre Asie ? L'ouverture et le culte du progrès s'accommodent-ils des castes ? C'est le grand paradoxe de l'Inde, cette démocratie cinquantenaire aujourd'hui aux portes de la croissance, qui se débat avec une politique intérieure agitée, mais surtout avec son intangible question des castes. Comment donner confiance à l'Afrique, dans un système de chefs plus prédateurs que corrompus, à l'administration incertaine et aux sociétés elles aussi devenues fatalistes, agitées qu'elles sont de troubles incessants pour si peu de profit ? Comment donner stabilité et égalité relative à l'Amérique latine, trop souvent livrée encore à ses enthousiasmes brouillons ou à de périodiques caudillos ?

Par filtrations successives, on en arrive alors à discerner, au-delà de l'analyse un peu sèche des systèmes, une stratégie des acteurs. Si l'ordre règne, si l'entreprise est foisonnante, ce n'est pas, ou pas seulement, parce que l'on a empilé les bons facteurs au bon moment, par une sorte de mécanique du destin. C'est parce que les Asiatiques eux-mêmes l'ont voulu. En tout cas, ce n'est pas par on ne sait quel déterminisme philosophique, qui aurait modelé les fils de Confucius en ardents capitalistes.

CHAPITRE 16

Confucius nous voilà !

A trop chercher d'explications culturelles au développement de l'Asie, on risque de verser dans des mythes exotiques, dont le plus tenace est celui de Confucius. Mais le débat n'est pas si simple.

On a très doctement écrit qu'à cause de Confucius, jamais l'Asie orientale ne pourrait prétendre au progrès économique et que le confucianisme serait l'ennemi de l'économie de marché. Depuis quelques années, on écrit tout aussi doctement que l'Asie doit, bien sûr, sa réussite à la tradition confucéenne, dans un foisonnement discipliné qui se marie harmonieusement avec le respect incontesté de l'autorité[1]. Que n'a-t-on pas dit sur Confucius ! Que ne lui a-t-on pas fait dire ! L'intéressé n'en demandait sans doute pas tant. Si Confucius cristallise autant le débat sur le rôle de la culture dans le développement de l'Asie, c'est parce qu'il reste, malgré tout, le grand marqueur identitaire du monde sinisé.

Nous connaissons déjà Confucius et sa vision de la société à l'image d'une famille unie et hiérarchisée qui donne son sens à l'ordre général. Confucius est le premier des sociologues, en ce sens qu'il part du terrain social pour construire de manière concrète, presque terre à terre, sa règle des rapports humains, en se méfiant du dogmatisme et des excès idéologiques. Là où la société pourrait se crisper sur des héritages, il prône le mouvement.

Les devoirs de chacun sont nommés et délimités. Mais on les a souvent interprétés comme un carcan politique et social, où l'ordre était figé une fois pour toutes, comme une justification de toutes les autorités et de tous les conservatismes. La maxime du sage a été répétée à satiété : « Que le souverain soit un souverain ; le sujet, un sujet ; le père, un père ; le fils, un fils[2]. » Le modèle confucéen de la famille se transpose naturellement à l'échelle de l'Etat. Les gouvernants et le peuple sont dans la même relation du père au fils. La confiance du peuple s'accompagne du respect de la hiérarchie du statut des gouvernants, par la loyauté, non pas de façade, mais sincère. Les gouvernants sont sages et justes. Ils éduquent le peuple et font preuve d'humanité. La boucle est bouclée.

Pour Confucius, il y a un ordre du monde guidé par la vertu. Car le gouvernant, dit-il, doit être « digne dans la vie privée, diligent dans la vie publique, loyal dans les relations humaines[3] ». Pour lui, l'Etat est d'abord moral et vertueux. Il ne justifie aucune tyrannie : « Cherchez le bien et le peuple sera bon[4]. »

L'honnête homme confucéen, le *Junzi*, arrive par ses mérites et non par sa naissance. C'est une trouvaille fondamentale, en rupture avec son temps. L'accession au mandarinat chinois se fera au mérite, par des examens, beaucoup plus qu'en vertu d'une noblesse de naissance. On peut toujours s'élever par le mérite personnel, et d'abord par le succès aux examens mandarinaux. Nul secret si l'éducation est le souci quotidien des sociétés confucéennes. Nul secret si l'obsession du travail devient la drogue morale par excellence. Au surplus, la pratique confucéenne y ajoute une méthode : suivre l'enseignement du maître, c'est apprendre à apprendre. Dans sa grande sagesse, la Chine sait anoblir les ascendants, les ancêtres d'un mandarin ou d'un général méritant. Elle est beaucoup plus réticente à anoblir les descendants. Vieille sagesse ! Tout cela s'accompagne d'humilité, comme le dit le Maître : « Placer l'effort avant la récompense, n'est-ce pas exalter la vertu[5] ? » L'enseignement confucéen est donc bien plus qu'une doctrine utilitaire, et c'est pour cela qu'il a eu cette endurance exceptionnelle.

Confucius reconnaît vivement le talent individuel et justifie ainsi des sociétés relativement plastiques. Pour autant, il ne justifie jamais le « n'importe quoi ». La réussite doit être licite et non pas sauvage. Elle doit se faire dans les formes, être reconnue comme respectable. C'est donc un corps de pensée pragmatique, qui n'impose aucun dogme à l'action et, en particulier, ne refuse pas en principe l'aspect actif et changeant du capitalisme, pas plus qu'il ne méprise la réussite du marchand ou de l'artisan.

Simplement, il se situe dans une vision de l'ordre social où la Chine traditionnelle fixe une hiérarchie de classes au sommet de laquelle (l'empereur étant hors cadre) vient le mandarin, puis le paysan, et enfin le commerçant. Le mandarin, le lettré, le savant, est le personnage le plus respectable, cela va de soi. Comme on le sait, le marchand ne correspond pas à l'idéal de l'honnête homme. Pour autant, le marchand n'est en aucun cas un hors-caste, un personnage méprisable ou parasite. Moins élevé dans la hiérarchie du savoir (et censément de la sagesse et du désintéressement) soit. Rejeté, jamais.

Confucius est la grande tradition du monde sinisé. Le confucianisme en est la grande institution. Autant Confucius se prête à une lecture dont le sens général est clair, autant le confucianisme peut induire à la confusion si l'on considère l'utilisation qui en a été faite par les pouvoirs d'Etat. Ce confucianisme-là est devenu au fil des siècles une doctrine d'Etat dans tout le monde sinisé. Dès la dynastie des Han, au IIe siècle avant notre ère, la référence à Confucius devient officielle comme système de gouvernement[6]. En -136 est créé un premier corps de lettrés, qui seront coiffés en -124 par un bureau de cinquante experts des textes classiques, un peu comme les ayatollahs de la révolution iranienne décrètent ce qui est ou n'est pas la pensée correcte. L'accent est mis par l'Etat sur la soumission aux aînés et le respect des classes d'âge. La piété filiale devient un critère essentiel de sélection des fonctionnaires.

Le confucianisme ne gomme pas pour autant les autres très forts courants de pensée et d'action qui animent la Chine, comme le taoïsme ou, plus tard, le bouddhisme, mais il sert d'idéologie à l'Etat bureaucratique. Nommément invoqué et imposé, le confucianisme d'Etat correspond aux grandes périodes d'unification de la Chine, marquées par un Etat fort et un leader/empereur incontesté, en manque de justification et de consolidation de son pouvoir[7]. S'oppose au confucianisme une autre grande tradition chinoise, celle des « légistes », attachés aux règles de conservation du pouvoir d'Etat plus qu'aux vertus des gouvernants, lesquels n'ont jamais eu bonne presse dans la réputation que leur a faite l'histoire chinoise. Le grand empereur Qing Qi Huangdi, l'homme du grand incendie des livres au IIe siècle avant notre ère, est de ceux-là, plus légiste que confucéen, comme sans doute certains dirigeants modernes.

Après une période d'affadissement, la dynastie des Song, du Xe au XIIIe siècle de notre ère, reprendra le confucianisme comme principe directeur exclusif. Ce « néoconfucianisme » sera présent en vagues récurrentes jusqu'à la période moderne, même si son empreinte comme référence idéologique absolue est liée plus nettement aux dynasties brillantes sous lesquelles la Chine était la civilisation suprême.

En Chine, dès les premiers siècles de notre ère, c'est au nom de Confucius que le système des concours de fonctionnaires, l'administration des mandarins, les principes qui l'animent prennent leur essor pour devenir la colonne vertébrale de l'Etat, et ce jusqu'à la Chine contemporaine incluse[8]. On rappelle volontiers la primauté du mandarin (civil ou militaire) dans l'ordre social, donc le primat du politique sur l'économie. C'est un monde élitiste, où l'élite se voit reconnaître le pouvoir de diriger les autres. Mais un espace de liberté est largement consenti aux créateurs de richesses : il n'y a pas de servage en Chine, mais au contraire une petite propriété foncière omniprésente. Les marchands, les artisans, les industriels, sont florissants. Le confucianisme, d'ailleurs, n'arrive pas très bien à résoudre la contradiction entre la loyauté due à la famille et celle due à l'Etat, et oscille constamment entre l'un et l'autre, entre ces deux pôles d'autorité, l'un formel et lointain (l'Etat), l'autre proche et solidaire (la famille). A tout prendre, c'est toujours la famille qui l'emporte. Plus tard, à la mesure de la sinisation aux grandes marches de la Chine, la Corée, à la fin du XIVe siècle, le Vietnam, le Japon, au XVIIe, feront officiellement référence au confucianisme. Tous ces pays ont en commun, à l'époque, l'utilisation des caractères chinois. C'est un véhicule d'écriture, d'influence et de pensée d'une puissance incomparable.

Les Etats utilisent naturellement le confucianisme officiel comme outil de pouvoir. Les cinq *Oryun* coréens, par exemple, érigés en dogme par la dynastie des Yi, à partir de 1392, encouragent l'abnégation, le travail, la modestie, et surtout l'ordre, comme le dit l'ancien décret coréen : « Entre le souverain et ses sujets doit régner la justice;

entre le père et le fils doit régner l'affection; le mari et la femme ont dans la société des fonctions distinctes; entre les aînés et les cadets doit régner l'ordre; entre les amis doit régner la fidélité[9]. » Le rituel glacé des bureaucraties confucianistes trouve son compte dans ces lois.

Le confucianisme codifié par les élites de Chine, de Corée, du Vietnam ou du Japon devient partout d'un incroyable formalisme. Au Japon, la dérivée confucéenne est quelque peu différente. Elle se coule au départ dans une société beaucoup plus militaire que la très civile Chine, pour être mieux utilisée par les seigneurs féodaux au pouvoir. Le courage, le respect de l'autorité, la loyauté au suzerain y prennent une importance dominante. Le confucianisme est devenu un outil de pouvoir, un catéchisme de l'autorité. Confucius est utilisé comme alibi, comme un symbole ou un drapeau pour des dirigeants soucieux d'assurer leur légitimité.

En Chine, après la période de glaciation maoïste, on a ainsi remis à l'honneur Confucius et même ses descendants ! Comme le rappelle Léon Vandermeersch, un descendant direct de Confucius à la 76ᵉ génération, Kong Lingming, professeur à Shanghai, a été choisi en Chine populaire pour siéger à la conférence politique consultative du peuple chinois. Le Temple de Confucius à Qufu, saccagé pendant la Révolution culturelle, a été entièrement restauré. A Taïwan, la présidence du Yuan des examens (organe suprême des concours de la fonction publique) a été confiée à un autre descendant de Confucius, professeur également, Kong Decheng[10]. Certains en profitent pour se parer de ce fantastique nom commercial pour faire de très bonnes affaires, telle la très authentique descendante de Confucius à la 77ᵉ génération, Kong Demao, et ses entreprises de spiritueux de la même région de Qufu, dûment labellisés[11] ! Plus fort encore : à Singapour aujourd'hui, la référence directe au confucianisme pour légitimer l'autorité tutélaire du fondateur de la Singapour moderne, Lee Kwan Yew, donne une filiation morale directe et quasi transcendantale qui occulte bien des débats.

Mais l'exercice confucianiste n'est pas sans risques. A vouloir trop utiliser la « construction morale », comme en Chine populaire, ou à faire des références trop explicites au texte confucianiste, comme au début du siècle, certains leaders chinois modernes se sont brûlé les doigts[12]. Les plus lucides des modernistes, dans les sociétés confucéennes, ont bien pris le soin de distinguer, dans leur manipulation des slogans, l'utilisation que l'on devait faire des techniques modernes et le socle (distinct) que constituaient les valeurs censément confucéennes. Les intellectuels chinois ont parlé à ce propos de *Ti-Yung*, où *Ti* signifie la substance, les valeurs fondamentales du confucianisme, et *Yung* signifie les moyens utiles de la technologie occidentale[13]. Au Japon de l'ère Meiji, le slogan gouvernemental, de même nature, a été, comme on le sait, « l'âme japonaise et la technologie occidentale » *(Wakon Yôsai).*

A vouloir mettre Confucius à toutes les sauces, on en arrive à un magma de fausses idées générales où les valeurs confucéennes seraient comme les valeurs victoriennes : à la fois fascinantes pour évoquer une société ou un Etat mythique et difficiles à réfuter. Confucius est-il responsable ? Confucius explique-t-il quoi que ce soit dans le développement de l'Asie par le capitalisme ?

Tout d'abord, les faits suggèrent que la tradition confucéenne n'est en aucun cas un obstacle à la modernisation. S'il en était ainsi, il aurait d'abord fallu au Japon, à la Corée, à Taïwan ou à Singapour tuer Confucius pour se sortir de ses griffes rétrogrades, ce qui n'a pas été le cas, bien au contraire. S'agissant des institutions confucianistes, c'est une autre histoire. Leur formalisme excessif, leur perpétuelle obsession de la perte d'autorité de l'Etat n'encouragent pas, on le conçoit, le foisonnement d'initiatives privées. Faut-il que l'Etat s'affaiblisse ou se morcelle pour que, sous l'institution, ressorte mieux la tradition, telle une fresque masquée sous une couche de plâtre ?

Les explications séduisantes de type psychosociologique ont donné lieu à des débats passionnés et souvent frustrants. Pour Max Weber, les constructions et les règles du confucianisme n'ont pas été capables de produire le même type d'anxiété psychologique et donc de volonté de réussite que l'éthique protestante en Occident[14]. Mais, rétorquent ses détracteurs, Weber n'a pas apprécié à sa juste valeur la tension que provoquent les préceptes confucéens entre la réalité et la vertu, donc cette anxiété existe bien[15]. Les auteurs marxistes indiquent la piste féodale pour expliquer la stagnation économique du monde asiatique jusqu'aux révolutions du XXe siècle. Pour eux, les propriétaires fonciers avaient tout intérêt à maintenir le statu quo d'une société immobile qui leur était favorable, ce qui semble assez loin du pragmatisme confucéen.

Sans même parler des auteurs en mal d'exotisme[16], des analyses plus raffinées, souvent de sources chinoises, entrent elles aussi dans ce débat sur le confucianisme. On explique ainsi qu'il n'y a pas de lien direct de cause à effet entre le progrès économique et le confucianisme. Il y aurait même un effet débilitant du confucianisme sur le développement. Mais, lorsqu'un pays bascule vers la modernisation, la plupart de ces valeurs, qui ne sont plus pratiquées consciemment, mais « internalisées » (comme le souci d'éducation), peuvent servir de socle à cette transformation économique. C'est un cas de « conséquences non intentionnelles », à l'instar du calvinisme européen dans les prémices du capitalisme[17]. On retrouve, au passage, l'amalgame habituel entre valeurs et culture, entre l'héritage et le sens. La propagande chinoise reste également grosse de Confucius. L'une des campagnes les plus dures de la Révolution culturelle se fit, par exemple, sous le slogan *Pi Lin, Pi Kong* (ni Lin Biao, ni Confucius). Même si le Premier ministre Zhou Enlai, le « mandarin rouge », était visé par le second terme, c'est « Confucius » que bramaient des millions de poitrines.

Cette même propagande refait aussi l'histoire, en opposant une « Chine jaune », celle de l'intérieur, fermée, agraire et bureaucratique qui serait confucianiste, à une « Chine bleue », ouverte, marchande et dynamique qui, ne l'étant pas, aurait joué un rôle essentiel dans le développement[18]. D'autres ont même réconcilié le marchand et le lettré, pour leur accorder le label confucéen. La variété moderne du marchand, disent-ils, est très sophistiquée : elle doit comprendre la finance et le marketing, maîtriser les flux d'informations. En un mot, le capitaliste actuel doit avoir tellement de connaissances qu'il est un lettré nouvelle manière, comme tel réconcilié avec la tradition confucéenne, socialement respectable par ses connaissances élaborées[19]. Le marchand a acquis du prestige.

Le débat sur Confucius est vif parce que Confucius dérange. Les auteurs chinois, tout particulièrement, sont sensibles à l'autorité et à l'harmonie sociale que serait censé procurer l'ordre confucéen. Et, ce faisant, ils réhabilitent Confucius dans son rôle de marqueur identitaire afin de mieux affirmer la position d'ineffable supériorité de l'Empire du Milieu. Confucius, c'est une marque de supériorité ! Confucius n'est presque plus une tradition, dans cette optique. Il est appelé pour jouer une fonction. Fonction de légitimation du pouvoir en place. Prétexte, repoussoir, justification d'une Asie moderne telle qu'elle devrait être[20].

Quelque chose s'est passé en Asie, cependant, qui donne un éclairage particulier au débat : l'éclatement des sociétés sinisées sous l'effet de la modernisation, de la technologie et du capitalisme, qui a provoqué un découplage entre la tradition confucéenne et les institutions confucianistes. Dès l'époque Meiji, au Japon, la quête forcenée de la modernisation a provoqué, malgré elle, la chute du shogunat Tokugawa, remplacé, sous le nom de restauration impériale, par une oligarchie de grands capitalistes. Plus tard, au début du XXe siècle, l'émigration immense à partir de la Chine a créé des communautés chinoises dans tout le Sud-Est asiatique qui, marchandes dans l'âme et par nécessité, se sont trouvées isolées de leurs bases dans l'Empire du Milieu, et en même temps, affranchies du carcan de l'Etat chinois et de son formalisme mandarinal. La réciproque est également vraie. Dans les nouvelles sociétés d'Asie, en effet, et tout particulièrement dans la diaspora du Sud-Est asiatique, les « marchands » chinois n'ont pas voix au chapitre politique et c'est la condition de la liberté qu'on leur laisse d'entreprendre.

Gagner de l'argent, soit. Faire de la politique, sûrement pas, ou du moins ni ouvertement ni en s'adressant directement à l'électorat. Plus récemment, l'Etat chinois lui-même, par circonstance et par nécessité, s'est contenté de verrouiller son pouvoir politique pour prix d'une libération du dynamisme économique des nouveaux capitalistes : artisans, industriels, marchands autochtones et étrangers. Quand ce n'est pas par la corruption, par un argent achetant les mandarins rouges. Libérée des mandarins d'Etat pour mieux produire et commercer, l'Asie moderne a opéré la dissociation entre les rites et l'action. Le confucianisme d'Etat a cessé de polluer les vertus familiales confucéennes.

Par concomitance ou par une relation de cause à effet,

c'est quand le confucianisme a cessé d'être la référence officielle que le décollage économique s'est produit[21]. Comme le dit joliment Vandermeersch : « Il fallait que la tradition se transforme en humus entièrement dévitalisé pour pouvoir fertiliser le changement. C'est parce que le confucianisme est définitivement mort que son héritage peut être réinvesti dans la mentalité nouvelle sans contradiction avec les exigences du développement[22]. »

Tous les pays asiatiques qui ont réussi l'ont dû à leur exceptionnelle classe d'entrepreneurs, comme on l'a vu. Ces derniers partagent au moins deux caractéristiques. D'abord, dans toutes les économies en décollage après la Seconde Guerre mondiale, les communautés d'entrepreneurs sont des communautés traumatisées, à la fois inquiètes et affranchies, soit parce qu'elles sont minoritaires (Chinois de Thaïlande, de Malaisie, d'Indonésie, des Philippines), soit parce qu'elles sont déplacées (Chinois de Hong Kong), soit parce qu'elles doivent à tout prix reconstruire un pays explosé (le Japon, Taïwan, et surtout la Corée après la guerre civile), soit parce qu'un système a fait faillite (la Chine maoïste). Ces sociétés ne sont plus protégées par l'Etat et en même temps elles en sont libérées. En second lieu, ces entrepreneurs ne pratiquent pas le management à l'américaine, mais reproduisent tous un modèle familial, que l'entreprise soit restée à la taille familiale, comme dans les communautés chinoises, ou que les grands groupes fonctionnent sur la hiérarchie à l'ancienneté et le paternalisme, comme les groupes japonais ou les *Chaebol* coréens.

Dans tous les cas, les vertus confucéennes deviennent marchandes et les vertus marchandes deviennent confucéennes. A la fois dans le pragmatisme, le talent à s'informer, la discipline personnelle, l'importance donnée à l'éducation, mais aussi par les vertus d'honnêteté, de travail, de respect de la parole donnée, de dévotion absolue et tatillonne à la famille. Il est moral de travailler dur et il est également moral que cet effort soit rétribué. On travaille pour gagner de l'argent, seule norme absolue, parce que mesurable. Mais l'argent ne donne pas seulement la sécurité de l'aisance matérielle. Il donne accès au respect des autres. Le profit est légitimé par l'admiration générale : être capable de s'enrichir, c'est acquérir un statut, une *big face* si précieuse aux pays du qu'en-dira-t-on. L'importance du regard de l'autre impose de montrer sa Mercedes, sa montre Rolex, son stylo Mont-Blanc, son sac Vuitton. Ce n'est pas tant un syndrome de nouveau riche qu'un syndrome d'ancien pauvre.

Le capitalisme ne piétine pas la communauté. Le Japon illustre à satiété cet apparent paradoxe, où la compétition et la coopération peuvent apparemment se marier pour longtemps[23]. L'individu le plus flamboyant, le capitaliste le plus bouillant et le plus rapide devient, en Asie, doux comme un agneau lorsqu'il s'agit de sa famille, de la piété filiale due au *pater familias*, de la déférence à la hiérarchie et à l'autorité, du statut et de la face de ses interlocuteurs, du jeu de la réciprocité dans les vastes réseaux de solidarités. C'est un stéréotype, bien sûr, mais il est à ce point dominant qu'il permet, dans la différence avec le capitalisme anglo-saxon, de réhabiliter la culture confucéenne comme un des grands invariants de l'Asie actuelle. Invariant ne veut pas dire obstacle au changement, ou rituel figé dans un immobilisme historique. Confucius n'assassine pas le changement.

CHAPITRE 17

Les hoquets de la réussite

On se doute bien que la course au progrès matériel ne peut pas être un long fleuve tranquille, que la réussite insolente peut trébucher, que la croissance à tout prix peut avoir des ratés. On soupçonne aussi que, à mesure de la montée en régime de leur richesse et de leur intégration à l'économie mondiale, les pays asiatiques ne peuvent avoir éternellement des taux de croissance triples ou quadruples de ceux des Etats-Unis et de l'Europe. Mais il faut se garder de conclusions à l'emporte-pièce lorsque le moteur asiatique hoquette. Ou pire, d'un lâche soulagement devant une fallacieuse perte de puissance de l'Asie, qui restaurerait, par différence, un monopole occidental un moment chahuté. La capacité de rebond de l'Asie émergente ou la vitesse acquise du Japon sont, en effet, impressionnantes par-delà leurs accidents de parcours respectifs.

Le premier cas de figure est celui de la « crise asiatique ». Le 2 juillet 1997, un coup de tonnerre éclate dans un ciel apparemment serein. La Thaïlande décide de dévaluer sa monnaie, le baht, qui montrait une belle stabilité depuis trente ans. Le baht descend aux enfers en quelques semaines, perdant la moitié de sa valeur. C'est un énorme choc psychologique, qui déclenche un effet de dominos brutal en quelques semaines. Les Philippines, l'Indonésie, la Malaisie, et un peu plus tard la Corée du Sud sont brutalement contaminées et décident elles aussi de laisser flotter leurs monnaies. On s'aperçoit aussitôt que les entreprises locales, qui avaient emprunté tant et plus en dollars, ne peuvent plus rembourser. Le téléphone des banques s'inscrit aux abonnés absents. Les entreprises manquent brusquement de trésorerie[1].

Une mécanique infernale de destruction de richesse s'enclenche en quelques mois. Les petites entreprises du Sud-Est asiatique et de Corée se mettent à licencier à tour de bras. Les grandes entreprises elles, mieux assises, imposent à leurs salariés hébétés des réductions massives de salaires qui vont de 30 à 50 pour 100 ! Les classes moyennes urbaines désertent les magasins et les restaurants. Les agriculteurs font le gros dos et se replient sur leurs rizières. Et comme un malheur n'arrive jamais seul, l'Indonésie doit faire face à la plus importante sécheresse de son histoire qui est due, cette même année, à un gigantesque bogue climatique du Pacifique, que l'on appelle « El Niño ». En 1998, l'Asie est KO debout. Les pays ainsi touchés par la crise monétaire ne savent plus à quel saint se vouer. La belle mécanique est grippée. Que s'est-il donc passé ?

Les très hautes croissances depuis trente ans avaient fait doubler la richesse des pays asiatiques tous les neuf ans, comme on le sait. Et, dans la tête des entrepreneurs locaux, la croissance était autojustifiée. Elle était bonne en soi. La confiance régnait. Tout le monde avait des projets. A un investissement en succédait un autre. Les nouvelles classes moyennes consommaient à tout va. L'immobilier flambait. C'était l'euphorie : les arbres pouvaient monter jusqu'au ciel !

L'euphorie alimente une boulimie d'argent et de spéculation, que les gouvernements locaux regardent se développer en acteurs intéressés, à tous les sens du terme. C'est la grande accélération des années 90. La croissance ne suffit plus, à elle seule, à produire autant d'argent qu'on le souhaiterait et l'on commence à s'endetter. L'argent coule à flots et le recours aux prêts bancaires – jusque-là modéré – s'amplifie. Personne ne voulant être en reste de bonnes affaires, les banques étrangères entrent également dans le jeu. L'argent, autrefois âpre, est devenu facile.

Que pèsent certains signes avant-coureurs ? En Thaïlande, par exemple, la moitié des nouveaux immeubles construits ne trouvent plus preneurs depuis trois ans. Les sociétés financières ont tellement pris la Bourse pour un casino qu'elles ressemblent à un château de cartes. On sait bien que la « bulle » spéculative peut un jour éclater. Mais s'en soucie-t-on sérieusement, tant que les taux de croissance du produit national brut restent à 8 % par an ?

Le problème est plus profond qu'il n'y paraît à première vue. Par l'effet des hautes croissances, le déséquilibre entre l'offre et la demande de main-d'œuvre qualifiée s'est aggravé. Dans l'industrie, on veut toujours plus d'ingénieurs, de comptables, d'informaticiens, d'opérateurs professionnels. Le système d'éducation, pourtant performant en Asie, ne peut suffire. Il en résulte une pression sur les salaires qui étiole la compétitivité des pays. La Corée du Sud s'exclut dès le début des années 90 des niveaux acceptables de compétitivité. Il faut dire que les ouvriers du groupe Hyundaï ne sont pas restés les bras croisés. S'estimant exploités, ils ont exigé, lors de grandes grèves, un rattrapage massif des salaires, en guise de redistribution des fruits de la réussite coréenne des quinze dernières années. Ouvriers, peut-être, mais pas soutiers du grand capital ! Le temps des sacrifices sociaux est terminé. Mais en matière industrielle, l'Asie des hautes croissances doit impérativement accroître le niveau de sa valeur ajoutée pour rester compétitive, et cela ne va jamais assez vite[2].

La sphère financière est soumise à d'autres pressions : celles de la spéculation locale, mais aussi celles des marchés financiers. La spéculation immobilière a toujours été un sport national, en Asie comme ailleurs. Dans le Sud-Est asiatique, un groupe chinois digne de ce nom a toujours un substantiel volet immobilier. Les Bourses « émergentes » de Bangkok, Kuala Lumpur ou Jakarta explosent. Les banques se créent comme des champignons, sans qu'aucun système sérieux de règles prudentielles ait été mis en place. D'une vingtaine de banques, l'Indonésie, par exemple, passe à cent quatre-vingt-dix-huit en six ans dans une joyeuse pagaille.

Cependant il y a un gros grain de sable : le « Peg » ! Pourquoi s'endetter à 15 % localement lorsqu'on peut le faire à moitié prix à l'étranger ? Pourquoi s'endetter en bahts ou en roupiahs (les monnaies thaïlandaise et indonésienne), alors qu'on peut le faire en dollars ? C'est une question simple à laquelle les particuliers comme les gouvernements asiatiques ont une réponse toute trouvée : le « Peg » vis-à-vis du dollar. Depuis plus de vingt ans, en effet, la majorité des monnaies du Sud-Est asiatique est verrouillée au dollar américain par un mécanisme (le « Peg ») qui limite à presque rien les marges de fluctuations. Dans l'esprit de tous, ou par un bel aveuglement, ce lien quasiment fixe au dollar doit durer. Les autorités locales n'ont donné aucune indication, dans un sens ou dans l'autre, qui permette d'anticiper d'éventuelles évolutions. Il y a sur le Peg une forme de garantie implicite des gouvernements[3], par un grave manque d'anticipation. Lorsque, attaquées par la spéculation des marchés internationaux, les monnaies explosent, c'est bien plus qu'une crise technique : c'est un choc psychologique et politique profond qui fait vaciller le Sud-Est asiatique (mais pas les deux géants que sont le Japon et la Chine).

Les pays ainsi touchés par la crise monétaire sont

désemparés. Ils sollicitent le Fonds monétaire international, lequel répond présent en injectant des milliards de dollars[4]. Le FMI est la seule institution internationale véritablement équipée pour se porter au secours de ces pays, non seulement par les montants qu'il peut mobiliser, mais surtout par la caution qu'il apporte, en entraînant d'autres bailleurs de fonds, à commencer par le Japon.

Dans un incendie, les pompiers ne font pas de détail et c'est ce que l'on ne tarde pas à reprocher au FMI. Car celui-ci n'est pas seulement un super-banquier. Il est porteur d'un message qui touche au cœur même du fonctionnement asiatique. Le FMI, en effet, accompagne ses plans de sauvetage de conditions précises ayant trait aussi bien à des aspects techniques (afin de contrôler la volatilité des capitaux) qu'à des aspects faussement réglementaires et fortement politiques. Si l'endettement déraisonnable des entreprises et des banques asiatiques a précipité la crise, dit-on, c'est à cause du capitalisme de copinage, sinon de la corruption. Les gouvernements asiatiques, on le sait, ont partie liée avec la petite oligarchie qui fait la pluie et le beau temps dans les affaires. On prête aux amis, avec souvent le gouvernement qui vous tient par la main, sans garanties sérieuses et sans publicité. Michel Camdessus, le directeur général du FMI, engage une croisade morale contre, dit-il, « les relations incestueuses entre les Etats, les banques et les entreprises[5] ». Les termes les plus fréquemment utilisés sont alors ceux de transparence et de bonne conduite. La « gouvernance » devient le maître mot, englobant la dénonciation du clientélisme, de la corruption et du népotisme.

Il est vrai que les gouvernants du Sud-Est asiatique prêtent le flanc aux plus vives critiques. La Corée est pourrie au plus haut niveau, comme l'ont montré les procès des deux derniers présidents de la République, Chun Doo Hwan et Roh Tae Woo, condamnés à mort pour crimes économiques (puis graciés et libérés). Les « affaires » font partie du paysage dans tous les pays sans exception, par un concubinage notoire du pouvoir et de l'argent[6].

Le cas le plus emblématique est celui de l'Indonésie. Depuis le début des années 90, la famille trop empressée du tout-puissant Suharto a mis des pans entiers de l'économie en coupe réglée, se faisant arroger toujours plus de monopoles. La fille aînée, Tutut, contrôle les péages autoroutiers. Le fils cadet, Tommy, contrôle les clous de girofle (essentiels pour les fameuses cigarettes indonésiennes *Kretek*) et surtout le projet de voiture nationale *Timor*. Les autres enfants, aux noms tout aussi poétiques (Sigit, Bambang, Titiek), s'offrent à bon compte des activités bancaires, hôtelières, forestières et bien d'autres. D'un Etat seulement corrompu, l'Indonésie est devenu, au cours des années récentes, un Etat prédateur.

En Corée du Sud, le système est un peu différent. La Corée est devenue une puissance majeure, non seulement par sa richesse, mais aussi par ses capacités technologiques, presque à l'égal du Japon. Ravagée par sa guerre, la Corée s'est construite à partir de zéro, comme on le sait, autour de fondateurs géniaux de conglomérats industriels (les *Chaebol*), la main dans la main avec l'Etat, lequel en a fait une stratégie nationale dès le début des années 60, sous la férule du très autoritaire général Park Chung Hee. Tout est bon pour le développement des *Chaebol*, à commencer par un système financier d'Etat à leur dévotion, qui ignore toute prudence économique, et bien entendu toute transparence. Le grand ménage inauguré par la crise monétaire et l'intervention du FMI révèlent ce que l'on savait déjà, mais sans pouvoir le chiffrer : un endettement abyssal des *Chaebol.* Comme si le « miracle » coréen était totalement artificiel, ce qui est évidemment faux.

La question de la transparence n'est donc pas un pieux

débat, ou pas seulement. Mais elle est ambiguë. Ce mot, en effet, a une signification précise en matière financière. Un banquier ne peut prêter sans avoir une information précise sur son client. C'est du moins la théorie. Mais les banquiers n'ont pas nécessairement le pouvoir. Les véritables puissants, ce sont les marchés financiers, c'est-à-dire en réalité les fonds de pension américains, qui investissent des sommes colossales sur les actions en Bourse en une folle valse mondiale et les retirent à la seconde s'ils perdent confiance. Leurs analystes ont besoin de données vérifiables, étalonnées, quantifiées, indiscutables. Pas de transparence, pas d'argent ! Ce n'est donc pas un souci moral qui pousse les financiers et le FMI à manier l'arme de la transparence.

Dans toutes les opinions publiques asiatiques, ce discours et les mesures qui l'accompagnent sont ressentis comme une agression. C'est une atteinte à l'orgueil national, déjà mis à mal par les déboires monétaires, une ingérence dans les systèmes et dans les esprits. Autant la pratique occidentale peut être source d'inspiration, autant le prêche occidental apparaît, selon l'expression de Paul Thibaud, comme « une religion abstraite, bureaucratique et prétentieuse[7] ». Les opinions publiques prennent le FMI pour bouc émissaire. En Corée du Sud, il est quotidiennement brocardé. Les restaurants affichent des « menus IMF » (sigle anglais du FMI) de pénurie. Les ouvriers licenciés arborent des T-shirts sur le thème « I'M Fired » (je suis viré !). Et l'on verra même des « suicides IMF » d'ouvriers licenciés, pour qui le déshonneur est insupportable.

En Indonésie, une photographie fera frémir d'horreur toute l'Asie soucieuse des formes de l'autorité, où l'on voit le président Suharto assis, signant d'un air contrit le plan du FMI, surveillé dans son dos par M. Camdessus, debout les bras croisés, ce qui est un grave signe d'irrespect dans la tradition asiatique. Que les gouvernements asiatiques se servent de l'image du vilain FMI pour détourner l'attention d'eux ne fait aucun doute. Mais dans son insistance à user, de « bonne foi », d'un vocabulaire politiquement correct, le FMI heurte de front des sensibilités exacerbées par la fin de l'euphorie. Ça n'est d'ailleurs pas le problème du FMI de gérer des situations politiques et sociales désastreuses : le banquier se défausse sur les gouvernements locaux. Après le chèque, le déluge. Les critiques se font même américaines. Henry Kissinger tonne : « En Indonésie, le FMI, sur les conseils d'une administration américaine qui redoutait d'être accusée d'avoir des liens avec d'importantes institutions financières indonésiennes, a décidé de subordonner son soutien à l'éradication de tous les maux ou presque dont souffre cette société[8]. » Régler d'un coup certains des problèmes structurels de l'Asie, voilà l'objectif. La crise, dit M. Camdessus, est au fond « une bénédiction cachée » pour la région. Le repentir du condamné, en somme.

La crise provoque chez les Asiatiques deux réactions ambiguës, parfaitement opposées et parfaitement prévisibles. La première est que l'Occident est plus « avancé » et que l'Asie a failli parce qu'elle n'avait pas assez absorbé les valeurs du capitalisme euro-américain, la démocratie et les attitudes individualistes qui en sont le socle. La seconde position indique, au contraire, que la rapidité du retour de flamme du boom asiatique est due au manque de discernement dans l'ingestion et dans l'indigestion d'argent étranger et, avec lui, d'un système de valeurs qui a conduit à l'égoïsme, à l'aveuglement et à une rupture dans le type de morale et de contrôle social qui avait fait la force des sociétés asiatiques.

Faut-il donc enterrer la réussite asiatique ? En 1998, tous les indicateurs du Sud-Est asiatique et de la Corée du Sud sont désastreux. Les taux de croissance sont négatifs dans des proportions alarmantes. Les dévaluations ont réduit le montant en dollars des PNB comme peaux de chagrin. Le chiffre des Indonésiens sous le seuil de pauvreté a bondi. Le taux de chômage en Corée a triplé. Une partie de l'Asie est passée à la trappe.

Dix-huit mois plus tard, la Corée affiche + 10 % de taux de croissance pour 1999 ! Le taux de chômage coréen a été divisé par deux. La Thaïlande et la Malaisie se sont redressées. La plus grande usine électronique du monde qu'est l'Asie produit jour et nuit pour la « nouvelle économie » informatisée de l'Europe et de l'Amérique. A domicile, l'optimisme l'a emporté sur la crise. Les Asiatiques retournent dans les magasins. Les restaurants sont pleins. Les nouveaux modèles de voitures se vendent comme des petits pains. Des entreprises nouvelles se créent, quitte pour les employés licenciés des banques à ouvrir une échoppe de nouilles au coin de la rue, comme l'avaient fait leurs parents. Le dynamisme, le travail acharné, la capacité de rebond sont intacts. Après la pluie viendra le beau temps, à l'image du mot « crise » qui signifie « problème et opportunité », dans une vision cyclique du monde bouddhiste ou taoïste. La crise du Sud-Est asiatique, la crise de l'euphorie, n'aura été qu'une crise d'adolescence. La montée en puissance du Sud-Est asiatique peut donc continuer.

Le Japon pose un problème de nature différente. Il s'agit de la deuxième puissance économique mondiale. A la fin des années 80, sa richesse par habitant est devenue pratiquement égale à celle de l'Amérique, avant celle des pays européens. Son opulence est évidente dès que l'on sillonne les villes et les villages. Cette richesse est parfois trompeuse, bien sûr, car la qualité de vie des Japonais laisse fortement à désirer, avec un espace confiné, des horaires écrasants et des prix très élevés. Le Japon, se plaît-on à dire, est riche, mais les Japonais ne le sont pas. Il n'empêche. Grâce à leur tension permanente dans l'effort, grâce à leur discipline, grâce à leur talent industriel, ils ont su s'élever au tout premier rang. Même après les deux chocs pétroliers, la capacité d'innovation et la frénésie consommatrice des Japonais ont permis à cette économie déjà mature d'enregistrer des taux de croissance moyens de plus de 5 % par an, soit le double de ceux de l'Europe ou des Etats-Unis.

Mais la fièvre spéculative a miné la bonne tenue de l'économie, avant de lui porter un coup très rude. Entre 1985 et 1990, les plus malins et les plus gros se mettent à spéculer en Bourse ou dans l'immobilier. Les prix de l'immobilier flambent au cours de cette période de 250 % dans tout le Japon, et de 500 % dans les grandes villes. En 1990, le domaine foncier et immobilier japonais est évalué (aux prix du marché, c'est-à-dire artificiellement) à quatre fois la valeur du patrimoine américain ! Ginza est, dit-on, le seul endroit du monde où un billet de cent dollars posé par terre recouvre une surface dont la valeur est supérieure à cent dollars ! L'indice Nikkei de la Bourse de Tokyo passe de 7 000 en 1985 à 40 000 à la fin de 1989. L'économie réelle s'est fait doubler[9].

Fin 1990, la bulle spéculative explose, avec une chute record de la Bourse de Tokyo, qui sera suivie d'une correction brutale des prix de l'immobilier. Le Japon n'entre pas à proprement parler en récession, car ses taux de croissance ne passent pas dans le rouge. Mais l'euphorie japonaise est cassée. Au cours des années 90, le Japon est gagné par la langueur économique, avec des taux de croissance de l'ordre de 1 % bon an mal an. Le Japon est fatigué. Il n'innove plus. Pire, on se demande s'il y a un pilote dans l'avion. Le grand parti politique au pouvoir depuis une génération n'avait pas brillé par son leadership, mais au moins accompagnait-il besogneusement et efficacement la montée en puissance des grands groupes industriels et financiers. Et s'il se battait à l'intérieur entre factions rivales, au moins prenait-il de bonnes décisions macroéconomiques guidé par son mentor, le patronat japonais.

Pour tenter de relancer la machine, les gouvernements successifs des années 90 ne vont pas tenter moins de sept plans de relance massifs, dont aucun ne fonctionne vraiment, parce qu'ils sont pipés au départ. Au lieu de redonner confiance aux consommateurs, ils entreprennent de nourrir la très abondante cassette des sociétés de construction, qui sont le soutien traditionnel des partis politiques. Et, ce faisant, ils endettent l'Etat japonais à un point inquiétant. Les grandes entreprises fonctionnent également sur un système essoufflé. Les gigantesques *Keiretsu* continuent à faire la pluie et le beau temps, mais ils ont perdu leur légitimité. Le système rigide d'emplois à vie est de plus en plus remis en question. Celui du « convoi » aussi : dans ce processus typiquement japonais, l'ensemble d'un secteur industriel ou financier s'emploie à sauver les plus faibles des membres du « club » de la faillite, même si leur gestion a démérité. L'ensemble marche donc au pas des plus faibles et non des leaders. En 1997, cette organisation vermoulue a fait long feu. Certaines sociétés doivent passer à la trappe, et non des moindres. Des noms emblématiques comme Yammaïchi Securities sont déclarés en faillite.

Le Japon n'est pas vraiment en crise. Il n'y a pas eu de rupture brutale d'un ordre ancien, simplement l'explosion d'une bulle spéculative. Mais les masses financières du Japon sont telles que toute perturbation de grande ampleur provoque des ondes de choc durables. Pour autant, les

Japonais restent riches. Leur épargne liquide, placée très largement dans les comptes postaux, représente trois fois le produit national brut, c'est-à-dire la somme faramineuse de 12 000 milliards de dollars. Jamais les Japonais n'ont autant voyagé dans les pays étrangers. Jamais le Japon n'a autant dégagé d'excédents commerciaux avec le reste du monde. La monnaie japonaise, le yen, reste, bon an mal an, à des niveaux très élevés. Mais un ressort s'est cassé, comme si après une génération de course perpétuelle, le Japon était fatigué. D'ailleurs sa population vieillit à vive allure : un quart de la population japonaise à la fin du XXe siècle dépasse soixante-cinq ans. Peut-être, après avoir été un pays exceptionnel, le Japon, par la suite d'un accident de parcours, est-il devenu tout simplement un pays normal. Mais quel pays ! Quelle puissance industrielle et financière superlative ! Est-ce le syndrome d'une maturité ardemment recherchée et enfin trouvée ? Ou bien une pause avant de repartir pour la gloire ? Le Japon est un pays arrivé.

Et pendant ce temps-là, la Chine continue à caracoler en tête des hautes croissances, avec ses propres fragilités, certes, à l'aune de cet immense pays, mais avec sa vision stratégique qui la place en géant de demain. Partie après tout le monde, elle n'a pas eu de crise sérieuse. On l'avait oubliée, la Chine, dans le tumulte médiatique de la crise asiatique. Elle en est le grand vainqueur provisoire. Elle n'a même pas eu à dévaluer sa monnaie comme ses voisins, tant elle est compétitive. Sa croissance reste soutenue. Elle n'a pas d'états d'âme : un pouvoir fort, une économie prospère, ce que la langue de bois communiste habille d'un slogan fabriqué tout exprès : « l'économie socialiste de marché ». Le président Jiang Zemin s'affiche en leader mondial, courtisé par les grandes puissances. Comme si le boom asiatique commencé au Japon, relayé par le Sud-Est asiatique, n'avait qu'une finalité masquée : l'émergence de la Chine.

CHAPITRE 18

Demain, la Chine

La Chine est bien partie pour être une grande puissance. Même si les taux de croissance baissent, la Chine a toutes chances de quadrupler son économie pour être en 2020 à parité avec le Japon, c'est-à-dire la deuxième puissance économique du monde après les Etats-Unis. Il y a quinze ans, la Chine ne dépendait pratiquement pas de l'extérieur. Aujourd'hui, un tiers de son économie est en osmose avec l'étranger. Nous dépendons de manière croissante de la Chine pour nos approvisionnements de produits manufacturés et comme marché pour les débouchés de nos entreprises. La Chine a désormais besoin du monde, comme le monde a besoin d'elle.

Les Chinois sont encore pauvres. Certains ont déjà tiré leur épingle du jeu et rejoint, sinon la catégorie des riches, du moins celle des classes moyennes. Mais la majorité est encore à la limite de la précarité. Le boom chinois doit donc impérativement perdurer pour créer de la richesse, comme l'a fait le reste de l'Asie. C'est un immense pari, mais la Chine peut le gagner.

La Chine est un pays dirigé. Elle a une stratégie cohérente. Il y a, derrière l'évolution sociale brutale de l'après-Mao, un consensus populaire pour la création de richesses. C'est là-dessus que comptent ses dirigeants. Tant que la

Chine réussira à produire chaque année des taux de croissance supérieurs à 5 %, avec une dose raisonnable de réformes, les dirigeants peuvent être assurés de leur pouvoir. Du moins le pensent-ils. Il est donc improbable de prévoir pour la Chine un scénario d'effondrement à la soviétique. Le progrès a commencé dans les grandes villes côtières, qui se sont transformées à grande vitesse. Mais ces villes côtières ne sont pas des forteresses entourées de murs, menacées par l'immense masse d'un prolétariat famélique. La richesse s'étend aujourd'hui en tache d'huile, d'abord autour des grandes villes, puis le long des grands axes de pénétration à l'intérieur du territoire chinois. Le fleuve Bleu avec ses grandes villes de Wuhan et de Chongqing, en est un bon exemple. A 3 000 kilomètres de la mer, la réussite économique est également manifeste. Elle se diffuse peu à peu dans les campagnes. Le scénario d'implosion de la Chine dans des révoltes entre les riches et pauvres, ou dans une autonomie farouche des provinces, comme dans le chaos des années 30, est une hypothèse elle aussi improbable.

Il faut cependant des nerfs d'acier pour diriger la Chine, tant les problèmes sont à l'échelle de ce gigantesque pays et de la rapidité de ses transformations. Les statistiques officielles indiquent qu'il y a aujourd'hui 1 milliard 300 millions de Chinois. C'est une masse considérable à diriger, la première fois qu'un peuple aussi nombreux se trouve à l'ombre d'un même drapeau national. Et encore ces chiffres sont-ils faux ! La transparence statistique est en effet sujette à caution. Après l'ère nataliste maoïste, la Chine a en effet institué dans les années 80 la politique de l'enfant unique. Cette politique est mise en place avec toute la brutalité systématique d'un régime socialiste. Si par malheur un deuxième enfant s'annonce dans une famille, on commence par pratiquer l'avortement forcé jusqu'à cinq mois de grossesse. Si vraiment un deuxième enfant arrive, alors les foudres s'abattent sur la famille : plus de droit au logement, plus de droit à l'université, des amendes faramineuses. Cette politique est assez facile à mettre en place dans les grandes villes, mais elle se fait plus tolérante dans la campagne. A mesure que l'on s'éloigne des grands centres, la fiction de l'enfant unique se révèle, même si l'on n'enregistre officiellement qu'un enfant par famille. Il en résulte environ 200 millions de naissances non déclarées[1]. La croissance démographique de la Chine dans les vingt dernières années se situerait au-dessus de 2 % et non à 1,6 % comme l'affirme Pékin. La Chine compterait près de 1,5 milliard d'habitants ! Une estimation que confirment les fabricants de couches-culottes, pour qui le nombre de naissances serait de 20 millions par an. A ce rythme, la barre des 2 milliards d'habitants serait franchie en 2020. On préfère faire des garçons. Il n'est pas rare que les filles soient discrètement éliminées, ou abandonnées, comme en témoigne la situation dramatique de certains orphelinats. Cette population est en train de vieillir à grande vitesse. Le nombre des sexagénaires (actuellement 9 % de la population) devrait doubler d'ici 2010 et quadrupler d'ici le milieu du XXIe siècle. Les plus de 60 ans compteront pour un bon quart de la population, soit 500 millions de personnes. La Chine enregistrera, comme les pays développés, des problèmes pour financer ses retraites, et un nombre d'actifs décroissant. Mais nous n'en sommes pas encore là.

Le problème à plus court terme est de nourrir cette population. Aujourd'hui, la Chine est cinq fois plus peuplée que les Etats-Unis, avec 60 % seulement de la surface arable de l'Amérique. Qui plus est, l'extension des villes et des industries réduit cette surface déjà chiche de plusieurs millions d'hectares par an. Augmenter les rendements agricoles ? Cela a déjà été fait avec succès par l'utilisation de nouvelles techniques et de nouvelles semences. Mais au-delà ? Lorsque l'on parle aux dirigeants chinois, la question de la nourriture à trouver pour la population chinoise au XXIe siècle revient de manière lancinante[2].

Autre problème : l'eau. La demande d'eau a été multipliée par six depuis la révolution de 1949. Toute la moitié nord de la Chine subit aujourd'hui un cruel manque d'eau. Le futur barrage des Trois Gorges, sur le fleuve Yangzi, n'est pas une réponse. Outre qu'il sera probablement un désastre écologique, il faudrait des travaux pharaoniques pour construire des tuyaux qui amèneraient dans des campagnes peuplées de 400 millions d'habitants l'eau nécessaire aux besoins de la culture et des hommes. De plus, l'eau est turbulente. Les déforestations massives et sauvages dans la province du Sichuan, en amont du fleuve Bleu, ont amené des inondations catastrophiques à l'été de 1998. Deux cents millions de personnes ont dû être déplacées.

A mesure du développement économique de la Chine, les besoins en énergie se font croissants. Mais la Chine n'a pas de pétrole, ou si peu. Elle repose presque entièrement sur le charbon. La Chine est, de très loin, le premier producteur de charbon du monde. Mais les mines sont loin des centres de consommation. Il faut donc transporter le charbon sur des centaines de kilomètres, et le train est saturé. Le charbon, comme on le sait, est très polluant. Déjà l'atmosphère est irrespirable dans un certain nombre de villes chinoises. Lors du cinquantième anniversaire du régime, le 1er octobre 1999, les autorités chinoises entreprirent de fermer toutes les usines de Pékin une semaine à l'avance. On put enfin profiter d'un ciel bleu et respirer normalement ! La Chine partagera bientôt un triste record avec les Etats-Unis. Dans vingt ans, en effet, elle sera à parité avec l'Amérique pour l'émission de dioxyde de carbone[3].

La phase des réformes « faciles » est en effet terminée. Les autorités chinoises ont donné de la liberté au système. Elles ont invité les capitalistes étrangers à investir. Elles ont réussi au-delà de leurs propres espérances. Les Chinois de la diaspora, d'abord, puis les Européens et les Américains, ont apporté 45 milliards de dollars par an dans les années récentes. Mais la Chine reste empêtrée dans son héritage ancien. Les entreprises d'Etat, en effet, qui étaient le fleuron industriel de la période maoïste, sont aujourd'hui à bout de souffle. Entre le sous-investissement, les avantages acquis, et la pratique de la sieste, les entreprises d'Etat ont plus obéi au plan qu'au marché. La plupart d'entre elles se trouvent dans une situation désolante. Jusqu'alors, on avait pratiqué le système du « bol de riz en fer ». Chaque ouvrier – cet aristocrate des systèmes socialistes – avait un emploi à vie, un logement gratuit, et bien d'autres avantages. Peu importait que les produits ne se vendent pas. Le budget de l'Etat était là pour y subvenir. Lorsqu'une entreprise d'Etat ne pouvait pas boucler ses fins de mois, un ordre venu d'en haut disait aux banques (d'Etat) de mettre en place la ligne de crédit nécessaire pour payer les ouvriers. Aujourd'hui, 130 millions de salariés se trouvent dans des entreprises de ce type. Les banques étatiques, plombées par les créances irrecouvrables, sont en déshérence. Que faire ? Si l'on mettait la vérité du marché dans ces entreprises, elles devraient licencier au bas mot 40 millions de personnes. Le mouvement a bien commencé, mais il s'est interrompu. Parce que en Chine, même si l'on ne vote pas, un problème social d'une telle ampleur ne peut pas être traité dans toutes ses conséquences. Le maire d'une ville où existe un grand employeur de ce type fait évidemment de la résistance, parce que l'usine est le principal gagne-pain de sa ville.

C'est l'une des raisons pour lesquelles la Chine a négocié âprement pendant treize ans pour entrer à l'Organisation mondiale du commerce. Elle a obtenu satisfaction à l'automne 1999 : les Etats-Unis ont accepté d'ouvrir la porte, avant que l'OMC ouvre la sienne, un peu plus tard. La Chine n'a pas envie que des règles de transparence s'imposent brusquement à ses entreprises. Mais, en alignant ces entreprises sur des droits de douane faibles, sur des produits et des pratiques internationales, elle espère importer de l'extérieur une réforme de fond qu'il est délicat de discuter à l'intérieur. Un peu comme la Communauté européenne a servi de moteur aux réformes de fond de l'Europe dans les dix dernières années, sans véritable débat interne qui aurait mis à mal les politiciens nationaux : lorsque des réformes se révélaient impopulaires, en matière de concurrence, de fiscalité ou de quotas laitiers, c'était « la faute à Bruxelles », mais tout le monde s'alignait bon gré mal gré.

La Chine est en train de suivre discrètement le même chemin, en se réservant de jouer sur les deux tableaux : celui des réformes inéluctables imposées par la mondialisation et celui de la souveraineté nationale pour laquelle, lorsqu'il le faut, toute parole étrangère de travers est une « ingérence ». Bien sûr, la pression des lobbies est intense, car beaucoup de caciques chinois, petits ou grands, ont peur de perdre des sinécures qui s'étaient perpétuées sous le régime de l'économie socialiste. Et puis au-delà, on pourra toujours invoquer les vilains étrangers, responsables des difficultés de l'économie chinoise. Le bouc émissaire de la mondialisation est bien utile, en Chine comme ailleurs.

Le fond de l'affaire, c'est qu'il faut aux autorités chinoises créer 280 millions d'emplois dans les dix ans qui viennent. Vingt millions de Chinois arrivent chaque année sur le marché du travail. S'y ajoutent les laissés-pour-compte des entreprises d'Etat : plusieurs autres millions. Et puis surtout l'exode rural a pris des proportions massives. Huit cents millions de Chinois au bas mot habitent à la campagne. Avec 100 millions d'hectares cultivables seulement, la terre ne peut les employer. Sur 500 millions de population active à la campagne (sans les enfants et les vieux), il y en a 180 que l'on nomme en Chine « la vague aveugle ». Ceux-là vont sur les routes en quête d'un emploi et viennent alimenter les bidonvilles de la périphérie des grandes villes, où ils ne sont tolérés que parce qu'ils font les travaux les plus durs dans les chantiers, méprisés par les nouveaux petits-bourgeois. Avec plus de 5 % de croissance par an, les autorités chinoises ont calculé qu'elles pourraient petit à petit résorber cet immense chômage latent. Mais c'est une équation à beaucoup d'inconnues. Le syndrome de la bicyclette, en quelque sorte : il faut pédaler à toute allure pour maintenir la machine économique dans l'axe. Si l'on cesse de pédaler, la bicyclette vacille et tombe.

La Chine aura-t-elle la qualité de ressources humaines nécessaires pour mener sa modernisation ? Le niveau d'éducation de base – élevé du temps de Mao – s'est considérablement dégradé. Les écoles primaires, surtout à la campagne, ne remplissent plus leur rôle, et l'analphabétisme remonte à grande vitesse. La petite classe des diplômés a, quant à elle, de beaux jours devant elle. Mais la recherche effrénée d'un diplôme étranger a « exporté » deux cent mille Chinois, et le mouvement s'accélère[4]. Ces jeunes diplômés brillants, aux Etats-Unis, en France ou en Angleterre, reviendront-ils dans leur pays ? Oui peut-être. Oui sans doute. Mais s'ils trouvent à l'étranger un emploi, une femme et un passeport, beaucoup seront tentés de faire comme leurs cousins de la diaspora : s'établir durablement sur place. Le mouvement a déjà largement commencé[5]. Le pari des autorités chinoises de faire former ces jeunes par l'étranger ressemble donc à une passoire.

Le quotidien de la Chine n'est pas fait de ces problèmes-là. Lorsque l'on arpente les villes chinoises, on est frappé par le mouvement, par l'activité marchande, par la masse des jeunes, vive, active, enthousiaste. L'appétit d'entreprendre, de consommer, de s'engouffrer dans les nouvelles technologies n'a d'égal que la capacité de travail, d'épargne, d'entreprise de leurs aînés. Les Chinois peuvent se déplacer librement dans leur pays. Toutes les villes sont maintenant ouvertes aux étrangers. On peut voyager au-delà des mers comme invité professionnel ou comme touriste. Bien sûr, il faut demander son passeport à chaque fois, mais quel changement !

La Chine est encore un pays jeune. Ceux qui arrivent aujourd'hui sur le marché du travail ne sont pas la génération de l'enfant unique, ou pas encore, puisque cette politique ne s'est appliquée qu'en 1980. Leurs parents, les actifs d'aujourd'hui, ont directement connu la Révolution culturelle. Pendant leur enfance et leur adolescence, la société chinoise a basculé dans l'hystérie, dans les défilés en uniforme et dans la violence des slogans. Le traumatisme infernal engendré par cette période, où chacun dénonçait chacun à tour de rôle, puis était dénoncé, les Chinois le ressortent périodiquement de leur mémoire intime, quand ils vous parlent en confiance dans la chaleur d'un dîner familial. C'est à ce moment-là que la société chinoise s'est vraiment délitée. La faute n'en revient pas à ce nouveau monde d'argent dont ils sont les artisans involontaires par la grâce de l'ouverture chinoise des années 80. Aujourd'hui, bon nombre de ces citadins ont pu s'en sortir. Rien de comparable avec la période précédente. L'attente générale, pressante, c'est celle d'une amélioration du niveau de vie.

Tout le monde, jusque dans les campagnes les plus reculées, regarde la télévision. L'austère journal de 19 heures est politiquement correct, bien sûr. Mais l'on regarde les feuilletons de Hong Kong. Les paillettes et les *beautiful people* de *Star TV* font rêver dans les chaumières. On voudrait bien, de façon touchante et ingénue, ressembler à cette jeunesse dorée du Sud-Est asiatique. Pour cela, il y a un moyen : l'argent. L'argent est le sujet principal. En gagner, le dépenser, spéculer, afficher sa petite opulence, profiter d'un créneau ou d'une combine, il n'est question que de cela. Trente millions de Chinois, les plus malins, sont déjà des riches. Ils peuvent pratiquement s'offrir les même biens qu'en Occident. Trois cents autres millions, dans les grandes villes, sont déjà des clients pour les biens de consommation courante des supermarchés. Le rêve petit-bourgeois a remplacé l'utopie maoïste.

La véritable nouveauté chinoise, c'est l'apparition d'une classe moyenne. Cette classe moyenne balbutiante a trimé dur pour acquérir ses premiers biens durables, et aujourd'hui son logement. Elle souhaite à tout prix conserver ses acquis, le plus souvent très modestes, et continuer à améliorer son sort matériel, surtout dans les campagnes. Mais l'irruption de l'argent a mis à mal les structures sociales. Les petits chefs provinciaux, qui ne veulent pas être en reste, usent de leur pouvoir pour prélever des taxes fantaisistes à leur seul profit. Toutes les faveurs et toutes les promotions font l'objet de « cadeaux ». L'argent de la corruption est plus qu'un lubrifiant dans une machine administrative au pouvoir d'achat modeste. Aujourd'hui, il aide la grande machine chinoise à fonctionner mais, par-delà une frontière ténue, il peut aussi la gripper. Du haut en bas de l'échelle, le marchandage est permanent entre les provinces et la capitale, entre les maires et les gouverneurs provinciaux, entre les petits cadres du Parti et les hiérarchies innombrables de la grande bureaucratie. Les subsides d'Etat sont souvent détournés. Lors de la construction du gigantesque barrage des Trois Gorges, par exemple, une manne de l'Etat devait permettre, au seuil de l'an 2000, de reloger 2 millions de personnes menacées par la montée des eaux. Las ! le détournement de cette manne est maintenant passé au plan judiciaire. Dans les campagnes, les révoltes ne sont pas rares contre les abus ou les exactions de tel ou tel petit cacique. Le problème est que les changements du système économique sont si rapides que les timides évolutions du système politique sont en porte-à-faux croissant. Il existe entre les deux une énorme différence de vitesse relative, comme nous le verrons. Mais gare à qui met le doigt sur ce tabou.

La modernisation de la Chine a pour première conséquence l'irruption de l'argent-roi. Mais l'ouverture en a une seconde, aussi lourde de conséquences : la révolution de l'information. La Chine est passionnée par les nouvelles technologies. Non seulement les jeunes citadins qui s'y intéressent à titre professionnel ou privé, mais aussi l'Etat. Les dirigeants chinois considèrent que les nouvelles technologies sont une composante essentielle de leur stratégie de grande puissance. L'intégration du pays dans les réseaux mondiaux en fait donc partie. Dès 1998, les autorités chinoises ont doté le pays d'un plan national pour l'Internet de manière à être dans la course pour le XXIe siècle. L'enthousiasme des Chinois pour l'informatique est à la mesure de la ruée vers la réussite économique. On estime qu'il y a, en 2000, seize millions d'internautes en Chine et que le chiffre va au moins doubler dans les deux ans qui viennent. La Chine est déjà passée au rang de deuxième marché asiatique de l'informatique derrière le Japon. Elle pourrait bien, dans peu d'années, dépasser le Japon comme deuxième marché du monde derrière les Etats-Unis.

L'ordinateur reste cher pour un budget familial chinois, mais les jeunes qui n'ont pas les moyens vont volontiers dans les cybercafés : on en compte 200 à Pékin et 400 à Shanghai, et ce n'est pas fini. Pour autant l'ordinateur et

Internet sont des produits de luxe. L'immense masse chinoise n'en a pas idée et n'y aura pas accès avant longtemps. Les logiciels coûtent cher, même si l'on pirate allégrement ceux de Microsoft, dont les copies sont vendues dans la rue au dixième de leur prix. De plus, dans un système dominé par la langue anglaise, la plupart des internautes ne peuvent encore surfer qu'en chinois. Il y a, comme on dit en termes de marketing, les « have » et les « have not », les nantis et les laissés-pour-compte. Internet reste donc confiné à une petite minorité. Rien de comparable avec Hong Kong, où un tiers de la population déclare « se brancher » régulièrement.

Cette minorité serait-elle contaminée par les idées étrangères ? Les autorités veillent. « L'eau qui fait voguer le navire peut aussi le renverser », ont-elles rappelé, manière de circonscrire le danger des idées « polluantes » qui pourraient se diffuser par la toile sans être contrôlées. D'abord, il n'est pas possible de se connecter au réseau autrement que par les quatre opérateurs chinois d'Etat. On peut envoyer son courrier électronique partout dans le monde, mais on ne peut pas atteindre directement les sites hors de Chine, sauf ceux qu'ont filtrés les autorités. Par le vieux système du contrôle et de la répression, les autorités chinoises limitent donc l'exercice. La prison guette les surfeurs trop libres, au nom des lois de 1997 et de 2000 sur l'Internet, qui rappellent la « menace pour la sécurité de l'Etat », et l'on fait des exemples périodiques afin d'éviter le développement de *Samizdat* à la chinoise. Tout ce qui peut favoriser l'interconnexion est découragé, mais des dissidents, aux Etats-Unis, inondent de e-mails des correspondants en Chine, que ce soit à propos de la secte Fa Lun Gong ou des débats sur la répression de 1989 à Tian An Men. On sait bien, en périodes troublées, l'huile sur le feu que peut jeter une information anarchique. Il y a bien des petits malins, ces pirates que les Chinois nomment les

Heike (les « hôtes noirs ») dans une superbe adaptation phonétique du mot *hacker*. Mais ces génies informatiques passent-ils leur temps à aller sur des sites interdits, à s'intéresser aux droits de l'homme au Tibet ? Difficile à dire, bien sûr, tant la rapidité d'Internet est instantanée. Mais il n'est pas certain que ce soit le cœur du sujet. Les autorités chinoises, parmi les sujets tabous de la « pensée correcte », redoutent beaucoup plus la pornographie ou les sectes. En matière de déstabilisation politique, elles ont jugé, à tort ou à raison, qu'il n'y avait pas pour elles péril en la demeure[6]. Le débat ressemble fort à celui de l'arme et de la cuirasse, car la Chine est devenue un système ouvert.

Il y a pourtant une contamination plus insidieuse. Les internautes chinois ne seront sans doute pas influencés par la nature de l'information qu'ils manipulent, mais par le type de société que reflète cette information. « Le médium est le message », comme on l'a appris depuis McLuhan. La marque de chaussures de sport que l'on porte est plus importante que la fonction de cette chaussure. Internet véhicule des idées de transparence et de concurrence. Internet véhicule une soif de communication individuelle, dans laquelle l'Etat n'a plus le monopole de l'information. Internet véhicule une vision des loisirs occidentaux, mais la télévision de Hong Kong (en langue chinoise) en fait tout autant l'apologie, à une échelle autrement plus vaste. Internet véhicule des idées d'individualisme dans une société collectiviste. Mais les jeunes cadres ont déjà rompu le pacte de la loyauté professionnelle, comme en témoigne la légèreté avec laquelle ils « zappent » leurs jobs, notamment dans les entreprises étrangères, dans une recherche du « toujours plus ». Internet a-t-il remplacé le bouche-à-oreille, qui va si vite dans un espace traditionnellement si dense ? Internet n'est vraisemblablement qu'un média parmi d'autres, avec une masse d'informations que la

Chine digérera comme elle a toujours su le faire. C'est encore un pari des autorités chinoises, qui pensent que l'évolution peut se faire avec un encadrement strict. Elles doivent, décidément, se sentir bien fortes. Pour elles, Internet ne marque pas la fin de l'Empire du Milieu.

Sur ce pari de la Chine de rattraper à bouchées doubles le temps perdu pour devenir une grande puissance à égalité avec le reste du monde, il est un peu tôt pour juger. La Chine n'est encore qu'au milieu du gué. Les exemples du Japon et du Sud-Est asiatique montrent la voie, mais l'échelle de la Chine est tellement monstrueuse qu'il serait simpliste de prolonger les courbes de la réussite des quinze dernières années, comme l'ont fait certaines projections internationales de manière ingénue. Le boom chinois ne durera pas éternellement, mais l'écart avec les autres pays asiatiques est encore tel que la Chine a potentiellement encore de belles années devant elle. Dans ce passage que la Chine se fraie vers la modernité, avec toute sa masse et tout son élan, en viendra-t-elle à nous ressembler ? L'Asie moderne sera-t-elle une Asie à l'occidentale, économiquement rivale ou complémentaire, mais culturellement semblable ? Ne brûlons pas les étapes.

III

Modernisation = occidentalisation ?

CHAPITRE 19

Modernes ou occidentaux ?

La brutalité de l'évolution économique plonge les sociétés asiatiques dans le même débat que le nôtre sur la modernisation[1].

Le boom asiatique des trente dernières années s'ancre d'abord dans les villes. Leur rythme de transformation est hallucinant. Hier de grosses bourgades, les villes asiatiques sont devenues des monstres. 67 villes ont aujourd'hui plus d'un million d'habitants, dont 43 en Chine seulement. Parmi elles, des géants comme Tokyo/Yokohama (30 millions), Chonqing, en amont du fleuve Yangzi (20 millions), Shanghai (14 millions), Séoul, Pékin, Jakarta ou Bangkok. C'est dans les villes que s'est créée la richesse de l'Asie, avec des écarts croissants entre les villes et la campagne. Pour prendre un seul exemple, Bangkok, avec 17 % de la population thaïlandaise seulement, concentre 56 % du PNB du pays. Les villes sont les laboratoires de tous les progrès, de toutes les modernisations et de toutes les dérives.

Nous ne sommes qu'au début de ce phénomène tentaculaire, car les villes jouxtent encore, pour la plupart, des campagnes fort peuplées qui évoluent au pas du buffle. La réalité asiatique reste encore très contrastée, avec une proportion de citadins qui dépasse les trois quarts au

Japon, et bien sûr dans les villes-Etats que sont Hong Kong et Singapour, mais avec moins d'un quart seulement en Malaisie, en Thaïlande et aux Philippines et surtout en Chine et en Indonésie. Il ne faut jamais oublier la masse de ces campagnes dans la pratique sociale et la politique intérieure des pays asiatiques : par leur poids de traditions, elles entretiennent un clivage persistant mais jouent aussi un rôle d'amortisseur.

Un gigantesque exode rural s'est néanmoins produit, qui a transformé des sociétés de fermiers en nouveaux citadins. Les conséquences de cette urbanisation sont partout les mêmes à des degrés divers. Les familles éclatent parce qu'elles ne vivent plus sous le même toit à plusieurs générations et qu'elles ont des métiers diversifiés. L'industrie se substitue à l'agriculture comme activité dominante. La montée des services et de l'information qui lui sert de support baigne les nouveaux citadins dans un environnement plus complexe, plus abstrait, plus rapide que tout ce que leurs parents ont pu connaître. L'urbanisation défait des liens ancestraux. La pratique religieuse s'affadit, même si le bouddhisme résiste encore très bien, en Thaïlande par exemple. Les nouveaux isolés sont de moins en moins solidaires. Le nombre des divorces n'a pas tardé à croître de manière spectaculaire, mais à partir d'un taux infinitésimal[2]. La petite criminalité augmente, l'usage des drogues aussi. Les sectes font leur lit des paumés de l'exode rural et des citadins qui se cherchent. On fait de moins en moins d'enfants, en étroite corrélation avec l'augmentation du niveau de vie. La conséquence est connue : toutes les sociétés fortement urbanisées vieillissent vite, en Asie comme ailleurs.

Avec la ville, les habitudes changent. La restauration rapide prend le pas sur la cuisine traditionnelle, les appareils ménagers libèrent la femme de son foyer, le téléphone devient le sport national et la télévision l'objet domestique de base. Ce n'est pas encore une société des loisirs. Seuls les Japonais, dans leur relatif confort de société durablement riche, inclinent à un hédonisme fait de sorties, de voyages et de hobbies[3]. Mais surtout, c'est le règne de l'argent-roi. Le nouveau dieu, c'est la consommation. Les lumières de la ville ressemblent, pour les familles du dimanche, à celles des enseignes brillantes des luxueux centres commerciaux de marbre. L'argent, passionnément traqué, ardemment gagné par le travail acharné, sinon la spéculation boursière ou immobilière quand on le peut, est l'obsession commune de citadins pour la plupart nés pauvres. L'âpreté au gain prend souvent des proportions inouïes, et c'est la mère de famille qui traditionnellement tient les comptes de manière farouche.

Pour autant, les villes asiatiques, si denses et encombrées soient-elles, ne sont pas apocalyptiques, loin de là. Nulle part au monde sans doute n'y est-on plus en sécurité. Tokyo, par exemple, est un modèle presque irréel d'honnêteté et de sécurité, comme Singapour. Qu'il y ait des cambrioleurs à Hong Kong ou à Bangkok, nul n'en doute, mais on n'a pas, et de loin, à s'y claquemurer ou à s'entourer de précautions extraordinaires, comme à São Paulo, Mexico ou Los Angeles. Que des oubliés de l'exode rural volent à la tire à Jakarta ou à Pékin, nul n'en doute non plus, mais on s'y promène avec moins de risques que sur les Champs-Elysées. Il n'y a pas de ghettos du non-droit en Asie, et leur apparition n'est pas pour demain.

Les sociétés asiatiques sont largement devenues une immense classe moyenne. Cela se vérifie aisément au Japon et dans les « quatre dragons ». Le même phénomène se produit à des rythmes divers dans tous les autres pays. Mais qu'est-ce qu'une classe moyenne, dans cette région du monde ? A la fois un phénomène statistique fantasque, parce que difficile à mesurer, et une réalité quotidienne perceptible dans la rue, fortement ancrée dans l'Asie d'aujourd'hui. Il faut imaginer combien il a fallu travailler dur et longtemps pour seulement s'acheter un vélomoteur et puis, ensuite, un peu d'équipement ménager. Voilà comment une classe moyenne émerge. La classe moyenne a des revenus à peu près stables, sinon croissants. Elle a pu se construire petit à petit un patrimoine, posséder une boutique et un logement décent, acheter une moto ou une voiture, donner une éducation poussée à ses enfants et leur transmettre un pécule, toutes choses impensables il n'y a pas si longtemps[4].

Les conséquences politiques en sont redoutables, car les vieux systèmes ne peuvent plus fonctionner comme avant. Les nouveaux propriétaires, en effet, refusent l'arbitraire. Ils veulent conserver et développer leur patrimoine avec des règles du jeu claires. Les classes moyennes sont conservatrices : elles ne veulent ni du capitalisme sauvage, ni du socialisme fiscal. Mais elles réclament la justice, sinon la transparence des gouvernements qui doivent rendre compte de leurs actions, des infrastructures légales stables, avec un cadre balisé et des recours possibles, quand ce n'est pas, de manière croissante, une exigence de moralité publique. Le fossé se creuse vite entre l'attente d'ouverture née de la réussite économique et le statu quo des vieux systèmes politiques traditionnels. Le pouvoir doit être partagé et cette perte latente de monopole est source de conflits.

Dans la montée en puissance économique de l'Asie, les entreprises locales les plus dynamiques, souvent tenues par des familles d'origine chinoise, se sont trouvées en première ligne. Ces entreprises sont devenues de jeunes multinationales. En s'internationalisant, au premier chef dans la zone asiatique, elles doivent s'ouvrir à des partenariats étrangers, à des alliances, aux marchés financiers lorsqu'elles lèvent des capitaux dans les Bourses locales. Et ce faisant, elles doivent revoir leurs règles du jeu, souvent malgré elles. Hier encore opaques, cloisonnées, avec des comptes tenus secrets où seuls les membres du premier cercle de la famille connaissent les arcanes des cascades de sociétés, ces entreprises devront s'aligner, petit à petit, sur des normes de comptabilité ouvertes et régulières, sinon de transparence. C'est une petite révolution, plus douloureuse qu'on ne le pense. Elle n'ira pas sans résistances.

De plus en plus, les Asiatiques de l'élite sont confrontés, par leur commerce et leurs voyages, à des fonctionnements différents. Les systèmes fermés s'ouvrent par l'internationalisation, souvent encouragés d'ailleurs par les slogans officiels de la « porte ouverte » en Chine ou de la « société d'information » au Japon. Les comparaisons se font permanentes là où, hier encore, comptait seule la référence locale. Dans toutes les campagnes, au bout d'improbables chemins poussiéreux, les paysans regardent la télévision qui étale des images d'opulence. Tout le monde rêve de voitures et de bonne vie, inconsciemment bercé par les spots rutilants des publicités occidentales. Le droit s'infiltre même dans les interstices des feuilletons, où le bon héros et le policier ont en général le dernier mot. La télévision est, pour des sociétés traditionnelles, une déstabilisation potentiellement plus explosive que tous les discours de la terre.

Le talent inné du commerçant et le vieux réflexe de l'éducation ont trouvé dans les développements modernes de l'information une nouvelle passion ravageuse. Les chaînes de télévision éducatives, l'informatique, le réseau Internet suscitent un enthousiasme à côté duquel l'Europe fait pâle figure. Les chaînes d'informations économiques et financières ont d'ardents supporters. Le mah-jong reste ardemment pratiqué dans les espaces dédiés des restaurants d'Asie, mais il est devenu, malgré les mises en argent, un aimable jeu de société face au jeu sérieux qu'est désormais le casino boursier.

Avec l'élévation générale du niveau de vie, les Etats asiatiques deviennent plus riches, tout en se gardant soigneusement encore, il faut le souligner, d'alourdir la fiscalité afin de ne pas tuer les entrepreneurs. Leur rôle social évolue. Partout en Asie il n'existait encore il y a vingt ans ni assurance-maladie, ni retraite, ni allocation chômage. Dans le meilleur des cas, les salariés des très grandes entreprises étaient pris en charge, qu'il s'agisse des *Keiretsu* japonais, des *Chaebol* coréens ou des entreprises d'Etat chinoises. Mais l'immense majorité de la population, à commencer par les paysans, ne pouvait en rêver. Dans les pays devenus riches, c'est-à-dire le Japon et les quatre dragons, l'assurance-maladie a été la première à se mettre en place. Un système de retraites (largement par capitalisation) a vu le jour au Japon, là où, il n'y a pas si longtemps, un retraité touchait un seul et unique chèque le jour de son départ, l'obligeant, le plus souvent, à trouver un petit boulot pour survivre. Sous la pression de la crise économique de 1998, la Corée du Sud et quelques autres mettent en place une forme d'allocation chômage, comme la Chine pour les employés mis à pied par la grande réforme des entreprises d'Etat. Petit à petit, la solidarité nationale remplace timidement la solidarité familiale, qui s'est amenuisée par les effets de l'urbanisation. A des degrés divers, une Asie émerge donc sous nos yeux qui ressemble ou va ressembler bientôt, cahin-caha, de l'extérieur, à toutes les sociétés post-industrielles.

Les jeunes citadins asiatiques de vingt ans, censément

les plus en pointe, sont peu différents, en apparence, de leurs camarades européens ou américains. Ces fils et filles des classes moyennes ont vécu dans une relative opulence. Ils n'ont jamais connu par eux-mêmes l'immense âpreté de leurs parents à s'en sortir. Bien plus, leurs parents les ont choyés, leur ont donné de l'argent de poche tant et plus, ont fait d'eux la vitrine de leur réussite sociale petite ou grande. Les jeunes se donnent rendez-vous, dans toutes les villes asiatiques, autour des grands magasins japonais (Sogo, Daimaru, Mitsukoshi), manière de signifier que le modèle de consommation à suivre est japonais. Rien n'est trop beau. Ils s'habillent chic, avec des jeans de marque, ou des sacs Gucci. Et quand ils n'en ont pas les moyens, des ersatz asiatiques de Versace, d'Armani ou de Benetton donnent le change, sous les marques (hong-kongaises) de Giordano ou de Bossini ! Ils fréquentent les boîtes branchées, s'enivrent aux derniers tubes américains (dont ils ne comprennent pas les paroles !), pratiquent McDonald's, Pizza Hut ou les Dunkin'Donuts. Disneyland fait un tabac à Tokyo et sa réussite l'incite à s'implanter à Hong Kong, lequel a vaillamment négocié cette installation. Est-ce de la culture américaine ou de la culture mondiale ? Michael Eisner, le PDG de Disney, donne son sentiment : « Je ne crois pas à ces histoires de domination culturelle. Notre philosophie de la vie est simpliste : on propose le rêve pour oublier le quotidien, la maladie, la mort. C'est tout[5]. »

La culture alimentaire se métisse elle aussi. Les supermarchés d'Europe offrent des nems vietnamiens. Les bars à sushis ont commencé à couvrir nos villes. A l'inverse, le pain et le vin sont devenus des produits mondiaux. On y ajoute la touche locale qu'il faut : pourquoi, à Hong Kong, ne pas déguster une pizza avec du poulpe et de l'ananas ?!

Certains, surtout au Japon, pour mieux marquer leurs

rébellions adolescentes, se teignent les cheveux en rouge ou en vert, s'habillent *grunge* et lacèrent leurs jeans de marque. Ils se réfugient dans les gadgets de l'arsenal électronique à l'imagination débordante, des jeux vidéo aux Discman dernier cri. Pour servir de substitut au besoin d'affection, les chiens et chats de compagnie se sont transformés en *Tamagochi*, une sorte de boule électronique qui pleure, proteste et exige sa pitance simulée à heure fixe par un couinement strident, quand ce n'est pas le chien-robot de Sony qui se comporte de manière saisissante en fidèle compagnon (de métal) sous contrôle. Pour vaincre la timidité maladive qui inhibe les Japonais, on a inventé le *Lovegetty* bourré de circuits intégrés, programmé pour sonner dans la rue lorsqu'il rencontre l'âme sœur à la même longueur d'onde. Les adultes pratiquent avec passion le *karaoke* pour se libérer ou (en Chine) pour draguer de manière codée[6].

Les parents ont de quoi être effarés par les comportements des jeunes. Les vieux évoquent un soudain conflit de générations dans lequel ils ne se reconnaissent pas. Et pourtant, derrière cette façade bruyante et bizarre, ils n'ont pas à s'inquiéter outre mesure. Les jeunes consommateurs d'aujourd'hui seront les cadres zélés de demain, tout aussi conservateurs et tout aussi frustrés sous une autre forme, comme le confirme depuis vingt ans l'exemple du Japon. Ce ne sont pas de vagues impressions glanées çà et là : toutes les enquêtes nous le disent, à commencer par celles des publicitaires locaux, les premiers intéressés par ces ardents consommateurs[7], que confirment en masse les sociologues[8]. Sous la surface, les jeunes Asiatiques, de Séoul à Jakarta, de Tokyo à Hong Kong, de Singapour à Bangkok, n'ont rien à voir avec leurs homologues occidentaux.

La famille reste pour eux la pierre angulaire. Les parents sont respectés et respectables, et pas seulement parce que

Confucius aurait imposé des normes intangibles, mais pour une raison très prosaïque et très humaine : l'amour. Les familles asiatiques, en effet, même chahutées par les rythmes des grandes villes, donnent une place privilégiée à l'enfant, à la chaleur des repas en famille, des histoires racontées par la grand-mère, des petits plats que l'on prépare ensemble lors des fêtes, d'un mélange subtil de discipline et de cajoleries. Il n'y a pas, ou pas encore, beaucoup de familles monoparentales. Les parents sont donc des confidents proches. On les sollicite constamment pour dire leur mot sur les relations amicales, sur l'éducation et, bien sûr, pour le mariage. On s'aligne de façon massive sur leurs avis. Se marier de soi-même, par exemple, reste marginal. Le sexe avant mariage reste un très large tabou. Le respect des anciens est sincère et ardent. S'occuper des vieux parents, les honorer lors des anniversaires ou des fêtes familiales reste une priorité incontournable, même si l'on fait des gorges chaudes de quelques exceptions.

Les études ont une importance dramatique. Les mères asiatiques veillent quotidiennement aux succès scolaires de leurs rejetons et à leur parcours du combattant dans les rafales d'examens et autres concours. Les enfants uniques de la Chine communiste, ces « petits empereurs » pourris et gâtés, deviendront-ils une génération de crétins irresponsables ? Pas si sûr, car le système scolaire se charge de leur cursus. La vertu du travail acharné commence à l'école et, sur ce point, la pression est extrême sans faire l'objet d'aucun rejet. L'épargne est pour ces jeunes une religion. Même s'ils consomment à tout va, ils se bâtissent toujours à côté un bas de laine qu'ils amassent sou après sou.

Au lieu de penser par soi-même, on recherche la conformité avec l'avis général. On s'exprime entre amis, bien sûr, on parle vivement, on brasse des idées, mais au moment d'adopter une attitude définitive ou de prendre une décision, le conformisme reprend tous ses droits. Car ce que l'on recherche le plus, c'est la chaleur de la communauté. Il ne fait pas bon penser différemment, être marginalisé ou pire, exclu de la communauté. Les enquêtes politiques que l'on peut faire sur les jeunes Asiatiques sonnent souvent bizarrement aux oreilles des chantres de la libre expression occidentale. Par une forme de fierté nationale, mais surtout par un profond respect de l'ordre établi, les jeunes Asiatiques, massivement, se soumettent à l'autorité et se reconnaissent sans états d'âme dans ce qu'ils appellent la « liberté contrôlée[9] ». Qui a dit que la vertu d'individualisme était fille de la modernisation ?

Cent études des plus solides nous révèlent que « les valeurs qui sont les plus importantes en Occident sont négligeables dans toutes les autres sociétés du monde[10] ». En rafale, toutes les recherches sérieuses des années récentes convergent sur un point central : les valeurs sociales auxquelles adhèrent les Américains et les Européens diffèrent toujours du choix affiché par les Asiatiques.

Expliquons-nous sur ce résultat troublant. Dans les enquêtes internationales comparatives, les Occidentaux mentionnent en masse et en priorité les notions de liberté individuelle, de liberté d'expression et de droits de l'individu, là où les Asiatiques choisissent spontanément à une écrasante majorité l'ordre établi, l'harmonie et la stabilité sociale[11]. Ce ne sont pas quelques individus qui émettent ces opinions, mais des milliers, selon des modes d'expression si divers qu'ils créent un faisceau de convergences qui emporte l'adhésion[12]. Ce qu'ils disent tous, où qu'ils résident en Asie, c'est que des valeurs asiatiques existent de manière autonome, spécifique et déterminante.

Le plus surprenant est que ces valeurs sont à peu près indépendantes du niveau de développement des pays, qu'ils soient riches ou pauvres, traditionnels ou avancés.

Dans l'ordre ou dans le désordre, les Asiatiques privilégient dans la sphère sociale le respect de l'autorité et des anciens, l'importance de la communauté et de la famille, l'harmonie et le consensus dans les relations humaines, l'ordre de la société. Dans la sphère individuelle, le travail acharné, la discipline, le souci de l'éducation, l'épargne sont les grandes vertus le plus communément partagées[13].

Tout au plus pourrait-on identifier, au sein de l'Asie, des variations autour de ces grands thèmes centraux, mais pas forcément comme on l'imagine. Dans des sociétés où l'individu s'efface le plus largement devant le groupe, Singapour, la Malaisie ou l'Indonésie seraient encore dans un système d'autorité traditionnelle, peu enclin à favoriser la créativité et le débat public, alors que, plus au nord, le Japon, la Corée du Sud ou Hong Kong, pourtant très communalistes, donneraient des signes beaucoup plus nets d'ouverture à de nouvelles idées et de goût pour la réussite individuelle.

Ce goût de la communauté, ce refus de l'expression occidentale de la liberté individuelle, ce confort du conformisme inquiètent les Etats asiatiques ! Les maîtres ont si bien inculqué le conformisme à leurs élèves qu'ils les trouvent apathiques, amorphes, silencieux. Bons ouvriers peut-être, mais piètres créateurs. Beaucoup de professeurs d'université en sont secrètement soulagés, car ils peuvent continuer à pérorer sans risques sur des sujets convenus, mais les meilleurs d'entre eux sont atterrés par l'absence de réaction de leurs étudiants. Pour prendre des notes et les reproduire, tout va bien, pour imaginer des solutions, c'est une tout autre affaire[14]. « Ils ont de bonnes capacités d'analyse... mais sont très faibles lorsqu'il s'agit de créativité et d'innovation ou pour résoudre des problèmes qui ne sont pas parfaitement balisés. La plupart ont un besoin excessif d'être tenus par la main et ont des difficultés à travailler de manière indépendante. » Qui dit cela ? Le Premier ministre de la république de Singapour lui-même[15]. Les directeurs expatriés de filiales occidentales en Asie disent la même chose, lorsqu'ils déplorent le manque d'initiative de leurs collaborateurs. Ça n'est évidemment pas une question d'intelligence ni une absence d'idées, mais plutôt, dans des groupes sociaux aussi compacts et aussi hiérarchisés, une aversion à exprimer ouvertement des pensées personnelles. Le groupe a raison, le chef a raison.

Dans un monde de compétition globale, beaucoup se sont émus de ce problème de créativité. Tout simplement parce qu'il porte en germe le déclin du dynamisme asiatique. Les Japonais, les premiers, ont réfléchi tant et plus à cette question[16], et la création de l'université scientifique de Tsukuba n'y est pas étrangère. Hong Kong, inquiet du ronron de ses universités traditionnelles, a créé de toutes pièces en 1992, avec un bel enthousiasme, une université scientifique clés en main, en puisant dans le très gras trésor de guerre... du Jockey Club[17] ! La Malaisie et Singapour sont en train de le découvrir à leur tour et, en bonne logique singapourienne, le gouvernement a lancé un vaste programme pour promouvoir, quasiment par décret, la créativité parmi les jeunes, joliment nommé « Think » (penser, ou, plus impérativement : « Pensez ! »).

La « modernisation » par les voies du matérialisme et de l'information globale est-elle une occidentalisation, comme les nostalgiques d'une Asie traditionnelle le regrettent, ou comme la pression politique occidentale se plaît à le faire accroire ? Les trois grands objectifs de la vie restent, pour les Asiatiques, la famille en tout premier lieu, suivie du travail comme moyen du succès, donc du statut social et de la richesse, et enfin la qualité des relations humaines avec les amis et l'entourage[18]. Les valeurs communautaires dominent donc très largement. Comment cela peut-il évoluer ? Dans certaines de ses manifestations, le Japon actuel peut donner quelques indications. Si les valeurs du groupe restent dominantes, elles tendent à décliner vers des comportements plus hédonistes, moins altruistes, où le ciment familial se dilue[19]. Les maîtres perdent de leur superbe parce qu'ils sont moins suivis. La coopération avec les autres n'est plus une pierre angulaire de la vie en société. L'argent a peut-être réussi au Japon ce que la politique brutale de la Révolution culturelle en Chine avait provoqué par d'autres moyens : l'éclatement de la solidarité collective.

Les valeurs s'émulent les unes les autres, elles se métissent, mais ne perdent pas pour autant leur identité profonde, construite sur un temps très long, évoluant également sur le temps très long. Personne n'a gagné la guerre culturelle totale.

CHAPITRE 20

La manipulation des valeurs asiatiques

Chaque fois que l'on évoque des valeurs asiatiques particulières, le débat dégénère en de furieuses empoignades. La plupart des intervenants, européens ou asiatiques, sont prompts à évacuer le problème en le déclarant artificiel et superflu, sinon suspect, au nom d'un alignement entre valeurs asiatiques et occidentales. Mais même dans ce cas, les Asiatiques les plus exposés à l'Occident, les plus prompts à balayer l'objection de la différence, dénoncent généralement l'excès d'individualisme de l'Ouest, comme le montrent nombre d'entretiens[1]. Les Européens leur renvoient la balle en déplorant l'opacité et la collusion des réflexes communautaires asiatiques. Chacun reste gêné aux entournures et le débat sur les valeurs revient sur la table avec une belle régularité sous une forme ou sous une autre.

Il faut dire que les chantres de ces fameuses « valeurs asiatiques » ne sont pas de sereins philosophes. Certains leaders asiatiques les plus en vue ont appelé ces valeurs à la rescousse de leur pouvoir et leur ont fait jouer un rôle politique contre nature. Le plus flamboyant d'entre eux est le Dr Mahatir, Premier ministre de Malaisie. Dans les années 90, il cosigne un livre, *L'Asie qui peut dire non*, où il justifie la réussite économique de l'Asie par le recours à de prétendues « valeurs asiatiques[2] ». Ce n'est pas tant un souci pédagogique d'expliquer le boom asiatique qui motive ce livre qu'une sorte de rage à dénoncer le complot d'un Occident en pleine décadence et son « incroyable arrogance » fustigée par Mahatir. L'Occident, se plaint-il, exerce une pression intolérable pour que l'Asie adopte ses façons de faire, alors même que celles-ci ont fait faillite à domicile. L'insistance des hommes politiques américains et européens à parler de la démocratie et des droits de l'homme n'est pas étrangère à ce type de réactions, car l'on sait que le thème des droits de l'homme a été sciemment utilisé dès la fin de la guerre froide comme un outil explicite de la diplomatie américaine pour des motifs de politique internationale et pas par on ne sait quelle subite bonté d'âme.

De même, la pression du Fonds monétaire international exigera-t-elle, au cours de la crise asiatique de 1997, la transparence et la « gouvernance » dans les systèmes asiatiques. Il y a donc dans le nationalisme sourcilleux de Mahatir autant une quête d'indépendance de jugement et d'identité nationale qu'un raidissement devant la perspective de se voir dicter des règles morales de l'extérieur, qui mineraient sa légitimité personnelle.

Mahatir, s'il est le plus flamboyant, n'est pas le premier à affirmer par le biais des « valeurs » une identité asiatique propre. Son voisin, le père de la Singapour moderne, Lee Kwan Yew, revendique lui aussi explicitement un héritage confucéen du même tonneau, avec le relais de la puissante machine d'information singapourienne[3]. Et gare à ceux qui contestent cette vision ou posent des questions qui gênent[4]. Dans cette affaire, ce ne sont pas tant les « valeurs asiatiques » qui importent que la fonction qu'on leur fait jouer. Bien des régimes asiatiques restent, en effet, à l'écart de ce douteux débat, n'ayant ni la volonté de s'affirmer en opposition à l'Occident, ni même le complexe qui les obligerait à se justifier. Titillé par des interviews irrespectueuses, Suharto, un an avant sa chute, répondra de manière lapidaire : « Non monsieur, ici nous avons un système différent ! »

Dans une attitude semblable, les dirigeants chinois se montrent particulièrement chatouilleux. Toutes les déclarations étrangères qui pourraient froisser le pouvoir chinois sont immédiatement dénoncées comme une intolérable « ingérence » dans les affaires intérieures. Le sujet des droits de l'homme est particulièrement sensible. Tous les leaders occidentaux en ont fait l'expérience. Au nom du droit à la différence, au nom du maintien d'un système propre, au nom de l'économie de marché « avec des caractéristiques chinoises », les dirigeants chinois font la sourde oreille avec une belle insistance aux demandes occidentales d'un peu plus d'humanité. Tant que les Occidentaux, pensent les Chinois, resteront des clients et des obligés de la Chine, ce ne seront que des mots. Et d'ailleurs, pour confirmer ce cynisme, le commerce fait étrangement silence sur ces droits de l'homme.

Le pouvoir joue aussi, et avec succès, des réflexes chauvinistes. En 1995, la Chine avait officiellement posé sa candidature à l'organisation des jeux Olympiques de l'an 2000. Tous les autobus de Pékin étaient par avance pavoisés des cinq anneaux olympiques. Mais le Comité international en décida autrement, en attribuant l'organisation de ce grand événement à Sydney. La Chine avait perdu la face. Ce ressentiment permanent devant les méchants étrangers est un réflexe si naturel que l'Etat n'a aucun mal à l'attiser. Deux ans plus tard, en 1997, Pékin sera tapissé d'autres oriflammes. A l'occasion du retour de Hong Kong à la mère patrie, le drapeau de Hong Kong orné de la fleur de paulownia flottera partout en Chine comme symbole de la fierté nationale retrouvée.

Les jeunes Chinois reprennent à leur compte cette

thématique, à la recherche d'une identité que la modernisation effrénée leur masque, et sans toujours bien se rendre compte que le Parti utilise consciemment le discours nationaliste comme une idéologie de rechange. Ils sont des proies aisément mobilisables du discours xénophobe qui affleure depuis toujours à tout moment. Lorsque les avions de l'OTAN ont bombardé l'ambassade chinoise de Belgrade, en 1999, dans leur campagne du Kosovo, les manifestations contre les ambassades occidentales à Pékin ont été d'une rare intensité, même si les autorités les avaient soigneusement mises en scène en affrétant des bus pour aller chercher les étudiants dans les universités de la capitale.

Pour exagérer ainsi les différences entre l'Asie et l'Occident, faut-il que la crise d'identité soit si profonde qu'elle invite à resserrer les rangs, dans certaines sociétés asiatiques, autour de nouveaux marqueurs identitaires ? Ou le pouvoir presque absolu de certains leaders est-il si sujet à caution qu'il doive être ainsi étayé pour mieux le faire perdurer ? Ce débat place tout le monde sur la défensive et, comme tel, génère des cascades de justifications. Les uns affirment qu'il n'y a de valeurs qu'universelles, avec leurs applications pratiques aux droits de l'homme, par exemple. Les autres affirment de manière presque pathétique un droit à la différence.

Délaissant le terrain miné de la politique intérieure, un certain nombre d'Occidentaux éminents, troublés par l'insolente émergence économique de l'Asie, ont repris ce thème des valeurs asiatiques sous un autre angle. Ce sont elles, disent-ils, qui sont à la source de la réussite asiatique. Ces hommes ne sont pas les moindres des observateurs. Ils ont approché les réalités asiatiques de plus près que beaucoup d'autres, ont suffisamment d'expérience et sont suffisamment libres d'expression pour n'être pas des agents d'influence d'on ne sait quel complot. Le Premier ministre australien Bob Hawke ou le dernier gouverneur britannique de Hong Kong, Chris Patten (bien plus sinophile que la hargne de Pékin ne l'a catalogué), affirment ainsi, arguments à l'appui, qu'il est un peu court de ranger hâtivement les valeurs dans la catégorie universelle et que, s'agissant de l'Asie, la différence est profonde, épaisse, tangible[5].

A huis clos, afin de ne pas donner prise à des récupérations politiciennes, d'autres personnalités d'un poids personnel considérable se sont récemment penchées sur la question[6]. Pour eux, on peut isoler quatre piliers de la différence, quatre faisceaux de perceptions qui méritent une sérieuse audience de conciliation entre l'Orient et l'Occident. Si des valeurs dissemblables existent bel et bien, c'est qu'elles ont été longtemps pétries dans des moules de traditions distinctes. Il s'agit, dans l'ordre, d'une vision différente du rôle de l'individu dans la société, d'une appréciation différente des systèmes de décision, d'une conception différente du rôle social de l'Etat, et enfin d'une priorité différente donnée aux droits de l'homme et à sa nature même.

Venant de grands anciens européens et asiatiques qui se respectent mutuellement, l'analyse de l'Asie prend quelque relief. Chaque système a sa propre cohérence. En Occident, le socle judéo-chrétien a servi de base aux révolutions culturelles de la Renaissance, de la Réforme et de la révolution industrielle. Celles-ci ont stimulé l'individualisme, lequel, à son tour, a favorisé les découvertes scientifiques et l'innovation technologique. Une dialectique intellectuelle et politique a continuellement fait l'aller-retour entre la foi et la science, la raison et la morale, le pouvoir et la justice, la liberté individuelle et la cohésion sociale, la production et l'environnement. Une démocratie politique ouverte et la liberté de l'information ont généré l'égalité et la tolérance pour les minorités. Les citoyens ont voix au chapitre dans les processus de décision nationaux et dans les droits des travailleurs. Les droits de l'homme sont devenus une référence incontournable. La loi et l'absolu des règles de droit ont rendu le système crédible et digne de confiance.

La cohérence asiatique s'est différemment nourrie, disent-ils, selon de grandes lignes communes qui transcendent le caractère apparemment disparate des pays asiatiques. L'attention portée à l'harmonie et à l'empathie est extrême, sans y rechercher des justifications scientifiques ou philosophiques. Le consensus social est plus mis en valeur que l'argumentation intellectuelle ouverte. Le cadre du comportement en société est délibérément collectif, avec un respect particulier pour les règles établies et pour les pratiques familiales. La loi a toujours été considérée comme un instrument de l'Etat.

En Asie, les relations humaines sont un enchaînement de compréhensions réciproques et non le résultat automatique de l'application de principes démocratiquement admis. Le pragmatisme importe plus que les grands concepts abstraits. La discipline est importante et la liberté individuelle est sévèrement limitée au bénéfice des intérêts de la communauté.

Des différences fondamentales existent donc entre l'Occident et l'Asie. Elles ne sont pas la projection plus ou moins féconde d'un passé révolu ou d'une tradition sur laquelle s'arc-bouteraient des nostalgiques. Elles se déploient avec force aujourd'hui même, se constatent dans la pratique quotidienne, sans que l'on ait à juger si c'est « bien » ou « mal ». La différence résiste à l'épreuve des faits.

Et si nous refusions la différence par un eurocentrisme

borné ? Ce que disent les sages à leur manière dans leurs conclusions est confirmé par la recherche moderne et ses outils d'analyse les moins sujets à caution. Lorsque nos médias pérorent sur les valeurs occidentales censément bonnes pour le reste du monde, se soucient-ils de l'opinion et de la pratique qui s'y déploient ?

Ces « valeurs asiatiques » ont aussi leurs zones d'ombre, en corollaire de leur aspect positif et moral. Le souci exagéré de la famille crée le népotisme. Le fonctionnement des réseaux de solidarité encourage le favoritisme et l'économie informelle. Il piétine les règles de droit. Derrière l'ordre de façade se niche la corruption. Le repli sur des valeurs domestiques peut être en conflit avec l'ouverture internationale, au nom de protections spéciales que pourraient revendiquer certains Etats pour ne pas pratiquer des règles du jeu globales, à l'heure d'Internet et du commerce mondial. Mais nous connaissons aussi cela, que nous appelons l'Europe sociale ou l'exception culturelle française. Au nom de la différence, le Japon se retranche souvent sur les « valeurs japonaises » *(Nihonjinron).* Au nom de la différence, la Chine dénonce de la même façon la « pollution spirituelle venue de l'Occident » ou slalome sur la légalité des *copyrights* internationaux tout en ayant signé les conventions ad hoc. Il ne faut donc pas être béat devant un paradis culturel où couleraient le lait et le miel.

Il ne faut pas non plus faire dire n'importe quoi à ce concept irritant et nébuleux de « valeurs asiatiques ». Celles-ci ne peuvent servir à légitimer des pouvoirs autoritaires qui n'auraient pas « le mandat du ciel » de la réussite. On respecte l'autorité, mais on rejette l'arbitraire et l'injustice. Ces valeurs sont des déterminants puissants du comportement social, mais elles n'expliquent pas, de manière simpliste, le succès économique de l'Asie. Peut-être, plus simplement, est-ce une nouvelle forme d'identité de l'Asie face à la modernisation que de se retrouver aussi massivement dans cette vision d'elle-même et de ce qui la motive.

CHAPITRE 21

Le mandat du ciel

La stabilité et la prospérité naissent l'une de l'autre, en boucle. Si l'environnement est stable, donc prévisible, la prospérité trouve les conditions de son épanouissement. Les entrepreneurs et les épargnants choisissent d'investir dans le pays et de faire confiance à l'avenir. La prospérité, à son tour, légitime les gouvernements comme garants de la prospérité générale et nul ne conteste leur autorité pourvu qu'une existence décente, sinon la richesse, soit au bout du chemin. C'est, en Asie, le pacte de stabilité entre les peuples et leurs gouvernants.

En Asie, l'empereur est légitime si l'empire va bien. Il détient naturellement « le mandat du ciel ». Le « mandat du ciel » (en chinois *Tianming*) est une constante de la tradition sinisée. Il est l'apanage de l'empereur, « fils du ciel » *(Tianzi)*, qui règne sur l'empire, c'est-à-dire tout « ce qui est sous le ciel » *(Tianxia)*. L'empereur doit être sage et mener de bonnes politiques. Et pour prix de sa sagesse il peut être assuré de continuité, et donc mener sa politique sur le long terme. Ce mandat du ciel est une forme de contrat. Si la prospérité est au rendez-vous, le gouvernant détient l'assurance de sa survie.

Il y a eu, à l'époque moderne, ce consensus politique constant, en Asie, sur la modernisation comme objectif national normalement accepté, et encouragé, mis en avant comme valeur primordiale. Il faut s'entendre sur les termes. Modernisation veut dire progrès matériel et non pas occidentalisation. Dans tous les principes fondateurs des gouvernements asiatiques, l'objectif de modernisation précise bien que celle-ci doit respecter des traditions ou des formes politiques nationales. La devise nationale japonaise d'harmonie (le *Wa*), les cinq règles du *Pancasila* indonésien, les « principes de base » singapouriens, le *Rukun Negara* malaisien, les slogans apparemment obscurs, mais très précis, du pouvoir chinois sur « l'économie socialiste de marché » insistent tous sur les notions traditionnelles de communauté et d'autorité en même temps qu'ils rappellent en général (mais pas toujours) des valeurs « universelles » de justice et de dignité[1]. Même s'ils adoptent une formulation présentable, parce que « moderne » aux yeux du monde, les principes insistent tous sur la tradition. Le ciment national c'est la réussite visible.

Qui a d'abord été Suharto, le leader tout-puissant de l'immense Indonésie, sinon celui qui a su porter la richesse par habitant de 70 dollars en 1966 au seuil magique de 1 000 dollars en 1996, comme on le sait ? Que Suharto ne soit pas un saint, chacun avait pu en juger en 1966 lorsqu'il était arrivé au pouvoir dans un effroyable bain de sang[2]. Que l'Indonésie soit devenue au milieu des années 90, sous sa mainmise omnipotente, une sorte de coupe réglée où ses entreprenants enfants puisaient trop largement dans la caisse, ce n'était qu'un avatar tant que les hautes croissances étaient au rendez-vous. Suharto, chassé par la pression de la rue en mai 1998, aurait pu couler bien des jours heureux s'il n'y avait pas eu la crise économique. Suharto n'a fait que perdre le mandat du ciel (*Wangsit* en indonésien).

Quel est le rang de Tungku Abdul Rahman, le père du développement économique de la Malaisie dans les années 80 ? Ou celui de Lee Kwan Yew, le fondateur de la Singapour moderne ? Ou celui de Deng Xiaoping (décédé en février 1997) dans le panthéon chinois, sinon celui du père de la modernisation radicale de la Chine des années 90 ?

C'est plus qu'un constat politique, c'est une vision du monde. L'harmonie cosmique est un état idéal, depuis l'origine des temps asiatiques. Le ciel et la terre sont en équilibre. L'empereur en est l'articulation suprême. Cette harmonie cosmique est décalquée sur la terre parce qu'elle est validée par les faits. L'empereur réclame la discipline. Il peut être autoritaire, et il ne s'en prive pas. Mais il ne peut pas faire n'importe quoi. Il y a accord des forces vives du pays pour le développement, et rien d'autre. Gare aux fantaisies dangereuses, gare à la récession, gare au désordre : ce serait le signe manifeste que le ciel a retiré son mandat aux dirigeants[3].

Lorsque les dirigeants eux-mêmes vacillent, le consensus est brisé, comme le montre le scénario de la chute de Suharto en Indonésie. Lorsque le pays plonge dans la crise financière et appelle le Fonds monétaire international à la rescousse, à l'automne 1997, la crise de confiance est telle qu'il faut donner des signes politiques clairs et rapides. Mais, imaginant que le système de collusion indonésien pourra perdurer, le président Suharto finasse. Les autorités se contentent d'annoncer la fermeture des seize banques les plus fragiles et le gel de grands projets somptuaires, mais résistent vivement au démantèlement des monopoles et à l'établissement rapide de règles de transparence financière. Il faut dire que les monopoles ne servent pas tous à enrichir la famille Suharto. Le *Bulog*, par exemple, tient le marché du riz, mais pour le subventionner afin que les citoyens ordinaires puissent manger à leur faim. La réforme à la hache souhaitée par le FMI n'est donc pas socialement acceptable dans ce cas précis, à un moment où le prix du riz s'envole à cause de sa rareté. De même, l'augmentation du prix (subventionné) de l'essence, imposé par le FMI, est-il politiquement explosif.

Suharto, en bon montreur de marionnettes du théâtre d'ombres javanais, pense jouer en trompe l'œil, mais la situation est pourrie. Les marchés financiers font descendre la roupiah indonésienne aux enfers. Elle perd les trois quarts de sa valeur en six mois. Mais, pendant que l'Indonésie voit baisser son pouvoir d'achat, les choses sérieuses se passent ailleurs. Les grands *Tycoon* d'origine chinoise, qui contrôlent sans doute les trois quarts du vrai business industriel et financier, ont discrètement mis en sécurité une partie importante de leurs actifs en dehors du pays. Et rien ne dit que les masses de dollars qu'ils ont empruntées aient été converties en roupiahs. La fille aînée de Suharto, Tutut, nommée ministre des Affaires sociales *(sic)*, apparaît à la télévision pour promouvoir une campagne « J'aime la Roupiah », montrant cinquante mille dollars qu'elle transforme en monnaie nationale (où est le reste ?!), mais c'est se moquer du monde. Le vieux Suharto a perdu la main. Il achève de précipiter la situation en crise politique en niant les évidences. C'est un tel aveu involontaire d'impuissance politique que les étudiants indonésiens d'abord, et la rue ensuite, vont occuper le terrain et pousser Suharto à un départ honteux, le 21 mai 1998.

Les dirigeants des pays asiatiques qui sont entrés en récession sévère en 1997 ont tous dû quitter le pouvoir en 1998, à l'exception d'un seul (Mahatir en Malaisie), par les élections ou par la rue, par la pression populaire en tout cas[4]. Le mandat du ciel fonctionne donc dans les deux sens. Dans la tradition européenne et américaine, le gouvernement doit être représentatif et responsable. Le pouvoir est « la participation à la prise des décisions essentielles », surtout dans la conception américaine[5]. Au contraire, le « bon gouvernement » asiatique a pour fonction principale de protéger les personnes et d'assurer la production de richesses[6]. Rien de plus, rien de moins. Il peut donc fort bien être autoritaire, à condition d'être efficace. Despote peut-être, mais despote éclairé, selon la catégorie chère à Montesquieu.

La constante de tous les pays asiatiques a été l'absence d'alternative à la tête de l'Etat pendant toutes les années du grand boom économique, et pas seulement parce que certains régimes étaient plus autoritaires que d'autres. Le Japon en est un exemple troublant. C'est apparemment une démocratie. L'empereur Meiji l'a doté d'une constitution, en 1889, avec un parlement et des élections à l'occidentale. La constitution de 1947, sous influence américaine, a conforté le fonctionnement « démocratique » des institutions. Mais une attention plus fine montre que – à l'exception des années de guerre et de sa suite immédiate – c'est, en réalité, une même mouvance de partis conservateurs qui a toujours dirigé le pays. Jamais le débat politique n'a amené de véritable alternance. Jamais un parti de véritable opposition, depuis plus de cent dix ans que les partis politiques existent au Japon, n'a eu la majorité absolue au parlement japonais[7]. D'ailleurs y a-t-il débat politique, débat d'idées, dans ce système fait plus de clientélisme que d'options véritables ? Dans la conduite des affaires, c'est toujours un « autoritarisme doux » qui prévaut, manière de définir un consensus ajusté en permanence entre le patronat et le gouvernement[8].

A Hong Kong, l'emprise coloniale a laissé encore moins de place à la démocratie formelle. Un gouverneur nommé par Londres a garanti la continuité des règles du jeu économique, en se retranchant pour le reste sur le libéralisme commode d'une doctrine de « laisser-faire[9] ». Et lorsque la

Chine s'est réapproprié Hong Kong en 1997, c'est un *chief executive* nommé par une assemblée cooptée par Pékin qui lui a succédé.

Ailleurs en Asie, le pouvoir est plus personnalisé, autoritaire en matière politique le plus souvent. En Corée du Sud, le général Park Chung Hee, auteur d'un coup d'Etat en 1961, s'est offert le luxe d'une élection présidentielle à candidature unique en 1963, la sienne, assortie de la loi martiale et d'une nouvelle constitution[10]. Le chemin de la Corée du Sud pour sortir de l'arbitraire et de la répression sera long. Il faudra attendre décembre 1997 pour qu'une véritable démocratie, non manipulée, porte à la tête de l'Etat le leader de l'opposition, Kim Dae Jung. Entre-temps, la Corée est devenue un riche concurrent du Japon avant d'accéder – consécration suprême – à l'OCDE en 1996.

A Taïwan, le pouvoir est issu de la guerre civile en Chine. En 1949, le général Chiang Kaishek, ancien dirigeant de la Chine, a fui dans l'île à l'arrivée de Mao Zedong à Pékin, en y prenant les pleins pouvoirs, appuyé sur son parti unique, le Kuo Min Tang. En 1975, son fils, Chiang Ching Kuo, lui a succédé et ne lèvera la loi martiale qu'en 1987. Il faudra attendre longtemps, après l'accession de Taïwan à la richesse relative, pour que les *Dangwai* (candidats « en dehors du parti ») fassent prendre à Taïwan le tournant d'une démocratie plus libérale en matière politique, avec la première élection présidentielle complètement libre, « à l'occidentale », en avril 1996.

Loi martiale également aux Philippines, où Ferdinand Marcos a régné sans partage jusqu'en 1986 avant d'être délogé par la pression populaire sur fond de corruption, et surtout de régression économique. Pouvoir militaire également, sous des dehors il est vrai plus amènes, en Thaïlande, qui n'a accédé à une véritable démocratie qu'en 1992 après de graves émeutes[11]. A Singapour, un avocat talentueux et autoritaire, Lee Kwan Yew, a pris le pouvoir en 1965, menant la vie très dure aux opposants, pour guider la petite cité-Etat d'une main de fer, appuyé sur un parti à sa dévotion et un parlement où les députés élus voisinent avec les députés nommés[12].

En Malaisie, le parti UMNO[13] a le pouvoir depuis l'indépendance du pays, en 1957. L'apparence de démocratie est sauve. Les élections se tiennent régulièrement. Le règlement du parlement est observé à la lettre. Mais tout rassemblement politique de plus de cinq personnes doit faire l'objet d'un permis spécial. L'opposition doit avoir un rôle de « critique constructive », et rien d'autre[14]. Lorsqu'une menace à la prééminence politique du Premier ministre se fait jour, ce dernier n'hésite pas à mettre son propre adjoint, le vice-Premier ministre Anwar Ibrahim, en prison avec une avalanche de procès pour corruption ou sodomie où il n'y a que des « témoins » à charge. Cet emballage-cadeau de démocratie, à usage externe, a été qualifié du joli terme de « democradura » : l'observation scrupuleuse des calendriers électoraux et des procédures formelles, mais sans laisser de place sérieuse à aucune opposition[15]. C'est, selon une autre belle formule, « le règne par la loi et non le règne de la loi[16] ».

En Chine, il n'y a même pas ce genre de précautions formelles. La Chine est un pays dirigé sans discussion et de par sa constitution par son parti communiste. Le pouvoir judiciaire et le pouvoir exécutif ne sont pas séparés. L'Assemblée nationale populaire est une chambre d'enregistrement. Nul doute qu'il y ait des débats au sommet et que le pouvoir suprême y soit l'objet de marchandages entre grands feudataires du parti. Mais tout le monde s'entend, dès qu'il s'agit de pouvoir, sur un point cardinal : l'entreprise, la réussite économique, l'argent soit ! mais pour prix d'un silence politique absolu.

L'exemple de l'Asie montre que l'on a d'abord créé la

richesse avant de la répartir et qu'il faut attendre un seuil minimal et partagé de quelques milliers de dollars pour que la demande de liberté se traduise en revendications politiques et qu'elle modifie les structures du gouvernement. C'est la leçon qu'ont donnée, comme on le sait, la Corée du Sud ou Taïwan. Avant 5 000 dollars de richesse par habitant, la démocratie n'a pas pu s'installer. A partir de ce seuil, tout a changé dans ces deux pays. En Chine, avec 800 dollars de PNB par tête, on en est encore loin. Le système du pouvoir chinois a donc encore de beaux jours devant lui. Sauf explosion sociale, dont la longue histoire de Chine est coutumière. Mais, même dans ce cas, une telle explosion accoucherait-elle de la démocratie ? A la fois par souci de conserver leur pouvoir, par paternalisme et par calcul, les dirigeants chinois ont choisi. En somme, la Chine du boom, celle de Deng Xiaoping, a pris l'option exactement inverse de la Russie post-soviétique. En Russie, le Parti communiste a été dissous en 1990. On vote librement, mais le désordre, les mafias et, au final, le marasme économique règnent. En Chine, la croissance est de 10 % par an depuis 1985, mais on ne vote toujours pas.

La fragilité de certains régimes politiques asiatiques, d'ailleurs, n'est peut-être pas due à l'absence d'alternance, mais à une trop grande stabilité de façade derrière laquelle se nichent les factions internes qui se déchirent pour le pouvoir, dans une absence crue de transparence à l'égard des citoyens. Le factionnalisme mine le parti libéral-démocrate au pouvoir au Japon, comme il étiole l'UMNO malaisienne ou les Partis communistes chinois ou vietnamien.

Comment réconcilier l'économie de marché et la démocratie ? C'est un paradoxe, en Asie, que d'avoir pu accommoder un libéralisme économique constant avec des pouvoirs d'Etat aussi concentrés, aussi musclés, aussi forts. Les leaders asiatiques ont, en effet, lutté pour assurer leur pouvoir politique absolu. Dans certains pays, ils l'ont même fait les armes à la main : pour se libérer de la tutelle coloniale, dans les guerres d'indépendance de l'immédiat après-guerre du Sud-Est asiatique, pour prendre le pouvoir au nom d'une idéologie, comme pendant la guerre civile chinoise, ou pour se défendre d'une menace extérieure, comme lors de la guerre de Corée. La première priorité, c'est que l'ordre règne, à l'intérieur comme aux frontières. Il va sans dire que le calme aux frontières a été garanti par l'absence de guerre, ou plus exactement par le confinement des menaces de conflit à l'intérieur de certaines frontières. Le conflit vietnamien et son extension cambodgienne n'ont pas eu pour conséquence une invasion du reste de la zone. Et pour le reste de la région, la puissance américaine a joué le rôle d'un stabilisateur puissant, par sa politique et par ses bases, pour les pays de son orbite, depuis le Japon et la Corée du Sud jusqu'aux Philippines.

Une fois aux affaires, les gouvernants ont été d'un étonnant pragmatisme en matière économique, peut-être par mimétisme, parce que leurs voisins l'étaient aussi. Les leaders asiatiques, qu'ils soient charismatiques comme en Indonésie ou en Chine, qu'ils soient plus effacés comme au Japon, n'ont jamais été doctrinaires en matière économique. Ils ont eu l'immense mérite de s'entourer d'une administration choisie, compétente, souvent brillante, et de laisser aux forces vives du marché, aux entrepreneurs, aux nouvelles classes moyennes, la liberté de créer de la richesse.

C'est un bon opium du peuple. Tant que l'on parle d'argent, on ne parle pas de politique. La nouvelle classe moyenne balbutiante de Chine a trimé dur et ne s'occupe, pour l'instant, que de son bien-être matériel. Mais elle souhaite conserver ses acquis et, pour ce faire, participer aux décisions qui la concernent directement. Elle voudra dans peu de temps prendre part aux décisions. Est-ce le début de la démocratie ?

Il y a toujours eu une forte demande de justice, en Chine comme ailleurs. Dans ce système, la revendication individuelle est tolérée. Dans le beau film *Qiu Jiu, une femme chinoise*, une paysanne poursuit les autorités locales pour réclamer réparation d'un préjudice. C'est un réflexe normal et croissant. Dans les villages, on a même commencé à instiller petit à petit des élections locales, car les gens veulent être maîtres de leur destin. Mais que l'on ne s'avise pas de transformer la demande de justice individuelle en revendication politique. Lorsque Wei Jing Sheng, en 1979, réclame la démocratie comme une modernisation indispensable de la Chine, il est promptement arrêté et passera quinze ans dans les camps de travail. On connaît la fin tragique des manifestations de la place Tian An Men, en 1989, où l'éphémère statue de la démocratie fut balayée dans le sang par les chars. La protestation publique est bannie. La liberté d'association n'existe pas. Et si des mouvements s'organisent en catimini, c'est un défi intolérable à l'autorité du gouvernement. A l'été 1999, la secte Fa Lun Gong a voulu faire une démonstration de force. Dix mille de ses adeptes ont entouré le siège du gouvernement chinois. La police politique n'avait rien vu venir. Ce camouflet impensable à l'autorité suprême a été réprimé avec la plus grande rigueur. Les membres de Fa Lun Gong ont été traqués, pourchassés, arrêtés, déportés. La sévérité répressive est impitoyable. Les camps de travail continuent à grande échelle. Trois mille condamnés sont exécutés chaque année d'une balle dans la nuque.

Aucun système n'est angélique ! Les partis au pouvoir se servent à peu près tous à la fontaine des richesses. Avec ou sans scandales publics, pratiquement tous font des affaires. Souvent le plus légalement du monde : l'empire industriel et financier du Kuo Min Tang, le parti au pouvoir à Taïwan, a fort longtemps détenu quelques monopoles juteux. Certains leaders se servent directement, tels les deux anciens présidents coréens, Chun Doo Hwan et Roh Tae Woo, qui iront en prison pour des détournements importants, comme on le sait. Souvent le népotisme règne et les familles des leaders trouvent dans des sociétés protégées des privilèges indus. Même si l'on se voile la face dans les pays, c'est un secret de polichinelle[17]. La presse régionale, fort libre, s'empare périodiquement de ces sujets. Tout se sait en Asie. Mais il y a une différence de taille avec d'autres zones du monde, la différence qui existe entre les Etats corrompus et les Etats prédateurs. Se servir, soit ! Piller le pays ? Si tel était le cas, les pays asiatiques ressembleraient au Zaïre.

Est-ce un abus de pouvoir que la corruption ? Ou plus exactement est-ce un abus qui pourrait mettre le feu aux poudres, qui romprait le pacte de stabilité ? Si les paysans, si les ouvriers, si les classes moyennes estiment que leurs intérêts sont gravement lésés, ils peuvent fort bien descendre dans la rue. Les oubliés du boom économique l'ont fait en Corée du Sud : les ouvriers de Hyundaï ont fait de longues et dures grèves dans les années 90 pour réclamer, en augmentations de salaires, une redistribution des profits du boom économique dont ils avaient été le moteur. Les classes moyennes et les étudiants sont descendus dans la rue à Pékin en 1989 ou à Bangkok, en 1992, pour réclamer des règles du jeu moins arbitraires dans la pratique du pouvoir.

Si l'on interroge les Asiatiques eux-mêmes, comment voient-ils les choses ? Chez les nouvelles classes moyennes des villes, qui ont fait le boom et qui s'en portent mieux qu'auparavant, la misère ou celle de ses parents est le souvenir le plus vif. La démocratie, sans doute la souhaitent-elles, mais pas avant la richesse, ou du moins pas avant une relative aisance, inimaginable il n'y a pas si longtemps. A vivre dans le confort économique et politique actuel, nous sommes prompts à oublier, comme le rappelle André Gunnar Franck, que « les pays occidentaux n'ont pu s'offrir le luxe de la démocratie électorale que là où et lorsque les bases de leur économie le leur ont permis[18] ».

Ces classes moyennes sont conservatrices. Elles sont prêtes à respecter l'autorité comme elles l'ont toujours fait. Ceux qui ont le pouvoir ont un statut éminent. Dans des sociétés hiérarchiques, ce pouvoir est respecté comme tel. Appelons cela une tradition de patronage ou de clientélisme, peu importe. En Asie, l'image du père est omniprésente. Il est, par destination et sans contestation possible, au sommet de la hiérarchie sociale, de l'ordre des choses. Comme tel il doit être révéré. Comme tel, il ne peut que vouloir le bien de ses enfants, même s'il est sévère. La chaleur de la famille n'est pas celle d'un consensus mou : c'est celle d'une hiérarchie naturelle.

C'est pour cela que l'évolution politique de la Chine ne suivra sans doute pas les formes que nous sommes enclins à imaginer pour elle. La Chine est vivante en ceci qu'elle est pleine de contradictions. Le vide spirituel se manifeste par l'omnipotence de l'argent-roi. Mais en même temps le regain du bouddhisme, du taoïsme, du christianisme touche des couches de plus en plus larges de la population. On embrasse avec passion les modes de l'étranger, les produits de l'étranger, les signes culturels de l'étranger, mais en même temps on est d'un nationalisme sourcilleux, fait à la fois de fierté et d'un vieux complexe d'infériorité devant les technologies de l'Occident. On souhaite la liberté, mais on respecte sincèrement l'autorité des parents, des professeurs et des dirigeants. Il y a une vieille oscillation, qui ressemble fort à celle du Yin et du Yang, dans ce couple permanent en Chine de la restriction et de la libéralisation. Ce que les Chinois appellent le *Shou* et le *Fang*.

Dans la fierté de la réussite, le nationalisme, non plus, n'est jamais très loin. Le sentiment national en Asie dénote une identité forte et réelle. Le développement asiatique ne s'est jamais accompagné de crises d'identité comme ont pu en connaître les pays d'Afrique après leurs indépendances. Les Japonais, les Chinois, les Coréens, les Thaïlandais ont le sentiment profond, viscéral, d'appartenir à des communautés précises, d'avoir hérité de traditions fortes. Les pouvoirs jouent, bien entendu, de cette identité. Le discours public exalte partout le sentiment national, sinon nationaliste. Mais il ne mordrait pas s'il n'était que la justification d'un pouvoir, s'il était plaqué. Derrière la stabilité se cache une puissante, une immense continuité culturelle.

CHAPITRE 22

La loi et le droit

L'ouverture et la société d'information vont-elles créer des Etats de droit ? C'est un rêve politique et moral de l'Occident que de croire que le contrat, la démocratie et les droits de l'homme vont s'imposer rapidement au nom de la modernisation, du bien et de la raison. La loi gouverne l'Asie, le droit a encore un chemin à s'y frayer, selon la distinction faite par Hobbes : « Le droit consiste dans la liberté de faire une chose ou de s'en abstenir, alors que la loi vous détermine ou vous lie l'un à l'autre. De sorte que la loi et le droit diffèrent exactement comme l'obligation et la liberté[1]. » En Asie, on sent bien que la modernisation est une chrysalide d'où sortira une société nouvelle. Mais il y a, pour commencer, des obstacles politiques.

Le plus beau Noël qu'ait eu l'Occident est celui de 1990, où Gorbatchev est passé à la trappe de l'Histoire et le Parti communiste soviétique avec lui. La guerre froide est terminée. Le libéralisme de l'Ouest a vaincu sans combat par un pourrissement de l'adversaire. De là à penser que les Etats communistes doivent disparaître, il n'y a qu'un pas. Il n'y a plus dans le monde que quatre pays officiellement communistes à l'aube du XXIe siècle, mais trois d'entre eux sont en Asie : la Chine, le Vietnam et la Corée du Nord (le quatrième étant Cuba). Un milliard quatre cents millions de personnes : on excusera du peu ! Le Parti communiste chinois est la colonne vertébrale administrative du pays jusque dans ses moindres recoins, avec des effectifs colossaux de 50 millions de membres. Le droit de propriété du sol, des bâtiments ou des entreprises reste, en bonne terminologie marxiste, une « propriété collective », même s'il y a des aménagements généralisés avec le ciel, sous forme de concessions. L'immense Parti, cependant, n'existe plus que dans une logique administrative. Il n'a presque plus de rôle idéologique, ou alors ce ne sont que des mots creux. Au sommet, une petite coterie de leaders est au pouvoir. En bas de l'échelle, les prédations à la petite semaine des chefs locaux et les sinécures des cadres sont la réalité quotidienne. De bas en haut, la commission de discipline du Parti a voulu mettre des cloisons étanches à ce *Titanic* idéologique. Mais le système d'encadrement social a bien évolué. Il n'y a plus de campagnes politiques de grande ampleur, comme sous Mao. Ce ne sont que des mots d'ordre ou bien des campagnes policières visant à atténuer la corruption, qui règne à grande échelle. Ces slogans ne doivent jamais être pris à la légère dans un tel pays, mais on fait le gros dos. La modernisation est un slogan national, celui qu'avait promu Deng Xiaoping lors de son arrivée au pouvoir, mais à une condition, comme le dit le langage officiel : la « stabilité sociale ». L'ordre doit régner.

Les autres pays d'Asie, comme on l'a vu, se proclament démocratiques, mais la pratique laisse encore à désirer. On est loin de cette démocratie selon laquelle, nous dit Joseph Schumpeter, « les citoyens ont le droit de choisir et d'autoriser les gouvernements à agir à leur place[2] ». Encore faut-il qu'il y ait des citoyens autorisés à le faire. Sans même parler de la Birmanie où une autre héroïne, Aung San Suu Kyi, est devenue la Mère Courage de tout un peuple. L'Asie connaît la démocratie, par un concept venu d'Occident. Mais les concepts importés par le haut ne sont longtemps restés que des images abstraites. Lorsque, en 1945, l'occupation américaine du Japon a amené dans ses bagages l'idéalisme rooseveltien, que signifie le mot « démocratie », laborieusement traduit en japonais ? *Demokurashii*, partout répété jusqu'au moindre village, proclamé au parlement, patiemment expliqué par des cohortes d'officiers et d'aimables jeunes femmes américaines enflammées et pleines d'une maternelle sollicitude de missionnaires, dépêchées tout exprès jusqu'au tréfonds du pays pour y faire des conférences, le mot est le plus prononcé du Japon dans les mois d'après guerre, afin de préparer les élections de 1946 sur le modèle américain[3]. On le répète maladroitement, pour faire plaisir, mais cela n'est qu'un mot étranger de plus. La démocratie arrivera, en effet, au Japon mais, jusqu'aujourd'hui, selon des caractéristiques propres.

Les exemples asiatiques indiquent que le monde ne change ni par la grâce d'institutions imposées par le haut, ni par la manipulation d'idées abstraites, ni par l'adhésion philosophique à des valeurs universelles, indépendamment de l'état économique des pays. Et sans doute pas selon la vulgate américaine, assénée en forme d'incantation à la tribune des Nations Unies, qui affirme que « la démocratie peut être établie partout, à tout moment, sans conditions préalables ou autres excuses[4] ».

Que penser de la tragi-comédie des élections au Cambodge en 1993 ? Le Cambodge est un petit pays traumatisé. Les Khmers rouges du sinistre Pol Pot ont massacré un quart de sa population entre 1974 et 1979, avant d'être chassés par une dure occupation vietnamienne. Jusqu'en 1989. Le Cambodge est exsangue. Une population de femmes cherche à survivre comme elle peut (les hommes ont été massacrés en priorité). Il n'y a rien à manger, car les digues d'irrigation des rizières ont été détruites. Les champs et les routes sont massivement piégés par des mines antipersonnel ravageuses. Les bandits rançonnent et tuent, à commencer par les anciens Khmers rouges. En novembre 1991, la conférence diplomatique de Paris inaugure le retour à la paix par la tenue d'élections démocratiques au Cambodge. Un corps expéditionnaire des Nations Unies va être dépêché au Cambodge dans ce but, avec des administrateurs opulents et des hélicoptères rutilants, dans une représentation médiatique qui ne va pas coûter moins de 2 milliards de dollars (le salaire d'un Cambodgien, dans le cas hypothétique où il a du travail, est de 10 dollars par mois à l'époque !). Les élections se tiennent, en mai 1993. Les Nations Unies repartent, laissant le Cambodge à son immense précarité et à tous ses démons. Faut-il d'abord voter ou manger ? A sa façon le président philippin Ramos donnera la réponse : « Le premier des droits de l'homme est de faire trois repas par jour[5]. »

C'est une équation qu'ont concrètement résolue, cahincaha, les pays d'Asie, comme on le sait. Car la démocratie est arrivée en Asie, la vraie. Les meilleurs exemples, et les plus récents, sont Taïwan, la Thaïlande et la Corée du Sud. Taïwan, l'île nationaliste chinoise face à la grande Chine, a vécu depuis 1949 sous le régime d'un parti unique amené dans ses bagages par le général Chiang Kaishek lors de sa fuite de Chine. C'est un régime militant, encerclé par la pression militaire chinoise. Le développement ne s'y épanouit qu'à l'abri d'une puissante armée sur le qui-vive. La loi martiale fonctionnera jusqu'en 1987. Mais Taïwan devient riche par le talent de ses entrepreneurs et la qualité de son éducation. Le décollage économique réussit. La richesse par habitant va dépasser 7 000 dollars en 1990, autant que la France en 1960. Les nouvelles classes moyennes réclament d'abord l'élection de leurs maires, avec un choix plus large que celui du parti unique. C'est le début, en 1988, d'une véritable démocratie, c'est-à-dire d'un statut clair de l'opposition et de règles du jeu respectées. Le maire de la capitale, Taïpei, sera ainsi élu en dehors du sérail[6]. Le parlement, à son tour, voit l'entrée de partis d'alternance. En 1996, les élections du président de la République auront lieu au suffrage universel, à la suite d'une campagne électorale d'une excellente tenue, et en avril 2000, c'est le candidat d'opposition, Chen Sui Bian, qui sera élu président à son tour.

En Thaïlande, l'évolution est moins amène, mais va dans le même sens. Les classes moyennes de Bangkok sont devenues presque riches, avec 5 000 dollars de richesse par habitant à la fin des années 80. L'arbitraire de l'oligarchie militaro-affairiste au pouvoir ne leur convient plus. La Thaïlande est exemplaire, parce qu'elle a depuis belle lurette, par cette sorte d'extrême et permanente plasticité thaïe, la presse la plus libre et la plus insolente de la région. Les classes moyennes exigent des règles du jeu pour garantir leurs nouvelles propriétés et leurs enfants, moins de favoritisme et de corruption. Le gouvernement doit rendre des comptes aux citoyens. C'est un mouvement « moderne », mais qui puise ses racines dans une vieille tradition bouddhiste. De manière significative, c'est d'ailleurs un général converti à l'ascétisme bouddhiste, Chamlong Srimuan, qui mènera en 1992 la revendication populaire, avec l'accord tacite du très respecté roi de Thaïlande, face au dernier des autocrates coopté par les militaires. La démocratie thaïlandaise est née, au moins dans les villes, avec ses fragilités inhérentes. Une coalition hétéroclite de partis en sera le résultat le plus visible, de même que la persistance d'une vieille pratique d'achat des votes des paysans dans une campagne traditionaliste et fort peuplée, encline à tous les clientélismes.

En Corée du Sud, par un processus assez similaire à

celui de Taïwan, parce que la pression guerrière de la Corée du Nord impose d'entretenir une armée sur le pied de guerre, la dictature militaire brutale des trente-cinq dernières années va peu à peu se déliter par le biais des élections présidentielles successives, d'abord du premier civil, Kim Young Sam, en 1993, puis à la fin de 1997, du leader de l'opposition, naguère emprisonné par les militaires, Kim Dae Jung. Avec les charmes et les servitudes d'une vraie démocratie, Kim Dae Jung doit cohabiter avec un parlement dominé par un parti différent du sien, tout comme Jacques Chirac ou Bill Clinton. La Corée est devenue une société mature, une gigantesque classe moyenne, par la vertu du progrès économique, avec une richesse par habitant de 7 000 dollars en 1990, exactement comme Taïwan.

Pourrait-on refaire l'Histoire et mettre la charrue avant les bœufs, c'est-à-dire implanter la démocratie avant le progrès économique, avant un certain seuil de richesse par habitant ? Vaste sujet ! Il est aussi imprudent de dire que la démocratie peut s'établir en Chine ou en Indonésie sans préalables, que de prétendre que les sociétés asiatiques, au nom d'un déterminisme culturel, ne peuvent avoir ni liberté de penser, ni institutions représentatives, ni infrastructures juridiques qui garantissent la stabilité des règles du jeu.

Comment le règne des droits va-t-il remplacer le règne de la loi ? Par le biais de la modernisation peut-être. Le matérialisme né du « tout-économique » et de l'urbanisation est en train de créer une nouvelle civilisation, différente de toutes les autres et cette culture moderne est marquée par l'avènement de l'individualisme[7]. L'individualisme porte en germe le rejet de la communauté, dans l'ivresse d'un « toujours plus » où chacun peut ignorer l'autre, sans les garde-fous que donnait jadis la limitation par les institutions publiques ou par la morale privée. Aux Etats-Unis, on en est venu, en matière politique, à une attitude libérale qui procède de la même vision idéale que « la main invisible du marché » en économie, « l'idée, dans la démocratie, que si chacun fait ce qui lui plaît, le monde vivra en harmonie[8] ». La réaction conservatrice fait basculer le pendule à l'autre extrémité, en s'arc-boutant sur un nouveau puritanisme en forme de chasse aux sorcières, comme l'illustre abondamment le procès en débauche fait au président Clinton en 1999. La démocratie est un état fragile, même aux Etats-Unis.

La liberté est garantie sans doute par l'Etat de droit. Si ce mot semble abstrait aux Asiatiques, c'est que nous l'avons mis imprudemment à toutes les sauces. L'Etat de droit, en Europe, n'est pas une abstraction, parce qu'il est ancré dans une très ancienne tradition, à la fois philosophique et politique. Les « droits » ont été gravés dans le marbre dès 1215, où la *magna carta*, la grande charte de Jean Sans Terre, a établi une protection des droits privés contre l'arbitraire du pouvoir. La révolution consiste en la distinction claire entre la sphère publique et la sphère privée. Plus tard, le *bill of rights*, toujours en Angleterre, scellera, en 1689, le principe d'un Etat de droit. A la montée du droit des personnes répond, selon le principe des vases communicants, une perte concomitante du droit absolu de l'Etat : le règne de la loi remplace le règne par la loi. L'individu s'affranchit de son maître. La « solution correcte » dictée par le père de famille ou par le gouvernement s'efface au profit d'une solution juste.

Tout cela est-il dû aux élucubrations de quelques penseurs du Moyen Age ? C'est beaucoup plus ancien, en vérité : la « solution juste » n'est autre que la *dikaion* des Grecs. L'idée d'une loi naturelle qui accouche du droit implique l'existence d'une règle de justice immuable découverte par la « raison », la bonne vieille *ratio* des Grecs et des Romains[9]. Sans compter que c'est à Athènes qu'ont été inventées les élections. Lorsque les philosophes du siècle des Lumières théoriseront l'Etat de droit, cela n'est pas non plus un produit de leur imagination, mais l'héritage d'une longue séquence. La garantie des droits, explique Montesquieu, c'est la séparation des pouvoirs. Jean-Jacques Rousseau, qui a le sens de la formule, indique : « Pas de libertés sans loi. »

Les cultures ne sont jamais figées. Elles passent leur temps à absorber, à emprunter, à s'adapter. Et ceux qui voudraient se cramponner à des cultures nationales immuables ou dénoncer le dérapage des mœurs sont le plus souvent ceux qui ont à perdre tout ou partie de leur pouvoir. C'est pour cela que le débat politique sur les « valeurs asiatiques » est en fin de compte stérile. La vision évolutionniste a quelques fondements, qui relève que l'Asie, dans sa révolution industrielle contemporaine, partage beaucoup de l' « éthique protestante » ou des « vertus victoriennes » qui prévalaient en Europe il y a cent cinquante ans : la frugalité, le travail acharné, l'épargne, les liens familiaux, la solidarité corporatiste[10]. Certains, tous occidentaux, franchissent allégrement le pas en affirmant que les valeurs qui ont servi d'atouts au stade du décollage économique sont incompatibles avec celles qui sous-tendent l'économie mondialisée dans laquelle s'est délibérément plongée l'Asie. En d'autres termes, l'ordre social, le paternalisme de l'Etat, la solidarité bien comprise des réseaux et le communautarisme s'opposeraient à la transparence, à la démocratie responsable, à la compétition concurrentielle et à la prégnance de l'individu. Donc, ajoute-t-on, les cultures et les valeurs évolueront pour converger vers les nôtres.

Mais pourquoi, comment et en combien de temps?

C'est là que le raisonnement porte à faux. La révolution industrielle de l'Europe a duré cent cinquante ans. Celle de l'Asie a été brutale, à peine une génération. Imagine-t-on que l'irruption du matérialisme puisse effacer, comme d'un coup de baguette magique, toute l'éducation que les parents ont transmise et transmettent encore à leurs enfants, que les Etats se transforment aussi vite, que les fondements philosophiques, explicites ou instinctifs, basculent un beau matin pour ressembler, en vertu d'on ne sait quelle loi scientifique, à ce que l'Occident estime la norme idéale, donc universelle ?

En pensant cela, nous risquons de souffrir durablement de décalage horaire. Car les cultures n'évoluent que sur un temps très long et avec elles les valeurs, c'est-à-dire le cœur de l'héritage culturel qui donne sens à la vie. Si l'individu est roi en Occident, ce n'est pas parce que l'évolution du niveau de vie et l'urbanisation ont créé au mieux des êtres libres et au pire des égoïstes. C'est parce que, depuis deux mille cinq cents ans, les philosophes grecs, le Christ, la Renaissance, la Révolution française ont lentement créé cette empreinte génétique que nous revendiquons comme notre plus précieux trésor.

Les esprits les plus scientifiques et les plus pondérés, occidentaux et surtout non occidentaux, nous le disent avec une belle constance, tous d'accord quels que soient leurs horizons. Comme les grands traits d'une langue, les grands repères d'une culture se transmettent de génération en génération. Cette transmission opère sur des périodes tellement longues que la différenciation des cultures politiques actuelles, par exemple, trouve ses racines dans un passé sur lequel les documents manquent[11]. A l'intérieur de l'Europe elle-même, rien ne permet de réduire la culture politique de l'Allemagne, par exemple, à celle de la France. Comme un héritage de ce que mentionnaient déjà Tacite pour les Germains et Jules César pour les Gaulois, l'Allemagne garde encore, dans la démocratie de ses Länder et de ses entreprises, la trace des tribus guerrières de Germanie, qui élisaient leur chef et s'y soumettaient, comme plus tard les protestants le feront avec leurs pasteurs. En France, le syndrome des tribus gauloises continue à marquer la politique des partis et le domaine associatif, par une distance permanente à l'autorité et les fatalités périodiques de la division.

On a pu prouver que la singularité des cultures politiques européennes n'était pas un fruit de la modernité. Ainsi, la référence à des relations d'autorité régies par le droit y prolonge des constructions médiévales qui, par contraste avec ce que l'on observait à la même époque dans d'autres aires culturelles, ont limité, en le codifiant, le pouvoir des puissants[12]. Et ce ne sont pas des Européens qui nous le disent, mais un groupe de non-Européens, réuni par l'Unesco.

Sous une autre forme, les Asiatiques nous disent exactement la même chose[13]. Plus fort encore, les grandes religions n'ont pas modifié radicalement les cultures locales ni forcément les pratiques quotidiennes, comme Geertz l'a bien montré[14]. Dans toute l'Asie aujourd'hui, et plus encore dans le monde malais et indonésien, aucune décision, si « rationnelle » soit-elle, dans les affaires par exemple, ne se prend sans que l'on ait consulté un devin[15]. A Hong Kong, les devins font leurs prévisions boursières de l'année à chaque nouvel an chinois, en face des analystes les plus scientifiques, et au cours des dernières années, les devins ont toujours gagné ! Et lorsque l'on construit une maison ou un bureau, malheur à celui qui n'aurait pas consulté un expert du *Feng Shui*, un géomancien traditionnel, pour déterminer l'orientation exacte des portes et des fenêtres[16]. Que vient peser une modernisation récente sur tout cela ? L'argent et la consommation ont-ils vaincu Confucius en Chine, Bouddha en Thaïlande ou le Bushido au Japon ?

Les sociétés asiatiques sont largement des systèmes d'allégeances, doublés de systèmes d'interdictions, à commencer par les systèmes politiques eux-mêmes. Un peu partout en Asie, les plus malins cherchent à en sortir par l'argent ou par d'autres formes d'évasion, lorsqu'ils le peuvent, mais ils sont rattrapés promptement par leur crainte d'être des dissidents. Indirectement, le communautarisme des cultures asiatiques est une série d'interdits. C'est d'abord de cela qu'il s'agit lorsqu'on parle de liberté ou de droits : une pression permanente bien acceptée dans des sociétés traditionnelles mais de plus en plus volatile par l'avènement de l'information mondialisée et de la modernisation.

Au nom sans doute du droit des peuples à disposer d'eux-mêmes, les Asiatiques ne sont pas prêts, en tout cas, à acheter une idée abstraite de la démocratie ou des droits de l'homme qui serait chargée d'une image de domination occidentale[17]. Or ils ont le sentiment d'être l'objet d'une pression missionnaire américaine qui voudrait dire la morale au genre humain et reconquérir par l'idéologie ce qui, en Asie, a été perdu par les armes depuis la défaite face aux va-nu-pieds vietnamiens en 1975. On respecte la puissance américaine et on en a besoin, garantie à la fois de stabilité géopolitique et de marchés d'exportation. La vie en Amérique fascine et l'on envoie ses enfants y étudier, quand on le peut. Mais l'ingérence fait plus qu'agacer. Le discours sur la transparence ou sur la démocratie est perçu comme une arme politique ou comme la soumission à de puissants lobbies.

On sait que les leçons de morale sur les droits de l'homme ne sont pas neutres, depuis la fin de la guerre froide. On s'émeut aussi que l'Amérique soit à ce point intoxiquée par le recours aux sanctions internationales, directement ou par le biais des institutions internationales.

Soixante-quinze pays, soit plus de la moitié de la population mondiale, subissent les sanctions américaines ou en sont menacés, qu'il s'agisse de punir des violations des droits de l'homme, les agressions militaires, le soutien au terrorisme, la corruption, la répression politique, la prolifération nucléaire, le trafic de drogue ou les atteintes à l'environnement[18]. On sait également que, si la protection du droit est une noble idée, elle masque également l'irruption des cabinets juridiques anglo-saxons. Des pays comme la Thaïlande, par exemple, avaient au début du siècle un droit d'inspiration française. Ce système est aujourd'hui soumis aux coups de boutoir des pratiques américaines. Est-ce un colonialisme d'un autre type ?

De plus, le message est brouillé. Il y a deux poids et deux mesures. Lorsque le vice-président américain Al Gore, en visite à Kuala Lumpur, attaque directement les pratiques politiques malaisiennes, un tollé de la part des Etats asiatiques et de leurs opinions publiques dénonce cette grossière « ingérence[19] ». Mais on note le silence américain pour des situations bien pires en Arabie Saoudite ou en Algérie. On parle avec véhémence de la démocratie en Indonésie, mais on ne s'émeut pas des élections africaines. Pourquoi ? Pourquoi nous ? demandent les Asiatiques.

En ce qui concerne la Chine, on assiste à de véritables volte-face. Jusqu'en 1994, un lien était directement fait entre le commerce et les droits de l'homme. Plus précisément, les Etats-Unis avaient une liste soigneusement mise à jour des Etats les plus policiers, tels Cuba, l'Iran et quelques autres, lesquels se voyaient refuser la « clause de la nation la plus favorisée » en matière de droits de douane aux Etats-Unis. La Chine venait en bonne place. Mais sa puissance commerciale est devenue telle qu'il y avait beaucoup à perdre à la sanctionner. C'est en tout cas ce que de très puissants groupes de pression industriels disent sur la colline du Capitole[20]. En juin 1994, la clause de faveur sera accordée à la Chine et constamment renouvelée tous les ans en se voilant pudiquement la face. La realpolitik des pays européens, qui ont beaucoup à vendre à la Chine, est encore moins hypocrite et l'on verra le chancelier allemand Kohl et quelques autres fréquenter avec effusion les dirigeants chinois les plus répressifs. Tout se passe comme Richard Nixon l'avait annoncé : « La puissance économique de la Chine aujourd'hui rend les leçons des Etats-Unis en matière de droits de l'homme imprudentes. D'ici une décennie, elle leur enlèvera leur pertinence. D'ici deux décennies elle les rendra risibles[21]. »

Pourtant, il y a une stratégie plus discrète que les Etats-Unis mènent parfaitement, de manière capillaire : c'est celle de l'éducation. La réputation d'excellence des universités américaines est telle, en effet, que les Asiatiques les plus brillants rêvent tous de les fréquenter et souvent y réussissent. Le nom de famille qui revient le plus souvent dans les statistiques des universités de la côte Ouest de l'Amérique est aujourd'hui un nom chinois ! Les professeurs américains sont fêtés, les gourous du management emplissent les salles. Un si grand nombre des élites asiatiques aura bientôt été formé aux Etats-Unis que, intellectuellement à tout le moins ou par leurs liens personnels, ils n'auront plus rien à refuser à l'Amérique. Mais le chemin est encore long.

CONCLUSION

QUESTIONS POUR LE XXIe SIÈCLE

Dans sa quête de la réussite matérielle, l'Asie orientale n'est encore qu'au milieu du gué. Elle pèse aujourd'hui un quart du PNB de la planète et devrait atteindre en 2025 de 35 à 40 % d'un gâteau mondial qui aura entre-temps doublé de volume, y compris avec la « nouvelle économie » de l'information. Dans une toute petite génération, la Chine sera une grande puissance, à parité économique avec le Japon, qui est globalement quatre fois plus gros qu'elle aujourd'hui. Chacun selon son génie propre : la Chine brouillonne et turbulente, le Japon introverti et discipliné. A eux deux, ils égaleront les Etats-Unis en richesse.

En matière de boom économique, nous n'avons encore rien vu. Même si les taux de croissance de l'Asie ne sont plus aussi flamboyants qu'auparavant, nous n'en sommes qu'au début du film. Plus de la moitié des Asiatiques, dont une majorité de paysans en Chine, en Indonésie, en Thaïlande, au Vietnam, n'ont pas encore touché les dividendes de la réussite économique. Et nul doute qu'ils en bénéficieront, comme les fermiers japonais ou coréens en ont profité il n'y a pas si longtemps. C'est une nouvelle frontière d'un milliard de personnes qui va s'ouvrir à l'intérieur même de l'Asie. Ces paysans ont vu ce qui s'est passé à leur porte. Ils n'en seront pas les laissés-pour-compte. C'est pour cela, à cause de cette masse et de cette contamination douce de l'économie de marché, que la Chine et le Sud-Est asiatique se moderniseront à vive allure.

Et au-delà ? Le Japon et la Chine, ayant gagné un statut de grande puissance, seront-ils tentés de devenir des gendarmes politiques de l'Asie ? On pense bien sûr à la Chine, à ses visées de suzeraineté virtuelle à laquelle, au fond, elle aspire depuis toujours sur les peuples du riz, ses vassaux supposés. La stabilité due au magistère stratégique des Etats-Unis ne va pas s'effondrer demain matin. Mais des conflits régionaux en Asie seront de plus en plus difficiles à « vendre » au Congrès américain. La Chine peut pousser ses avantages de manière musclée pour récupérer Taïwan, dont l'irruption en démocratie lui a fait perdre la face. Dans ce cas, quel rôle accepterait de jouer l'Occident, dans ce qui ne ressemblerait, après tout, ni à l'affaire du Koweït ni à celle du Kosovo ? Si la Corée du Nord implose dans un scénario catastrophique de famine et d'effondrement politique, que feront réellement ses voisins chinois et japonais pour aider des Sud-Coréens qui seraient proches de la suffocation ?

La Chine est encore trop occupée, et pour longtemps, avec sa volonté farouche de « s'en sortir » dans la course au développement économique. Mais, pour plus tard, on voit poindre cette énorme masse critique dans l'horizon stratégique. Les nations du Sud-Est asiatique n'en parlent pas, mais elles y pensent constamment. Le Japon réveille aujourd'hui une diplomatie assoupie pour les mêmes raisons. La Chine, à tout le moins, a l'ambition de devenir une puissance régionale. C'est, sous une forme moderne, la restauration de sa vision traditionnelle, et pas seulement pour des raisons de nationalisme à domicile. La recherche de la richesse n'est peut-être pas une fin en soi pour la Chine mais, à travers l'assise matérielle, une bonne vieille quête de puissance. Toutefois, à l'époque des communications instantanées et de la dissémination nucléaire, les deux géants voisins de la Chine, l'Inde et la Russie, auront aussi leur mot à dire. Cela fait beaucoup de monde.

La Chine, fascinée par elle-même, a toujours été, par les circonstances de son histoire et de sa géographie, une puissance centripète. Telle une autruche pouvant avaler des cailloux, elle est un gigantesque estomac qui digère tout. Cette faculté qu'a la Chine de siniser tous les éléments extérieurs pose d'intéressantes questions à l'époque d'Internet. La Chine restera-t-elle ce trou noir, qui absorbe tous les éléments extérieurs pour se les approprier ? Sera-t-elle l'étoile qui fera briller ses feux de grande puissance sur le monde ? Se fondra-t-elle comme une planète commune dans une galaxie mondialisée ? Son ouverture au monde, très nouvelle, peut en faire une puissance centrifuge. Mais cela n'est qu'une hypothèse. A cause de son poids et de la profondeur de sa culture, la Chine aura bien du mal à résister à sa tentation permanente de « sinocentrisme », qui ramène tout à ses propres références.

L'Asie gardera-t-elle longtemps cet élan de développement irrésistible qui ressemble à l'élan de la jeunesse ? Elle est minée de l'intérieur par ce problème commun aux sociétés industrielles : on y fait moins d'enfants, soit parce que l'on est devenu riche et égoïste, comme au Japon, soit parce que les naissances ont été sévèrement limitées par voie autoritaire, comme en Chine. Dans les deux cas, la population asiatique vieillit vite. En Chine, on recule pour mieux sauter dans le vieillissement après 2020. Déjà, dans ces pays enthousiastes que sont les « quatre dragons », on s'inquiète de l'avenir pour les mêmes raisons. Au Japon, on s'inquiète du présent immédiat. Au train où vont les choses, il est possible qu'en 2070, la population japonaise (aujourd'hui de 125 millions d'habitants), soit réduite de moitié[1] ! Scénario de Cassandre ? Pas si sûr. La population japonaise retraitée est déjà tellement nombreuse que le véritable parti politique du Japon, sans qu'il se reconnaisse, est le parti des petits vieux, qui bloque toute réforme sérieuse ! Le Japon pourra-t-il, malgré son exceptionnelle ardeur au travail, conserver longtemps son avance sur le reste de l'Asie ? Il lui faudra bien, un jour, se résoudre à l'impensable : « importer » des Chinois ! Face à des perspectives de déclin, la masse toute proche de centaines de millions de Chinois n'est plus seulement une réalité démographique. Elle est une réalité stratégique. Le fier Japon, spécial et unique, sorti tout droit de la cuisse de la déesse du soleil, acceptera-t-il de se métisser ?

Le scénario économique et social actuel est optimiste pour la Chine et le Sud-Est asiatique. Mais il ne peut pas prendre en compte de possibles surprises. La montée en puissance des peuples, même si elle prend aujourd'hui la forme rassurante de l'accumulation de richesses, n'a jamais été un long fleuve tranquille. La Chine a une mémoire trop récente des bouleversements majeurs qui l'ont affectée au XXe siècle, et c'est peut-être cela qui la protège : cette obsession, souvent rappelée, de l'inflation, des famines, des guerres et des morts par millions. Mais des changements aussi rapides pour autant de personnes peuvent-ils se produire de manière presque linéaire, comme au cours des vingt dernières années ? De vieux systèmes politiques peuvent-ils cohabiter avec la liberté économique ? Peuvent-ils évoluer avec lucidité ou sont-ils condamnés, une fois vermoulus, à s'effondrer ? La palette asiatique d'aujourd'hui offre une telle variété sur ce point que l'avenir apparaît multiforme. Cependant le véritable défi n'est ni économique ni stratégique : il est culturel.

L'Occident tient, en apparence, la dragée haute au reste de la planète parce qu'il génère et contrôle encore la moitié de la richesse produite. Il croit qu'il domine le monde et que sa réussite valide sans appel ses valeurs. Les démocraties occidentales ont gagné les trois grandes guerres du XXe siècle : les deux guerres mondiales par les armes, et la guerre froide par l'idéologie du marché. La prospérité économique de l'Occident est manifeste. Elle a plus fait, au XXe siècle, pour le bonheur matériel des peuples qu'au cours de toute l'histoire de l'humanité. La vieille et lancinante précarité générale n'est plus, peut-être, qu'un mauvais souvenir, sans faire injure aux nouveaux exclus des sociétés riches. Les marchés financiers d'origine occidentale sont flamboyants, au point de dicter leur loi aux souverainetés nationales. La science occidentale est conquérante. Elle est en train d'amener la seconde révolution industrielle, celle des technologies de l'information et des sciences de la vie, qui sont les vecteurs d'une nouvelle prospérité. Commencée avec la Renaissance, se poursuivant avec le siècle des Lumières, se confirmant avec la première révolution industrielle et son corollaire colonial, la montée en puissance de l'Europe et de son grand cousin américain a transformé l'histoire du monde. L'Occident se croît le maître de la globalisation qu'ont lancée ses techniques et le guide suprême en matière de valeurs universelles.

Mais cet Occident est devenu minoritaire, et le sera encore plus à cause du vieillissement de ses populations. C'est sa première fragilité. En l'an 2000, sur 6 milliards d'hommes, le monde occidental ne représente plus que 12 % de la population de la planète. Même si l'on additionne les solidarités chrétiennes, réelles ou supposées, notamment avec l'Amérique latine, la sphère chrétienne n'en atteint que 30 %. D'autres blocs émergent, aux contours de plus en plus nets, comme autant de défis à l'influence occidentale. Le plus fier d'entre eux, sinon le plus fanatique, est le monde musulman, avec 18 % de la population globale pour seulement 11 % de la richesse produite[2]. Nous avons, au-delà de la Méditerranée, une vieille tectonique des plaques avec ce monde-là, une vieille incompréhension réciproque, mais aussi une vieille perméabilité. L'autre grand bloc défini, à défaut d'être homogène, c'est l'Asie, avec la moitié de la population mondiale, si l'on inclut l'Inde. L'Asie, comme on l'a vu, a un poids spécifique qui est en train de faire basculer le centre de gravité du monde.

On commence à percevoir que le monde pourrait être modifié en profondeur par ces nouveaux rapports de forces, parce que de grands pays fermés se sont ouverts et que rien ne sera plus comme avant. Et s'il faut prévoir les conflits de l'avenir, c'est entre ces trois blocs de l'Occident chrétien, du monde musulman et de l'Asie confucianiste que l'on échafaude les scénarios de confrontation. Ces chocs de civilisations entre grandes sphères culturelles, Samuel Huntington les imagine dans le phénomène d'interaction entre « l'arrogance occidentale, l'intolérance islamique et l'assurance du monde sinisé[3] ». Idée trop brillante pour être confirmée par les faits, mais elle a le mérite de poser une vraie question.

Car derrière le débat sur les valeurs universelles se cache un débat sur le maintien de la prééminence de l'Occident. C'est du moins ainsi que le voit une partie de l'Asie. L'Occident a peut-être mangé son pain blanc en matière d'économie de marché et de démocratie. Le monde n'est plus si confortable. Bien sûr, les Droits de l'homme, ceux du siècle des Lumières et de la Révolution française, ont été gravés en 1948 dans le nouveau texte sacré, celui des Nations Unies, sous la forme d'une déclaration universelle, envers laquelle tout nouvel Etat membre doit s'engager par écrit – à défaut de toujours s'y conformer en pratique, tant s'en faut –, pour des usages aussi bien internationaux que domestiques. Mais la plupart des Etats membres actuels n'ont été ni associés à l'élaboration de ce texte, ni même consultés, pour la bonne raison qu'ils n'existaient pas encore ! Lorsqu'un Etat aussi puissant et différent que la Chine se décide enfin, en 1998, à signer la convention internationale sur les droits civiques et politiques (corollaire de cette déclaration), c'est en précisant qu'elle ne saurait qu'être modulée « en fonction des conditions spécifiques des différents pays[4] ».

Bien sûr, les démocraties occidentales ont laissé un champ d'expression à toutes sortes d'identités minoritaires en leur sein. Par une sorte de culpabilité, mais aussi parce qu'elles se sentaient fortes, elles ont autorisé le multiculturalisme, qui donne tous les droits à n'importe quelle culture. Dans les sociétés riches on pratique un peu partout la « discrimination positive » en assurant la promotion des laissés-pour-compte. Aux Etats-Unis, par exemple, on garantit aux « Africains-Américains » des quotas d'entrée dans les universités. A l'extrême, un mouvement dit de la « clarification des valeurs » va jusqu'au bout de ce relativisme : tout système de valeurs étant acceptable, l'école n'est en droit d'en transmettre aucun ! C'est un exercice à usage interne pour des sociétés nanties.

Les valeurs que véhicule l'économie de marché, à mesure qu'elle s'avance, deviennent de plus en plus perverties et illisibles. Elles n'annoncent pas un nirvana de technologies, d'argent et de béatitude démocratique[5]. La croyance aveugle ou hypocrite dans la main invisible du marché n'a d'égale que le dogme de l'Etat de droit. Mais trop de droit tue le droit. C'est l'autre grande fragilité de l'Occident, où les droits conquis se transforment en juridisme, en arguties, en la croyance confuse que faire toujours plus de lois donne toujours plus de droits et de garanties aux citoyens. L'Etat de droit est-il plus fort d'être devenu un Etat de papier ? C'est sans doute le contraire.

Sous couvert de globalisation et de valeurs universelles, l'Occident craint en réalité de perdre son monopole sur la marche du monde et de devoir négocier sur ses valeurs en n'étant plus en position de dire le bien et le mal, d'arbitrer en décrétant que « l'autre » a tort. Nous avons toujours autant de mal à admettre la différence. Nous continuons, mi-amusés mi-arrogants, à poser la question des *Lettres persanes*, en la paraphrasant : Comment peut-on être asiatique ?

L'Asie émerge comme un trouble-fête. Sa réussite irrémédiable et le poids de sa culture nous convient à nous interroger sur de fausses bonnes idées. Celle, par exemple, que l'économie de marché amène inéluctablement la démocratie, qu'il n'y a pas de liberté économique sans liberté politique. Benjamin Barber nous rappelle avec force que « l'économie de marché a fait preuve, en réalité, d'une remarquable capacité d'adaptation et a prospéré dans de nombreuses dictatures » et que « les capitalistes peuvent être démocrates mais le capitalisme n'a pas besoin de démocratie et n'y conduit pas, et il n'a rien à faire de l'Etat-nation qui a été l'hôte le plus prometteur de la démocratie[6] ».

Presque tous les pays asiatiques viennent de nous démontrer que l'on ne mettait pas la charrue avant les bœufs, c'est-à-dire la démocratie avant le progrès économique. Ils risquent aussi de nous prouver que la globalisation ne signifie pas forcément la fin des frontières, que l'on peut être prospère et « nippocentrique » ou « sinocentrique », que la réussite matérielle ne signifie pas forcément la fin du communautarisme, que la révolution de l'information diffuse des modes de vie mondialisés, mais n'accouche pas forcément de sociétés individualistes, que l'ouverture au monde et l'internationalisation résistent à l'imperium de la pensée unique. S'il y a des valeurs universelles, sont-elles les nôtres, exprimées dans notre langage, selon nos références et sous la forme que nous avons choisie ? Par humilité ou par réalisme, il nous faudra cohabiter avec une planète mentale qui nous est encore largement étrangère.

L'Asie, vraisemblablement, adoptera ce que le Japon, puissance incontournable, a cahin-caha réussi à maintenir depuis cent cinquante ans, comme il l'avait proclamé au début de son ouverture au monde, dans le mot d'ordre qui garde toute sa force : « la technique occidentale et l'âme asiatique ». Nous allons devoir gérer la différence.

Les Plains, automne 2000.

VARIATION

Comment peut-on être asiatique ?

Clichés, poncifs et préjugés

L'Asie n'est-elle qu'une construction de l'Occident, sans contours précis ni identité propre ? Le terme d'Asie a été forgé, semble-t-il, par les Assyriens dès le deuxième millénaire avant notre ère, manière pour eux de désigner la vaste *terra incognita* qui s'étendait à l'est de leur empire guerrier. L'Asie, pour eux, c'est l'est, la direction d'où le soleil se lève, l'Orient mystérieux. Il y a toujours un Orient improbable pour chaque peuple. La grande Chine, sans mieux en connaître, nommera aussi le Japon le pays du soleil levant (en chinois *Ribenguo*), que les premiers voyageurs occidentaux en Asie transcriront comme ils l'avaient entendu : Cipango.

Dans notre histoire plus proche, c'est Thucydide, l'historien grec du Vᵉ siècle avant notre ère, qui parle de cette Asie qui commence à l'est de la Méditerranée. L'Asie marque la limite des terres connues, de façon un peu vague, entre l'Asie Mineure de l'actuelle Turquie et la Perse. Un siècle plus tard, en 326, Alexandre le Grand en poussera la limite jusqu'aux rives du fleuve Indus, dans l'actuel Pakistan, refaisant ainsi sans le savoir le trajet que les peuples aryens avaient fait mille ans avant lui, par les passes afghanes de Khyber, pour s'implanter en Inde.

C'est cette Asie-là, arbitrairement posée à l'est d'Istanbul ou de l'Oural, que les géographes européens nous ont léguée, sans vraie frontière naturelle et sans avoir demandé leur avis aux Asiatiques, et pour cause. L'Orient est d'abord, par opposition à l'Occident et par une définition de l'Occident, un Orient des étrangers, une entité fascinante et floue dans le regard des Occidentaux. Ce terme d'Asie, véhiculé par le XIXe siècle de l'expansion coloniale, fut traduit par les Asiatiques de manière artificielle, presque illégitime, dans le terme « Asia », ou dans le caractère « A » chinois, qui ne figure aucun espace tangible[1].

De même, quelle est la réalité de la Chine, dans l'appellation « Chine » qu'utilise l'Occident? Nulle approximation phonétique, en tout cas, puisque le nom employé par les Chinois pour désigner leur pays *(Zhong Guo)* est bien éloigné. La Chine, c'est pour l'Empire romain le pays de la soie, rien de plus, rien de moins. La route de la soie, en effet, en rapporte la précieuse matière, par les déserts et les montagnes de l'Asie centrale jusqu'au Moyen-Orient, en transitant par le grand carrefour du nord de l'Inde, où la soie est désignée de son nom sanskrit *china*.

L'Europe n'a généralement retenu de l'Asie que ce qui la faisait rêver ou pouvait lui servir. Source de clichés, de poncifs ou d'évasions exotiques, l'Asie a été rangée au catalogue des idées fascinantes, mais incertaines. Longtemps il ne nous est resté sur l'Asie que des formules à l'emporte-pièce, aussi définitives qu'ésotériques. « L'Orient est l'Orient, l'Occident est l'Occident, disait Kipling, et les deux ne se rencontreront jamais[2]. » Ou encore : « Lorsque la Chine s'éveillera, le monde tremblera », hypothétiquement prononcé par Napoléon et plus sûrement par Lénine.

L'Asie a aussi abondamment servi de miroir fantasmatique aux peurs occidentales. Le « péril jaune » (attribué à Bismarck) a fait planer la menace de hordes barbares héritières d'Attila qui, tapies au fond des steppes de l'Asie sibérienne, pourraient déferler en masse pour submerger l'Europe. Dans la même veine, les films en noir et blanc des années 30 ont mis en scène le mage chinois Fu Manchu, inscrutable et cruel, qui concoctait en secret de fourbes stratégies de conquête. Ou la bande dessinée de Blake et Mortimer, *Le Secret de l'Espadon*, dans laquelle les « Jaunes », par une offensive mondiale d'un insigne cynisme, dominaient brutalement le monde à partir d'un Tibet d'opérette[3].

Dans un autre registre, les grands voyageurs firent rêver l'Occident. Marco Polo, le plus célèbre, fit un long voyage en Chine autour de 1260, et décrivit une civilisation, un gouvernement et des richesses merveilleuses autant qu'irréelles (et assez peu précises), qui fit l'objet d'un véritable best-seller dès le début du XIVe siècle[4]. Bien d'autres suivirent, tel le fameux père Huc, dont le *Voyage dans la Tartarie et le Thibet*, publié en 1850, reste encore un livre fort recherché. Tous nous apprirent les mots de « Cathay », la Chine mythique, à l'image de l'oiseau du même nom, ou de « Shangrila », la vallée où tous les hommes sont heureux.

L'Asie nourrit pour l'Occident une histoire contradictoire et passionnée à partir du XVIe siècle. Formidable et entreprenant XVIe siècle ! Christophe Colomb n'aborde aux côtes insulaires de l'Amérique qu'en 1492. Les conquistadores ne mettront pas longtemps pour subjuguer le Mexique. Et c'est du Mexique que partira l'incroyable expédition du Pacifique qui plantera l'oriflamme espagnole sur les Philippines en 1564. Le XVIe siècle est l'époque tout à la fois des grandes poussées maritimes au-delà du cap de Bonne-Espérance, par un contournement difficile mais inéluctable de l'Afrique, et des missions catholiques lointaines. Les Portugais mouillent l'ancre en Inde, passent le détroit de Malacca, s'emparent de la ville du même nom dès 1511, poussent jusqu'aux rivages de la Chine et du Japon. Ils mettent le pied en 1558 sur une pointe boueuse du delta de la rivière des Perles, proche de la grande ville chinoise de Canton : Macao[5].

Sur leurs navires, ils transportent les premiers pères de la compagnie de Jésus, qu'Ignace de Loyola a fondée en 1534. François-Xavier, le missionnaire le plus emblématique, aborde à Kagoshima, au sud du Japon, en 1549, que le premier Occidental, le Portugais Fernan Mendes Pinto, avait reconnu deux ans plus tôt. François-Xavier rêve de l'inaccessible Chine sans pouvoir y aborder. Il meurt de malaria sur un îlot de la rivière des Perles en 1552.

Là où François-Xavier a échoué, un autre Jésuite réussira : le père Matteo Ricci. Ricci arrive à Macao en 1582, apprend le chinois et les textes classiques confucianistes, puis réussit à se faire accepter auprès des très méfiants mandarins. En 1594, il pénètre enfin dans les profondeurs de l'empire chinois et y séduit le cour par sa science des mathématiques... et des horloges. Ricci s'habille en mandarin, se conforme à tous les rituels, devient plus chinois qu'un Chinois, en regrettant seulement « que son nez et ses yeux le distinguassent encore des indigènes[6] ». Lorsqu'il meurt en 1610, il est enterré solennellement à Pékin sous son nom chinois de Li Ma Teou. Ricci est le père des sinologues, et l'origine d'un grand malentendu.

Faut-il se siniser pour séduire les Chinois, faut-il, pour y réussir, épouser tous les méandres de l'Empire du Milieu ? La méthode jésuite ne tardera pas à provoquer de furieuses controverses en Europe. Pour des raisons de querelles philosophiques et politiques européennes, on s'en doute, tant la réalité chinoise est invérifiable. Tout au long du XVIIe et du XVIIIe siècle, la « querelle des rites » embrase l'Europe, attise la jalousie des concurrents dominicains et franciscains des Jésuites, déchaîne des torrents de polémiques et d'invectives, depuis les Jansénistes de Pascal jusqu'à Voltaire. Voltaire, dans ses *Lettres philosophiques*, n'a pas de mots assez durs pour caricaturer le « mandarin » dans sa critique obsessionnelle des Jésuites[7]. Au point qu'en 1773, le pape Clément XIV se résout à trancher à l'encontre des Jésuites en supprimant purement et simplement la Compagnie de Jésus par le bref *Dominus ac Redemptor*.

Le premier contact avec la culture chinoise s'est transformé en un formidable enjeu européen. Au temps où l'Europe construit son identité dans les prémices de la colonisation, l'Asie, c'est-à-dire « l'autre », sert de miroir fantasmatique pour la politique intérieure de l'Europe, pas très loin de nos débats actuels sur le commerce et les droits de l'homme[8].

Le travail de fourmi des missionnaires et leurs innombrables missives rendent accessibles aux Européens les plus cultivés des pans entiers de la culture chinoise, et en particulier de ses grands textes, pour la première fois traduits. Confucius, latinisation du chinois Kong Fuzi (Maître Kong), devient presque familier. Des esprits brillants, dont le plus passionné par la Chine est sans doute le philosophe Leibniz (1646-1716), perpétuent un intérêt sincère pour l'autre grande civilisation. La grande tradition sinologique est née, par-delà le fantastique des récits de voyages.

Cette tradition européenne des experts et des savants s'épanouira dans une discrétion scientifique de bon aloi à partir du XVIIIe siècle. La Chine, quoi qu'elle en dise, s'entrouvre aussi à l'Occident, en tout cas aux techniques de ses meilleurs artisans, et sans qu'on l'y oblige le moins du monde. En 1719, par exemple, ne sachant pas résoudre le problème de l'adhérence des émaux sur le métal, la cour chinoise invite le maître émailler français Jean-Baptiste Gravereau, à transmettre son savoir-faire à Pékin, l'un des premiers d'une autre tradition, celle des experts étrangers[9].

Le génie marchand de la Chine trouve des marchés d'exportation, en inventant une industrie au goût européen. La marquise de Pompadour fait ainsi fabriquer ses commodes par les ébénistes du faubourg Saint-Antoine, à Paris, qui sont transportées par la Compagnie des Indes à Canton, où elles sont laquées et décorées de chinoiseries (dont ne voudraient pas les Chinois !), puis transportées dans l'autre sens avant de faire l'admiration de tous dans les châteaux royaux[10].

L'Asie devient l'objet d'études d'une remarquable perspicacité et d'une grande érudition avec, en France, la création par Sylvestre de Sacy de l'Ecole des Langues orientales, en pleine Révolution, puis, au XIXe siècle, de la célèbre Ecole française d'Extrême-Orient, dont les savants seront la quintessence de la sinologie (Marcel Granet, Henri Maspero, Paul Pelliot...) ou de la civilisation d'Angkor (Henri Marchal, Georges Groslier[11]...). Les autres pays ne sont pas en reste, avec de brillants chercheurs allemands, britanniques ou hollandais. Influences réciproques aussi de la peinture ou de la poésie chinoise et japonaise sur les nôtres, avec, par exemple, la fascination des impressionnistes pour les peintres d'*Ukiyo-e* nippon émules d'Utamaro. Les civilisations asiatiques sont donc, dans l'ensemble, connues et respectées des happy few européens.

La véritable découverte de l'Asie pour l'Europe, celle qui touche le plus grand nombre, est cependant coloniale. Par poussées successives, l'Europe s'empare de l'Asie au XIXe siècle. La Hollande transforme ses comptoirs d'Indonésie en une véritable colonie dès le tournant du siècle, comme l'Espagne avec les Philippines. L'Angleterre prend pied à Singapour en 1819, et met fin au monopole de Malacca pour le contrôle du détroit le plus crucial d'Asie. L'Angleterre, ensuite, établira sa puissance en Birmanie et en Malaisie (à partir de l'Inde), autant qu'à Hong Kong et à Shanghai, qui sont de géniales inventions britanniques à partir de hameaux de pêcheurs.

Les Etats-Unis, sous une autre forme, ne sont pas les derniers à subjuguer l'Asie. Ils font une démonstration de force au Japon, en 1853, en envoyant leurs « navires noirs », comme disent les Japonais, s'ouvrir des comptoirs par la menace de leurs canons de marine. Personne n'est en reste dans toute la seconde moitié du XIXe siècle. La Russie pousse la construction de son chemin de fer transsibérien jusqu'à la mer de Chine du Nord, en face de Pékin. L'Allemagne s'établit dans la province chinoise du Shandong. La France s'implante en Indochine (Tonkin, Annam et Cochinchine) et dans ses protectorats du Cambodge et du Laos, conquis à partir de 1882, et y menace la mainmise anglaise sur le reste de la région, avec le royaume de Siam en sandwich, péniblement tiraillé entre l'un et l'autre[12].

Avec l'empire colonial, l'information sur l'Asie devient continue : les colons et les marchands échangent avec leurs métropoles. Le thé de Ceylan, le riz de Chine, la laine d'Australie, et même les fins tamis en cheveux de Chinoises deviennent des produits courants en Europe. Déjà la « délocalisation » asiatique est un souci pour les ouvriers européens : les filatures de Liverpool subissent de plein fouet la concurrence des cotonnades indiennes en Angleterre même. Les missionnaires ont des orphelins chinois plein leurs bulletins paroissiaux. L'Exposition coloniale de Paris offre une reconstitution en grand format d'Angkor Vat aux foules ébahies. Les chanteurs populaires s'en donnent à cœur joie et beuglent « ma Tonkiki, ma Tonkiki, ma Tonkinoise ». Les plumitifs font rêver les bourgeoises et les midinettes. La littérature est enthousiaste et exotique, mêlant le trouble des fumées d'opium aux cruautés des supplices chinois ou aux suaves fragrances des frangipaniers[13]. Les faméliques *coolies* (manœuvres chinois) peuplent les livres édifiants de distribution des prix. Les douces *congaïs* (maîtresses indochinoises) à la peau de pêche deviennent des fantasmes courants de cette Asie de pacotille pour feuilletons à deux sous. D'autres livres sont plus lucides et de meilleur talent, ceux d'Henry Daguerches[14] ou de Victor Segalen, ou encore deux prix Goncourt à quatre-vingts ans de distance : *Les Civilisés* de Claude Farrère (1905) et *L'Amant* de Marguerite Duras (1984).

Les échos qui nous parviennent façonnent le plus souvent l'image d'une Asie merveilleuse ou perfide, irréelle et diaphane. L'idéologie coloniale est une immense condescendance envers les « indigènes », les *niakoués* et autres *lemon faces*. De valeurs, il n'y en a, bien entendu, que chrétiennes, occidentales et cartésiennes. L'exemple ne peut venir que d'Occident.

Le XXe siècle asiatique est plus amer pour l'Occident, lui infligeant autant de pénibles revers qui rabattent sa mâle assurance : Port-Arthur (1905), Pearl Harbor (1941), Diên Biên Phu (1954), Saïgon (1975). L'expansion militaire du Japon, à la fin du XIXe siècle, a créé un nouveau concurrent colonial dans le huis-clos des puissances occidentales. Le point d'impact se porte sur la péninsule chinoise du Liaodong, transformée par les Russes en terminal du Transsibérien dans la ville de Port-Arthur. Pour la première fois, une armée blanche va être mise en pièces par une armée jaune. La Russie subira dans le siège de Port-Arthur, face aux Japonais, en 1905, la plus cuisante défaite armée qui soit, ayant sous-estimé la toute jeune armée nipponne. Pour dégager la ville, le Tsar a envoyé toute la flotte de la Baltique, qui en un sidérant voyage depuis Saint-Pétersbourg autour de l'Afrique et de Singapour, est arrivée dans le détroit japonais de Tsushima... pour être intégralement coulée par la marine japonaise en une nuit ! C'est un coup de tonnerre énorme pour les « puissances ». Ce ne sera pas le dernier.

L'émergence du Japon est, en effet, inéluctable. Economique, avec des querelles commerciales sans fin au long des années 30, où s'échangent des invectives dans des termes exactement semblables à ceux que l'on utilise aujourd'hui dans le débat nippo-américain. Politique et militaire surtout, avec la mainmise du Japon sur la Mandchourie, en 1931, puis sur la Chine, à partir de 1937. On en connaît la suite : en 1941, l'aviation japonaise bombarde sans préavis la flotte américaine du Pacifique à son mouillage de Pearl Harbor. L'océan Pacifique vient d'entrer dans l'Histoire comme pôle déterminant de la stratégie mondiale.

Par la victoire américaine de 1945 sur le Japon, les Etats-Unis consacrent leur prééminence, avec une occupation du Japon qui durera de 1945 à 1952 et une présence militaire permanente sur tout le pourtour asiatique. Aux périphéries de la Chine, les Etats-Unis s'engagent résolument dans la guerre de Corée, de 1950 à 1953. Guerre sanglante, glauque, indécise, sans vraie victoire, qui se terminera par le partage de la péninsule coréenne en deux entités ennemies, abcès de fixation asiatique de la guerre froide.

La présence américaine n'est pas seulement militaire. Elle apporte, via le Japon, tout le bric-à-brac de la culture américaine, du jazz à Mickey Mouse, du chocolat aux hamburgers, avec l'idéologie matérielle sinon la démocratie. Cette Amérique-là, si différente, trouble et fascine à la fois les Asiatiques qui l'approchent et qui, pour les plus chanceux d'entre eux, ne tarderont pas à y commercer et à y étudier. L'Amérique se croit irrésistible. Les Asiatiques ne peuvent censément devenir que de bons Américains.

Pour les Français et quelques autres, l'empire colonial

se consume dans la douleur. Personne, à Paris, n'a compris que rien ne serait plus comme avant en Indochine après la Seconde Guerre mondiale. Faisant preuve d'une superbe ignorance qui témoigne d'un superbe mépris, tous les rapports officiels indiquent que les aimables et passifs Annamites resteront paisiblement soumis à l'influence française, quitte à renforcer le contingent pour maintenir l'ordre[15]. Las ! l'histoire se termine par une déroute française sans appel dans les collines de Diên Biên Phu en 1954. Les Etats-Unis font le même péché d'arrogance, en s'engageant dans les jungles vietnamiennes à partir de 1965. Ils y engloutiront leur jeunesse et leurs illusions et devront fuir dans un indescriptible chaos lors de la prise de Saïgon par l'armée vietcong en 1975.

Le second pôle de l'immense transformation politique de l'Asie au XXe siècle, c'est la révolution chinoise. Pour mieux apprécier l'état de la Chine, il faut se souvenir du délabrement de l'Empire du Milieu dans la première moitié de ce siècle. La Chine, c'est l'archétype de la misère humaine. Des foules en haillons, hébétées de famines répétées, végètent dans des campagnes surpeuplées ou encombrent de multiples villes turbulentes et polluées d'ordures. Les avatars du pouvoir politique confisqué à une dynastie impériale moribonde, en 1911, au profit d'une république nominale, qui se partage entre la concussion, les seigneurs de la guerre et la guerre civile, affaiblissent encore le pays, si besoin était.

Lorsque Mao Zedong prend définitivement le pouvoir, le 1er octobre 1949, les guerres en Chine ont fait 60 millions de morts. Mao restera comme le grand architecte de la réunification de la Chine. Mais pour le reste ? Tout est à reconstruire. La fébrilité, l'activisme, la propagande vont mobiliser la Chine vers un avenir radieux. Trop même, lorsque Mao la précipite dans le « Grand Bond en avant », en 1958, puis en « gourou fou d'une secte de cinquante millions de morveux possédés par son verbe[16] », dans la « Grande Révolution culturelle prolétarienne », à partir de 1966, qui ne s'éteindra véritablement qu'à sa mort, en 1976. L'enflure maoïste coûtera des dizaines de millions de morts, entre les victimes des famines du Grand Bond en avant et les proscrits de la Révolution culturelle.

Et pendant ce temps-là, nos intellectuels diffusent en Europe un nouvel exotisme, plus pernicieux que celui des mièvres écrivains du début du siècle. La pacotille des images de la nouvelle Chine les fascine d'autant plus qu'ils n'ont pas le loisir d'aller les vérifier sur place, ou alors étroitement encadrés par les sbires du Parti qui leur fabriquent un décor idyllique. Je le sais. J'ai eu droit, moi aussi, aux « villages Potemkine » et aux irrésistibles petits enfants des maternelles chinoises, maquillés pour l'occasion, qui chantaient « bienvenue aux amis étrangers » et puis, bien des années plus tard, jouaient des saynettes fustigeant la « bande des Quatre » à coups de pulvérisateurs d'insecticide en carton ! Le mythe égalitaire du bol de riz pour chaque Chinois, les photos d'une population dans son uniforme bleu de chauffe, la théorie d'un exaltant tiers-mondisme, les radieuses affiches de propagande, provoquent en Europe des flots de bêlements laudateurs, en guise de modèle abstrait pour un gauchisme confortable à domicile. En mai 68, le petit livre rouge de Mao est un passage obligé du dernier chic au Quartier latin, à côté du portrait de Che Guevara et de *L'Homme unidimensionnel* de Marcuse. Plus maoïste que moi, tu meurs !

Les petits maîtres à penser de l'Europe infligent l'austère langue de bois du Parti communiste chinois à longueur de pages, et en suivent tous les méandres les plus tragiquement risibles, à la faveur, par exemple de l'élévation du trouble maréchal Lin Biao, puis de sa sordide destitution, en 1971. Les textes de l'époque, notamment ceux émanant de l'association des « Amitiés franco-chinoises » sont un modèle du genre[17]. Seuls les thuriféraires de la Chine ont droit de parole, même si de lucides auteurs comme Simon Leys allument des contre-feux çà et là[18]. Pour le service tendancieux de chapelles philosophiques ou pour des profits plus immédiats de politique intérieure, il faut ériger la Chine en modèle. Le best-seller de 1973, *Quand la Chine s'éveillera*, décrit ainsi une Chine magnifique et se soucie à l'extrême de plaire à un hypothétique gouvernement chinois, en cirant jusqu'à l'outrance les bottes maoïstes, sous un autre style mais dans la même veine d'un œcuménisme douteux, que les gauchistes partagent involontairement avec l'auteur du livre, le très gaulliste Alain Peyrefitte[19]. Tous ces auteurs, en vrac ou en détail, furent savamment utilisés dans la catégorie des « amis de la Chine » (Lénine aurait dit : des « imbéciles utiles ») mise en place par la propagande d'un régime qui les méprisait. Il y a en Europe une tenace utilisation de l'Asie, où l'on voudrait la voir selon une vision plaquée, pour d'obscurs motifs, et non telle qu'elle est.

Plus récemment, grâce à son éclosion économique, l'Asie est devenue pour nous un monstre économique prompt à nous vendre d'utiles et agréables produits, mais aussi à détruire nos emplois par la concurrence de ses bas salaires. Nous avons d'abord perçu cette montée en puissance dans le bazar de nos magasins, relayé par le filtre incertain des mots de nos magazines. L' « invasion » des produits nippons en a été l'avant-garde : appareils photographiques, chaînes stéréo, Walkman et autres voitures. Nous avons subi – c'est lié – des cours sur l'invincible management japonais, et les mots de ce même management : le Kamban, le Kaizen, les cercles de qualité[20]. Nous avons entendu parler de Hong Kong quand il nous exportait les fleurs en plastique de nos cimetières, ou que nous avons acheté ses chemises. Nos quincailleries sont devenues des annexes des usines asiatiques. Même les souvenirs du Mont-Saint-Michel ou de la tour Eiffel étaient « made in China ». Nos chaussures de sport ou nos chemises aussi : le discours politique et syndical a fustigé les bas salaires asiatiques, censés détruire des millions d'emplois en Europe, en omettant de dire que nous exportions vers l'Asie de quoi créer plus d'emplois en Europe que les Asiatiques n'en détruisaient chez nous[21]. On a accusé les Japonais de nous vendre tout et le reste, en nous achetant fort peu.

Mais nos hôteliers et nos magasins « tax-free » se sont mis à les aimer lorsqu'ils ont réalisé que les touristes japonais venaient largement compenser les déficits de notre commerce, et que bientôt, ce seraient les Taïwanais, les Hong-Kongais et autres Coréens. Singapour a été une escale marchande de nos escapades touristiques vers Bali ou la Thaïlande, que les touristes européens, à leur tour, se sont mis à assidûment fréquenter. Les entreprises européennes se sont réveillées dans les années 90 et ont commencé à sérieusement prospecter ces marchés. Les Français plus tard que d'autres, par une douteuse habitude. Cahin-caha, on a commencé à réaliser que l'incroyable dynamique asiatique était en train de modifier la donne mondiale, jusque dans nos entreprises et dans nos chaumières. A défaut d'être toujours mieux comprise, au moins l'Asie est enfin prise au sérieux.

NOTES ET BIBLIOGRAPHIE

AVERTISSEMENT

Un certain nombre de situations et d'anecdotes de ce livre reposent sur des expériences personnelles ou professionnelles de l'auteur. Celles-ci ne font pas l'objet de notes spécifiques. De même, une partie de la documentation émane-t-elle du fonds documentaire privé sur l'Asie constitué au fil des ans par HEC Eurasia Institute, avec lequel on peut prendre contact à Jouy-en-Josas.

• La variété des sujets abordés dans ce livre rendrait une bibliographie de fin d'ouvrage quelque peu disparate. On lui a préféré, au fil des thèmes traités, une liste d'ouvrages de base, relevés dans les notes qui suivent sous la mention « référence ».

Chapitre 1 : Ombres chinoises

1. Référence : Gernet, Jacques, *Le monde chinois* (Armand Colin, Paris, 1972).
2. Claudel, Paul. *Les Nouvelles littéraires* (22 mars 1936), cité dans *Le voyage en Chine* (Anthologie « Bouquins », Robert Laffont, Paris, 1992), p. 746.
3. Référence : Fairbank, John K., *China, a new history* (Belknap, Harvard, Cambridge Mass. 1992).

Chapitre 2 : Penser autrement

1. Paul Valéry, *Variété I.*
2. Au Japon, la culture Jômon a produit, à l'âge néolithique, une poterie extrêmement ancienne. Mais cette culture n'a créé ni d'armes métalliques, ni surtout de villes ou d'écriture. Il est donc difficile de parler à son sujet de civilisation. *Voir également chapitre 9.*
3. Conversations de Goethe avec Eckermann (31 janvier 1827). Cité dans : Gernet, *op. cit.* Intro.
4. L'Asie « sinisée », c'est-à-dire la Chine, Taïwan, Hong Kong et Singapour, auxquels s'ajoutent le Japon, la Corée et le Vietnam, représente (chiffres 1997) au total 1 495 millions d'habitants sur les 1 870 de l'Asie-Pacifique et les 5 920 milliards de dollars de PNB sur les 6 520 de l'Asie-Pacifique.
5. Références : Rorty, R., *Philosophy and the mirror of nature* (Basil Blackwell, Oxford, 1980) Billeter, Jean-François, « Pensée occidentale et pensée chinoise » in : *Différences, valeurs, hiérarchie, textes offerts à Louis Dumont* (EHESS, Paris, 1984).
6. Références : Needham, Joseph, *The grand titration : Science and society in*

East and West (G. Allen & Unwin, London, 1969), p. 43. Le monument sur la science chinoise a été l'œuvre de toute une vie de Joseph Needham : *Science and civilization in China*, 5 volumes (Cambridge University Press, 1954 to 1983).

7. Référence : Granet, Marcel, *La pensée chinoise* (La Renaissance du livre, 1934), réédition (Albin Michel, Paris, 1968), p. 272. C'est une référence inégalée en la matière, Comme son autre livre *La civilisation chinoise*. Autre référence : Nakamura, H., *Ways of thinking of Eastern people* (University of Hawaii Press, Honolulu, 1964), pour une enquête fouillée et pratique du « modus operandi » mental des Chinois.

8. Référence : Lao-Tseu, *Tao Tö King* (Gallimard, Paris, 1967).

9. Gravereau, Jacques, *La Chine après l'utopie* (Berger-Levrault, Paris, 1983), p. 40.

10. Référence : Balazs, Etienne, *La bureaucratie céleste* (Gallimard, Paris, 1968).

Chapitre 3 : L'homme hiérarchique

1. Il existe de nombreuses traductions des « Entretiens » de Confucius. Par choix subjectif, on peut en recommander deux en français : celle d'Anne Cheng (Seuil, Paris, 1985), et celle de Pierre Rickmans (Gallimard, Paris, 1987). Dans le texte, selon l'humeur, plusieurs autres traductions ont également été reprises, suivies du nom du traducteur.

2. Rickmans, P., *op. cit.*, p. 139.

3. « Entretiens » II-4 (Trad. Séraphin Couvreur).

4. Référence : Miribel, J. (de) – Vandermeersch, Léon, *Sagesses chinoises,* (Flammarion, Paris, 1997) p. 47.

5. Vandermeersch, L., *op. cit.*, p. 103.

6. Référence : Pye, Lucian, *Asian Power and Politics* (Belknap, Harvard, 1985).

7. Le clan est un groupe de familles formé par toute la descendance d'un même ancêtre, honoré dans le culte ancestral comme fondateur du clan. *Sagesses chinoises, op. cit.*, p. 122.

8. Référence : Dumont, Louis, *Homo hierarchicus* (Gallimard, Paris, 1966).

9. « Entretiens » XVII-6 (Trad. Miribel, *op. cit.*, p. 49).

10. « Entretiens » XVI-10 (Trad. Rickmans).

11. Référence : Errington, Joseph. J., *Structure and style in Javanese,* (University of Pennsylvania Press, Philadelphia, 1988).

Chapitre 4 : L'un est l'autre

1. *Wa* : harmonie en japonais, ou en coréen : *Imhwa.*

2. Les termes chinois qui sous-tendent la représentation du monde sont les suivants. Ciel : *Tian* ; Terre : *Kun* ; Souffle vital : *Qi* ; Transformation : *Hua* ; Changement : *Pien* ; Mutation : *Yi.*

3. Granet, *op. cit.*, p. 396.

4. *Ibid.*, p. 109.

5. Le *Yi Jing* est de lecture ardue et d'interprétation hasardeuse. Il a été l'objet d'une fascination constante, depuis l'origine des temps chinois jusqu'au mouvement « New Age » de Californie, et de traductions innombrables, les deux grandes traductions occidentales étant celles de l'Anglais Legge, James (1891), *I Ching, book of changes* (Bantam Book, 1969) et de l'Allemand Wilhelm, Richard (1924), *Yi King, le livre des transformations* (Librairie de Médicis, 1971).

6. Conférences de Hegel prononcées à Heidelberg en 1816.

7. Référence : Zhuangzi, *Œuvres complètes* (Gallimard, 1969).
8. Granet, *op. cit.*, p. 130.
9. Chang, Chung Yuan, *Le monde du Tao* (Stock, Paris, 1971), p. 45.
10. Mes remerciements pour l'éclairage qui suit au Dr Gilles Andrès, président de l'Association française d'acupuncture.
11. En réalité, il existe 14 méridiens : 12 méridiens « normaux », pris deux à deux, et 2 méridiens « curieux ».

Chapitre 5 : Affronter ou contourner ?

1. Granet, *op. cit.*, p. 429.
2. Jullien, François, *Traité de l'efficacité* (Grasset, Paris, 1996), p. 108.
3. Granet, *op. cit.*, p. 427.
4. « Entretiens » XV-5 (Trad. Rickmans).
5. Mencius (II, A, 2) cité par Jullien, *op. cit.*, p. 112.
6. Formule de Jullien, *op. cit.*, p. 120.
7. Le premier traité de « Bing Fa » est attribué à Gung Teiwang, au XIIe siècle avant notre ère. Il y en eut des centaines d'autres puisque, même après le grand incendie des livres ordonné par l'empereur Qing Qi Huang Di, en – 221, 182 différents « Bing Fa » survécurent. Les maîtres les plus connus du « Bing Fa » sont Sunzi, Sun Bin, Han Xin et Li Qin.
8. Les traductions de Sunzi sont innombrables, et encombrent toutes les librairies asiatiques, notamment dans leurs sections sur la guerre moderne : le management. Ames, Roger, *Sun Tzu, The art of warfare* (Ballantine, New York, 1993).
9. Référence : Miyamoto, Musashi, *Le livre des cinq anneaux*, ou *Traité des cinq roues* (Maisonneuve et Larose, Paris, 1977).
10. Lan, D.C., Ames, R., *Sun Bin, the art of warfare* (Ballantine Books, New York, 1996) Le *Sun Bin* a été composé au IVe siècle avant notre ère.
11. Jullien, *op. cit,*. p. 164.
12. Claudel, P., *op. cit.*
13. Granet, *op. cit.*, p. 37.

Chapitre 6 : La porte des relations humaines

1. Sacy, Alain (de), *Les yeux vers le ciel* (Accomex, avril 1996), p. 7.
2. Interview d'Edith Cresson (1989), à l'époque Premier ministre en exercice, ce qui vaut déclaration officielle, d'où le scandale qui s'ensuivit.
3. Dans sa réponse, il a pu aussi user du langage du corps, pour exprimer par son attitude ce qu'il ne peut pas exprimer dans une stricte relation « de bouche à oreille ». Tout ce champ, largement étudié, de la « communication non verbale » ou des « attitudes holistiques », est complémentaire de l'interprétation du langage verbal déguisé. Il ne fait pas l'objet du texte exposé ici.
4. Un savoureux ouvrage, entièrement sur le sujet : Hartzell, Richard W., *Harmony in conflict* (Cave Books, Taipei, 1988).
5. On retrouvera ce problème des « valeurs » dans le chapitre 20.
6. Cités par A. de Sacy, *op. cit.*, p. 9.

Chapitre 7 : L'illusion juridique

1. François Jullien, commentant Kant et Ricœur, fait observer que « le péché d'Adam n'est plus pensé comme une souillure congénitale, pesant sur nous à jamais, mais comme un acte qui se répète chaque fois en chacun de nous ». In : *Fonder la morale* (Grasset, Paris, 1996), p. 84.

2. Titre du superbe livre d'Etienne Balazs, *La bureaucratie céleste, op. cit.*

3. Par une curiosité de l'histoire, lorsqu'il s'est agi de désigner la France en chinois, la phonétique la plus proche était « Fa » pour Fra(nce). La France est donc nommée en chinois *Fa Guo*, littéralement le pays de la loi, sans que Montesquieu y ait joué le moindre rôle !

4. L'expression *rule by law* vient d'un éminent juriste malaisien, le Dr G.S. Nijar, lors d'une conférence prononcée devant le Parlement européen à Strasbourg, sur le thème « The rule of law in Malaysia » (rapport du Parlement européen, 10 mars 1989), p. 45.

Chapitre 8 : L'autre Asie : ni tout à fait la même, ni tout à fait une autre

1. Au XIIIe siècle, les Chinois, à l'époque sous la férule du Mongol Khoubilay Khan, lancèrent une série d'expéditions maritimes lourdement armées sur le sud du Japon, mais ne purent débarquer en force, car une tempête dispersa leur flotte. Les Japonais appelèrent cette tempête le « vent divin » : *Kami Kaze*.

2. En Corée du Nord, Kim Jong Il a officiellement succédé à son père, Kim Il Sung, en 1997, à la tête du pays, du parti et des forces armées, inaugurant ainsi la première dynastie communiste de l'Histoire.

3. PNB par habitant (en parité de pouvoir d'achat) :

Hong Kong :	25 400 $	Singapour :	25 200 $
Japon :	23 500 $	France :	20 000 $

Données 1997, *source* : Banque mondiale.

4. Les origines linguistiques sont parfaitement décrites par exemple dans Keyes, Charles F., *The golden peninsula* (Macmillan, New York, 1977), pp. 339 sqq.

5. Référence : Hall, DGE, *A history of South East Asia* (Macmillan, London, 1955 to 1970).

6. La littérature sur le bouddhisme est gigantesque. On peut se référer, par exemple à : Conze, Edward, *Le bouddhisme* (Payot, Paris, 1971) ou aux classiques d'Arthur Walley ou d'Alexandra David-Neel, ou encore... à l'enseignement du Bouddha que l'on trouve dans toutes les tables de nuit des hôtels en Asie (en dehors de la Chine communiste ou de l'Indonésise musulmane).

7. Keyes, *op. cit.*

8. Keyes, *op. cit.*, p. 74.

9. Référence : Coedès, Georges, *The making of South-East Asia* (Un. of California Press, Berkeley, 1966), p. 81.

10. Keyes, *op. cit.*, p. 18.

11. La littérature sur les Chinois de la diaspora commence à devenir abondante. En voici une sélection récente : Seagrave, S., *Lords of the Rim* (Bantam Press, London, 1995) ; Cragg, Claudia, *The new Taïpans* (Century, London, 1995) ; Chan Kwok Bun & Chiang, C., *Stepping out, the making of chinese entrepreneurs* (Pentice Hall, 1994) ; Pan, Lynn, *Sons of the yellow emperor* (Kodansha, Tokyo, 1990) ; Gosling, P. & Lim, Linda, *The Chinese in South East Asia* (Maruzen Asia, Tokyo, 1983).

12. Une tentation brouillonne et commode serait de « siniser » l'analyse, en trouvant à tout prix des résonances, sinon des filiations, avec les traits de caractère chinois, en appelant Confucius ou Laozi à la rescousse. C'est le piège bien connu de l'explication totalisante et simplificatrice. Mais l'autre extrême est tout autant un piège : celui de morceler tellement l'analyse que tout en devient particulier, spécial et unique et qu'il serait donc interdit d'observer des caractères ou des attitudes communes entre, disons, la Thaïlande et l'Indonésie. En somme, le « sinisme » et le multiculturalisme sont renvoyés dos à dos.

13. Pye, L., *Asian power and politics, op. cit.*, p. 117.
14. Redmond, Mont, *Wondering into Thai culture* (Redmondian Insight, Bangkok, 1998).
15. Klausner, William J., *Reflections on Thai culture* (Siam Society, Bangkok 1993).
16. Pour de plus amples discussions sur les cultures birmane, khmère, vietnamienne ou philippine, voir Pye, L., *op. cit.*
17. Référence : Sur Java, et sur l'anthropologie en général, un ouvrage de base : Geertz, Clifford, *The interpretation of cultures* (Fontana Press, London, 1993).

Chapitre 9 : Nous autres Japonais

1. Voir notamment sur ce sujet controversé : Diamond, Jared. Revue *Discover*, juin 1998 (Un. of California Press, Los Angeles, 1988) ; Hudson, Mark. (Un. of Tsukuba, 1998), cité dans FEER (17 déc. 1998) ; Nakahashi, Takahiro. Revue *Anthropological Science* (summer 1998) (University of Kyushu, 1998).
2. Référence : Gravereau, Jacques, *Le Japon au XXe siècle* (Seuil, Paris, 1993).
3. Référence : Moore Kenrick, Douglas, *The success of competitive communism in Japan* (Macmillan, London, 1998).
4. Mes remerciements pour la relecture fine et critique de ce chapitre à Noriko Awazu (HEC Eurasia Institute).

Chapitre 10 : Tous particuliers, tous universels

1. Référence : Adler, N.J., *International dimensions of organizational behaviour* (PWS Kent, Boston Ma.,1991), p. 15.
2. L'étude historique qui suit a été effectuée, de Darwin à Bateson, pour ce livre, par Sylvia Vignato, anthropologue spécialiste de l'Indonésie.
3. Référence : Boas, Franz, *Anthropology and modern life* (Norton, New York, 1928).

Le meilleur représentant du « diffusionnisme » pour l'Asie est Robert Heine-Geldern. Heine-Geldern, R., *The many faces of primitive art* (Prentice Hall, Englewood Cliffs, 1966).

4. Les représentants les plus notables du « fonctionnalisme » sont Radcliffe-Brown et Malinowski.

Référence : Malinowski, B., *A scientific theory of culture* (Chapel Hill, London, 1944).

5. La distinction entre ethnologie et sociologie est beaucoup moins nette dans les universités anglo-saxonnes, qui utilisent plus largement la notion d'anthropologie.
6. Référence : Benedict, Ruth, *The chrysanthemum and the sword, Patterns of japanese culture* (1946) (Tuttle, Tokyo, 1954).

Ruth Benedict a également produit une étude remarquable et beaucoup moins connue sur la société thaïlandaise. Benedict, R., *Thai culture and behaviour* (Cornell Un., South East Asia Program, Ithaca, 1952).

7. Etudiant toujours l'Asie, Melford Spiro, dans la même lignée que Benedict, conçoit que les formes culturelles ont pour fondement une « nature humaine » similaire, d'essence « psychobiologique ».

Référence : Spiro, M. E., *Buddhism and society : a great tradition and its burmese vicissitudes* (Harper & Row, New York, 1970).

8. Référence : Bateson, Gregory, *Balinese character* (New York Academy of Science, 1942) et *Vers une écologie de l'esprit* (Seuil, Paris, 1977).

9. Pye, L., *op. cit.*, p. 350.

10. Référence : Leach, Edmund, *Political systems of highland Burma* (Harvard Un. Press, Cambridge Ma., 1954) et *Rethinking anthropology* (Athlone Press, London, 1961).

11. Référence : Lévi-Strauss, Claude, *La pensée sauvage* (Plon, Paris, 1962).

12. Keyes, *The golden peninsula, op. cit.*, p. 9.

13. Référence : Geertz, Clifford, *The interpretation of cultures* (Basic Books, New York, 1973).

14. D'Iribarne, Philippe et alii, *Cultures et mondialisation* (Seuil, Paris, 1998), p. 257.

15. Référence : Hofstede, Geert, *Culture's consequences : international differences in work related values* (Sage, Beverly Hills, 1980).

16. Bollinger, D. & Hofstede, G., *Les différences culturelles dans le management* (Editions d'organisation, Paris, 1992), p. 16.

17. Hofstede, *Culture's consequences, op. cit.*, p. 21.

18. Dumont, Louis, *Essais sur l'individualisme* (Seuil, Paris, 1983), p. 117.

19. Références : Dumont, Louis, *Homo Aequalis* (Gallimard, Paris, 1978), *Homo hierarchicus, op. cit.*.

20. Dumont, *Essais sur l'individualisme,op. cit.* p. 119.

21. D'Iribarne, Philippe & alii, *Cultures et mondialisation* (Seuil, Paris, 1998), pp. 271, 272. Le débat est parfaitement recentré par Philippe d'Iribarne dans la remarquable postface de son plus récent ouvrage.

22. Dumont, *op. cit.*, p. 117.

23. Robert Badinter. Interview dans *Le Monde* 18 septembre 1998 à l'occasion du cinquantenaire de la Déclaration universelle des droits de l'homme.

24. D'Iribarne, *op. cit.*, p. 260.

25. Pelkmans, Jacques, in : *Understanding values in Asia* (Acts of the Forum of Venice, Bruxelles, 1996) Les traductions données par Pelkmans du mot « valeur » sont : en hindi et en sanskrit : *dharman*, *artha*, *vshvaasa* ; en urdu : *qaderê* ; en chinois : *jié zhi guan* ; en japonais : *kachi ka*.

26. D'Iribarne, *op. cit.*, p. 324.

27. Saint-Etienne, Christian, « L'évolution du fondement philosophique du contrat social en Occident » (*CCE International* n°459, déc. 97/janv. 98).

28. Nadoulek, Bernard, *Bases de connaissances sur la mondialisation des cultures* (Aditech/CRC, Paris, 1992).

29. *Le Point* du 15 février 1997, p. 38.

Chapitre 11 : Le Japon en tête

1. *Source* : Banque mondiale, Rapports annuels. Pour les comparaisons historiques : Référence : Maddison, Angus, *Monitoring the world economy 1820-1992* (OCDE, Paris, 1995).

2. Référence : Myrdal, Gunnar, *Asian drama : an inquiry into the poverty of nations* (Pantheon books, New York, 1968). Il est vrai que ce livre s'attachait plus à l'Inde qu'au reste de l'Asie. Dans le registre des Cassandre, on trouve à la même époque René Dumont, *L'Afrique noire est mal partie* (Seuil 1969) dont les analyses, elles, se vérifieront.

3. Référence : Fairbank, J.K., Reischauer, E.O., Craig, A. M., *East Asia, the modern transformation* (Houghton Mifflin, Boston 1965).

4. Sur l'évolution détaillée du Japon, référence : Gravereau, J., *Le Japon au XXe siècle* (Seuil, 1993).

5. Les estimations de Maddison pour 1950 sont :

PIB par habitant en Asie : 765 $, Europe de l'Ouest : 5 126, Etats-Unis : 9 255 $ (en termes de parité de pouvoir d'achat en dollars de 1990), *op. cit.*

6. Parmi toutes les théories qui tentent d'expliquer le succès industriel du Japon, on peut citer celle du « vol d'oies sauvages » *(Ganko Keitai)*, imaginée par l'économiste japonais Akamatsu Kaname en 1937 pour décrire des séquences de produits industriels uniquement. Elle est bien résumée dans : Sauter, Christian, *Japon, le prix de la puissance* (Seuil, Paris, 1973), p. 234. La critique de l'utilisation abusive de cette image figure, entre autres, dans : Borthwick, Mark (ed), *Pacific century* (Westview press, Allen & Unwin, Sydney, 1992), p. 285 : article de N. Holloway.

7. Guillain, Robert, *Japon, troisième grand* (Seuil, Paris, 1969), livre symbole de la « découverte » du Japon moderne.

8. PNB par habitant en 1974 (dollars courants) : Etats-Unis : 6 600, Allemagne de l'Ouest : 6 260, France : 5 440, Japon : 4 070 (*Source* : FMI). Référence : Rostow, W., *The take-off into self-sustained growth* (Economic Journal, mars 1956). Rosenstein-Rodan, *Notes on the theory of the big push* (International Economic Association, 1957).

Chapitre 12 : En Asie et nulle part ailleurs

1. Référence : Gravereau, J., *Hong Kong, analyse d'un boom* (Cujas, Paris, 1974).

2. Les critères de diaspora deviennent de moins en moins nets à mesure de l'intégration croissante des communautés dans les pays hôtes. La diaspora juive se trouve majoritairement aux Etats-Unis, mais une bonne partie, par les mariages mixtes notamment, n'a plus d'identité nationale, religieuse ou ethnique que par le nom de famille. Sur cette question, voir par exemple : Kotkin, Joel, *Tribes* (Random House, New York, 1993).

3. Les estimations sont les suivantes :

1) Chinois ethniques à Hong Kong, Taïwan et Macao : 26,4 millions ;

2) Dans le reste de l'Asie orientale : 28 millions, dont 7 en Indonésie, 6 en Thaïlande, 5 en Malaisie, 5 aux Philippines, 2,3 à Singapour ;

3) Amérique du Nord : 3,3 millions, Europe : 700 000.

Source Bouteiller, Eric, *Les nouveaux empereurs* (Calmann-Lévy, Paris, 1997), p. 294.

4. Pour plus de détails sur ces flux et sur la géographie des communautés dialectales, on peut se reporter à : *Les Chinois de la diaspora, moteur du miracle asiatique*, étude d'Eric Bouteiller (HEC Eurasia Institute, 1992).

5. Terziani, Tiziano, *Un devin m'a dit* (Maisonneuve et Larose, Paris, 1997), p. 135.

6. L'évaluation globale du « PNB » généré par les Chinois d'Asie du Sud-Est est naturellement aléatoire. On peut le situer à environ 900 milliards de dollars en 1995, soit 15 % de plus que celui de toute la Chine continentale, ou autant que la France à la même date. Estimations de Bouteiller, E., *op. cit.*, p. 10.

7. Les taux de croissance du PNB réel de Hong Kong sont respectivement de 11 % (1955-60), 12 % (1960-65) et 14,9 % (1965-70), soit, en moyenne, de 12,6 % par an entre 1955 et 1970, et ceux du PIB par habitant de + 9,4 % par an, ce qui est une performance inégalée par ailleurs sur une aussi longue période. Gravereau, *op. cit.*

8. Croissance annuelle du PNB réel de Taïwan : respectivement + 9,1 % (1961-64), + 9,9 % (1965-68), + 11,6 % (1969-72), + 6,0 % (1973-75, choc pétrolier), + 10,4 % (1976-81).

9. Gravereau, J., *La Chine après l'utopie, op. cit.*.

10. Notions de « catch-up », largement développée dans : *Emerging Asia, changes and challenges* (Asian Development Bank, 1997).

11. Maddison, A., *op. cit.*

12. Exportations

	Inde	Chine	
1951	1 260	870	Millions US$
1996	31 800	153 000	

Source : Banque mondiale.

13. Bouteiller, E., Fouquin, M., *Le développement économique de l'Asie orientale* (La Découverte, Paris, 1995), p. 45.

Chapitre 13 : Entreprendre

1. Terziani, T., *Un devin m'a dit, op. cit.*, p. 218.
2. Sur la tontine chinoise, voir Pairault, T., *Approches tontinières* (Etudes chinoises vol. IX n° 2, 1990).
3. Bouteiller, E., *Les nouveaux empereurs, op. cit.*, p. 150.
4. MITI : Ministry of International Trade and Industry. Voir : Okimoto, Daniel, *Between MITI and the Market* (Stanford University Press, 1989).
5. L'Etat joue à Hong Kong un rôle d'ailleurs moins effacé qu'on ne le pense souvent. Voir une étude (non publiée) d'HEC Eurasia intitulée : « Le rôle de l'Etat à Hong Kong » (1997).
6. Walker, J., *Geometry of growth* (CLSA Asian economic research, Singapore, 1996).

Chapitre 14 : La religion de la croissance

1. Sur les aspects plus techniques de la croissance déséquilibrée, Référence : Hirschman, Albert O., *The strategy of economic development* (Yale University Press, New Haven, 1958).
2. Orléan, André (interview dans *Le Monde*, 28 janvier 1997). Une autre définition est donnée par Francis Fukuyama : « La confiance » *(trust)* est « l'attente qui naît dans une communauté au comportement régulier, honnête et coopératif, fondée sur des normes acceptées par les autres membres de la communauté. » Fukuyama, Francis, *Trust, the social virtues and the creation of prosperity* (The Free Press, 1995).
3. Dans ce débat, les partisans des rendements décroissants ont plus bénéficié de l'effet de sensation des médias américains : Il s'agit principalement de Paul Krugman (*The myth of asian miracle*, Foreign Affairs, 1993) et de Alwyn Young, dans *A tale of two cities : factor accumulation and technical change in Hong Kong and singapore* (NBER Macroeconomics annual 1992), et dans *Lessons from the East Asian NICS : a contrarian view* (European Economic Review, Papers and Proceeding, 1994). Outre leurs limites, les textes de ces économistes sont méprisants pour l'Asie, comparant Singapour à l'Union soviétique et réduisant à rien le talent des entrepreneurs locaux. L'analyse de l'économie des rendements croissants, beaucoup plus convaincante dans le cas de l'Asie, a pour principal penseur Allyn Young en 1920 (ne pas confondre avec Alwyn !) repris dans : Currie, L., *History of political economy*, et développée plus récemment dans Scott, M., *New theory of economic growth, op. cit.*, et Walker, Jim., *Geometry of growth* (CLSA research, Singapore, june 1995). On trouve des arguments de même nature, développés par Michel Fouquin, sur l'épargne. « L'épargne, souligne-t-il, n'existe pas au début de la croissance. Elle ne se crée et ne se consolide que parce qu'il y a un lien entre croissance et croissance de l'épargne. » Voir Bouteiller, E. & Fouquin, M., *Le développement économique de l'Asie orientale* (La Découverte, 1995), p. 41.
4. Orléan, A., *ibid.*
5. L'analyse qui suit reprend les thèmes d'une étude pour le colloque de

l'Institut International de l'Entreprise (Communication de J. Gravereau, 8 décembre 1992).

6. Construction par Formosa Plastics de la plus grande usine au monde de PVC (Polyvinyl Chloride), entièrement sur capitaux propres, de 1984 à 1987. Le groupe Charoen Pokphand, roi du poulet et de quelques autres produits agroalimentaires, qui, au passage, devient le premier investisseur en Chine populaire.

7. Voir Bouteiller, *op. cit.*, p. 15 – World Bank : The east asian miracle (Oxford Un. Press, New York, 1993), p. 199.

8. World Bank : *East Asian miracle, op. cit.*.

9. *Nihon Keizai Shimbun*, 3 nov. 1997.

10. Ces chiffres mesurent l'épargne globale (Formation Brute de Capital fixe) en % du PIB (ou, par défaut, du revenu national). Moyenne de 1977 à 1996. *Source* : Fonds monétaire international. Il y a une relation directe entre épargne et croissance, que l'on peut mesurer scientifiquement par le test de causalité de Granger. Granger, C.W.J., *Investigating causal relations by econometric models and cross spectral methods* (Econometrica 37, 1969).

11. *East Asian miracle, op. cit.,* p. 210 ; Asian Development Bank : *Emerging Asia : Changes and challenges, op. cit.,* p. 108.

Chapitre 15 : Les quatre cercles vertueux

1. L'analyse qui suit se fonde sur deux études de base : World Bank, *The East Asian miracle*, *op. cit.*, et Asian Development Bank, *Emerging Asia, changes and challenges*, *op. cit.* Il convient de dire que, malgré son grand intérêt et ses remarquables comparaisons, l'étude de 1993 ne s'attache pas aux comportements des acteurs de l'économie (singulièrement les entrepreneurs), mais à celui des Etats et du problème des politiques publiques, d'où son caractère tronqué et sa tonalité dirigiste.

2. Les auteurs « révisionnistes » sur le Japon, par exemple, sont principalement : Karel Van Wolferen, Chalmers Johnson ou Clyde Prestowitz. Voir aussi d'autres références dans : Bouissou, Jean-Marie, chapitre dans *L'Asie retrouvée* (Seuil, Paris, 1997), p. 325.

3. *Source* : Banque mondiale, Rapport annuel 1998.

4. Sauf dans le cas singulier du Botswana : très fortes croissances couplées à de fortes inégalités.

5. World Bank – Selected indicators of poverty (1995).

Chapitre 16 : Confucius nous voilà !

1. La thèse « négationniste » a été célèbrement énoncée par Max Weber dans les années 20, et beaucoup reprise... tant que l'Asie stagnait. Herman Kahn a émis en 1979, la non moins fameuse « hypothèse post-confucianiste » insistant sur l'héritage confucéen dans la réussite économique de l'Asie. Référence : Weber, Max, *Gesammelte Aufsätze zur Religionsooziologie I, II & III* (Tübingen 1920,1921). Kahn, *World development : 1979 and beyond* (Croom Helm, London, 1979).

L'une et l'autre idée ont donné lieu à des flots de littérature.

2. « Entretiens » XII-11, *op. cit.*

3. « Entretiens » XIII-19.

4. « Entretiens » XII-19.

5. « Entretiens » XII-21.

6. Gernet, *op. cit.,* p.141.

7. Balazs, *op. cit.*

8. Des études très pertinentes ont été faites sur la filiation directe entre le confucianisme d'Etat de la période impériale, les principes du San-Min-Chu-I de Sun Yat Sen et du Kuo Min Tang, et plus récemment du « marxisme-léninisme-pensée Mao Zedong ». Voir Pye, *op. cit.*, p. 51.

9. Fabre, André, *La grande histoire de la Corée* (Favre, Paris 1988).

10. Vandermeersch, *op. cit.*, p. 155.

11. *International Herald Tribune*, 26 août 1998.

12. Article de Yves Chevrier, p. 209, dans Camroux, D. et Domenach, J.-L. *L'Asie retrouvée* (Seuil, Paris, 1997).

13. Levenson, Joseph R., *Confucian China and its modern adaptation* (Un. of California Press, Berkeley, 1958).

14. Références : Weber, Max, *L'éhique protestante et l'esprit du capitalisme* (Plon, Paris 1967), *The religions of China* (The Free Press, New York, 1951)..

15. Référence : Metzger, Thomas, *Escape from predicament* (Columbia Un. Press, NewYork 1977).

16. Alain Peyrefitte donne prétendument la grande clé de la Chine dans l'immobilisme absolu, imperméable à toute influence et à toute évolution, de l'empereur de Chine et de ses mandarins sous leur forme classique du XVIIIe siècle, ou moderne de la Chine actuelle, sur fond d'un récit historique par ailleurs très intéressant.

Peyrefitte, A., *L'empire immobile, ou le choc des mondes* (Fayard, Paris, 1989).

17. Référence : Tu Wei Ming, *Confucian ethics today : the Singapore challenge* (Un. of New York Press., Albany, 1984).

18. Cité dans Chevrier, article dans Camroux et Domenach, *op. cit.*, p. 222.

19. Chu Chin Ning, *The Asian mind game* (Rawson Ass., NewYork, 1991), p. 186.

20. Référence : Rozman, Gilbert, *The East Asian Region : Confucian heritage and its modern adaptation* (Princeton Un. Press, Princeton NJ, 1991).

21. Rozman, Gilbert, « The Confucian forces of capitalism » dans *Pacific Century, op. cit.*

22. Vandermeersch, L., *op. cit.*, pp. 156 et 161.

23. Voir Gravereau, *Le Japon au XXe siècle, op. cit.*

Chapitre 17 : Les hoquets de la réussite

1. Voir Bouteiller, E. & Gravereau, J., *Asian crisis, a blessing in disguise?* (HEC Eurasia Institute, Paris, 1999), ou Gravereau, J., *La crise asiatique*, in Gravereau & Trauman, *Les crises financières* (Economica, Paris, 2000).

2. La crise de l'électronique, à l'été 1996, a durement touché le Sud-Est asiatique, de Taïwan à Singapour et de la Thaïlande à la Malaisie, dévoilant le problème de compétitivité des structures industrielles. Mais la reprise vive de l'automne de la même année a permis de revenir à une situation normale.

3. La formule est de Paul Krugman, *The myth of Asian miracle, op. cit.*.

4. 55Mds $ pour la Corée du Sud, 40Mds $ pour l'Indonésie, 17Mds $ pour la Thaïlande. La fière Malaisie ne sollicitera pas le FMI.

5. Michel Camdessus. Interview (*Le Monde*, 23 novembre 1999).

6. Emprisonnement d'hommes politiques et de grands hommes d'affaires au Japon (depuis l'affaire Tanaka de 1974 jusqu'à l'affaire Kajima ou aux descentes de la justice au ministère des Finances en 1998) ; Procès de Chen Xitong, ancien maire de Pékin, en Chine. Affaire Renong en Malaisie. Démissions en cascade en Thaïlande etc. Seul Singapour sort la tête haute de ce type d'accusation de corruption.

7. Formule de Paul Thibaud, *Le Point* 10 septembre 1998.
8. Henry Kissinger, interview (*Financial Times*, 12 décembre 1999).
9. Gravereau, *op. cit.*

Chapitre 18 : Demain, la Chine

1. « Nord-Sud export », février 2000, *Far Eastern Economic Review*, 18 février 2000.

2. Référence : Oksenberg, M.C., Swaine, M.D., Lynch, D.C., *The chinese future* (Pacific Council on International Policy, Washington, 1999), Maddison, A., *L'économie chinoise* (OCDE, Paris, 1998).

3. Oksenberg, *op. cit.*

4. Prévisions de candidats asiatiques à des universités étrangères sur la période 1995-2010 : Chine : 218 000 ; Indonésie : 51 000 ; Taïwan : 32 000 ; Thaïlande : 30 000 ; Corée du Sud : 25 000 ; Malaisie : 24 000.

Source : IDP education, Australia (1996).

5. TOEFL = Test Of English as Foreign Language, passage obligé pour être admis dans une université étrangère, fût-ce Harvard, HEC ou l'Université de Singapour. Les estimations indiquent que les deux tiers de ces étudiants chinois cherchent et trouvent une situation dans le pays d'accueil, et sont donc « perdus », au moins pour un temps, pour la Chine.

6. HEC Eurasia Institute, Chine : « Le grand bond en ligne » (*Topic*, Février 2000).

La loi du 29 décembre 2000 définit très sévèrement les activités « criminelles » liées à l'Internet. Les dissidents sont condamnés à la prison, tels Qi Yanchen, qui avait mis sur le web son livre, *L'effondrement de l'empire chinois* en 2000. Le « décret 29 » interdit les allusions politiques dans les forums de discussion.

Chapitre 19 : Modernes ou occidentaux ?

1. Le terme « moderne » vient du latin *modo* = récemment.

2. Dans les vingt dernières années, le taux des divorces a triplé au Japon, en Corée du Sud et en Chine. Il a doublé à Singapour, à Taïwan et à Hong Kong. Le tout, il est vrai, en partant de bases très faibles.

3. Comparative analysis of global values (2 600 questionnaires) (Dentsu Institute for Human Studies-DIHS, august 1997). 70 % des Japonais souhaitent consacrer leur temps libre aux hobbies et aux diverses formes de loisirs, contre seulement 36 % des Thaïlandais, 30 % des Singapouriens, 28 % des Chinois et 5 % des Indonésiens.

4. Robinson, R. & Goodman, D.S., *The new rich in Asia* (Routledge, New York, 1996).

5. Interview de Michael Eisner, PDG de Disney (*Paris-Match*, 15 novembre 1999)

6. Le *Tamagochi* est une petite boule en plastique bourrée d'électronique qui simule, à l'aide de petits boutons, un animal domestique que l'on doit nourrir, consoler, nettoyer à heures fixes faute de quoi « il » prévient, se plaint, hurle et... meurt. Le *Lovegetty* est un autre appareil électronique que l'on met dans la poche et qui est programmé pour prévenir lorsqu'un autre appareil (également programmé de manière aléatoire), d'un passant dans la rue, par exemple, entre en contact avec lui par ondes radio. C'est une manière de faire des connaissances fortuites, censée simuler le coup de foudre dans des sociétés à la timidité légendaire.

7. Enquêtes approfondies de la *Far Eastern Economic Review* (novembre

1996, décembre 1996, mars 1997 etc.) sur la base des études menées périodiquement par les grandes agences de publicité ou cabinets d'études de marchés : Mac Cann Erickson, Ogilvy and Mather, Neo-Communication, Technomics, Esquire et bien d'autres.

8. L'auteur remercie particulièrement Mme Foon Wai Fong, présidente de Megatrends Asia, pour le panel privé d'experts asiatiques de tous horizons qu'elle a spécialement réuni pour ce livre.

9. *Uncorking the genie*, Etude d'Ogilvy & Mather sur la base de 7 000 interviews dans toute l'Asie (mai 1997).

10. Revue par Samuel Huntington des cent plus importantes études comparatives sur les différentes sociétés du monde, dans *The clash of civilisations* (Foreign Affairs, summer 1993), pp. 22-49 Une tentative de représentation des sphères culturelles au filtre de certains critères (rapports à l'autorité, valeurs post modernes, etc.) a été faite par : Inglehart, Ronald, *World value survey* (1989-92) (DIHS, septembre 1995).

11. Hitchcock, David I., *Asian values and the United States : how much conflict* (Center for strategic and international studies, Washington DC, 1994), Emmerson, Donald K., *Region and recalcitrance : rethinking democracy through Southeast Asia* (The Pacific Review, Coventry, 1995).

12. L'enquête de la *Far Eastern Economic Review* sur les « valeurs asiatiques » (août-septembre 1996) a porté sur un échantillon de 3 000 personnes. L'enquête de Roper Starch Worldwide (1997) a porté sur 35 000 répondants. Ce ne sont que deux exemples : il y en a bien d'autres.

13. *Far Eastern Economic Review* (12 septembre 96) ; DIHS « Asian dynamism and values » (publications de septembre 1995, octobre 1996, janvier 1997) ; Mauzy, Diana K., *The human rights and asian values debate in Southeast Asia* (The Pacific Review, Vol. 10, n°2, 1997) ; Han Sung Joo, *Asian values : asset or liabilities* (Global thinknet conference, Tokyo, 1998).

14. Silverman, Gary, *Silence of the lambs* (FEER, 14 novembre 1996).

15. Goh Chok Tong (Premier ministre de Singapour), Discours aux professeurs (*Straight Times,* septembre 1996).

16. Référence : Makino, Noboru, *Decline and prosperity : corporate innovation in Japan* (Kodansha, Tokyo, 1987) et *Nomura Research Institute, Strategy for creation* (Woodhead, Cambridge, 1991).

17. Hong Kong University of Science and Technology.

18. Comparative analysis of global values (DIHS), *op. cit.*, p. 8.

19. *Ibid.*, p. 8.

Chapitre 20 : La manipulation des valeurs asiatiques

1. Voir la très éclairante série d'interviews des personnalités asiatiques les plus remarquables menée par la *Far Eastern Economic Review* de 1994 à 1997.

2. Ishihara, Shintarô & Mahatir, Mohamad, *The Asia that can say No* (Kobunsha, Tokyo, 1994) ou Mahatir, M., *The Challenge* (Pelanchuk, Kuala Lumpur,1986).

3. Mahbubani, Kishore, *The dangers of decadence : what the rest can teach the West* (Foreign Affairs, 4/1993) Lee Kwan Yew, *The Singapore experience, Memoirs* (Singapore, 1998).

4. Le professeur américain Christopher Lingle, ayant osé écrire fin 1994 dans le *Herald Tribune* un article critique sur le système autoritaire singapourien (sans le nommer explicitement) et son utilisation des valeurs asiatiques, fut harcelé par la justice de ce pays et dut partir en catastrophe. Son livre fit l'objet de commentaires acides et déchaînés. Lingle, C., *Singapore's authoritarian capitalism : Asian values, free market illusions and political dependency* (Sirocco/Locke Insti-

tute, Washington, 1996) Voir aussi : Emmerson, Donald K., *Singapore and the Asian values debate* (*Journal of democracy*, oct. 1995).

5. Remarquable « keynote address » de Bob Hawke à la « Asian Newspaper Publishers Conférence » (décembre 1995) ; Patten, Chris, *East and West* (Macmillan, London, 1998).

6. Rapport (non publié) des quatorze membres du « eminent persons group Europe-ASEAN ». Section V : « The cultural dimension, building a partnership of trust » (1995).

Chapitre 21 : Le mandat du ciel

1. Référence : Vatikiotis, Michael, *Political change in southeast Asia* (Routledge, 1996) P. 29.

2. Les massacres de l'époque des affidés de Suharto ont fait entre 600 000 et 800 000 morts. Les supposés communistes et autres Chinois en ont été les premières victimes dans tout le pays, sans parler des nombreux déportés.

3. Les signes de la continuité politique doivent être clairs pour prix de la confiance. La récession guette lorsque l'incertitude est là. Ce fut le cas en Corée du Sud, après l'assassinat du président Park Chung Hee (en 1979). Ce fut le cas à Hong Kong, en 1984, lors de l'accord sino-britannique, lourd d'incertitudes, sur la rétrocession de Hong Kong à la Chine.

4. Remplacement de Chavalit par Chuan Leep Kai en Thaïlande (3 novembre 1997), de Kim Young San par Kim Dae Jung en Corée du Sud (élections du 18 décembre 1997), de Fidel Ramos par Joseph Estrada aux Philippines (élections du 11 mai 1998), de Suharto par Habibie en Indonésie (21 mai 1998), par décision de Suharto. Le cas de Hong Kong est un peu à part : critiqué à domicile, le *chief executive* Tung Chee Hwa est soutenu par Pékin.

5. La liaison entre pouvoir et responsabilité est centrale dans les visions, notamment, de Hobbes et de Max Weber.

6. Référence : Pye, L., *Asian power and politics, op. cit.*, p. 21.

7. Le parti libéral-démocrate, au pouvoir absolu de 1955 à 1991, a éclaté, en tant que tel, par le jeu des factions internes, et s'est vu contraint à des coalitions de circonstance depuis lors. Mais c'est une rivalité de barons, et non un changement de politique. L'exception qui confirme la règle est le gouvernement du socialiste Katayama, pendant sept mois en 1947, dans la période fort troublée de l'après-guerre. Voir Gravereau J., *Le Japon au XX*[e] *siècle, op. cit.*

8. La formule est de Chalmers Johnson dans « Political institutions and economic performance : a comparative analysis of government. Business relatives in Japan, South Korea and Taïwan » (University of California, Berkeley, 1983).

9. La justification de cette doctrine économique remonte à l'un de ses pères fondateurs, Adam Smith. Malgré cela, le gouvernement de Hong Kong est plus interventionniste qu'on ne le croit, étant lourdement intervenu sur la Bourse locale en août 1998. Sur l'intervention publique à Hong Kong, voir : *Le rôle de l'Etat à Hong Kong* (HEC Eurasia Institute, 1997).

10. Assassiné en 1979, Park Chung Hee a été remplacé par un autre général autoproclamé, Chun Doo Hwan, lui aussi déguisé un peu plus tard en président élu, pour laisser la place, à un autre général, Roh Tae Woo. Son successeur coopté, mais régulièrement élu, Kim Young San, sera accusé de manipulations en tout genre.

11. L'achat massif des votes en Thaïlande et aux Philippines rend la pratique démocratique encore fragile.

12. Lee Kwan Yew a laissé sa place de Premier ministre en 1990 pour prendre le titre de *senior minister*, mais son influence reste considérable, de même qu'il

dispense ses conseils aux gouvernements de toute l'Asie, et singulièrement la Chine et le Vietnam.

13. UMNO : United Malays National Organization.

14. Formule citée dans Vatikiotis, *op. cit.,* p. 58. A noter qu'en Malaisie on a conservé les lois d'urgence (Internal Security Act) du temps de la guérilla de l'après-guerre : un suspect peut être détenu deux ans sans procès. On a appliqué cette loi pour justifier, en 1998, l'arrestation du vice-Premier ministre de Malaisie, Anwar Ibrahim. Cette même loi existe à Singapour, mais elle est tombée en désuétude.

15. Référence : O'Donnell G., Schmitter P., & Whitehead, L. (eds), *Transition from authoritarian rule : prospects for democracy* (Johns Hopkins University Press, Baltimore 1986), p. 6.

16. Nijar G.S., *The rule of law in Malaysia*, p. 45. La formule, en anglais, se réfère à un concept cardinal anglo-saxon, celui du *rule of law*, qui fera, entre autres, l'objet d'un débat ardent lors du retour de Hong Kong à la Chine, le 1er juillet 1997.

17. Voir note 6, chapitre 17.

18. André Gunnar Franck, « No end to history, history to no end », dans Ken Coates (ed), *End papers twenty one* (Spokesman, London , 1990), p. 18.

Chapitre 22 : La loi et le droit

1. Référence : Hobbes, Thomas, *Leviathan*.

2. Référence : Schumpeter, Joseph, *Capitalism, socialism and democracy* (Harper, New York, 1947).

3. Gravereau, J., *op. cit.,* p. 119.

4. Propos de Jeane Kirkpatrick à la tribune des Nations Unies (1983).

5. Discours de Fidel Ramos au sommet Asie-Europe de Bangkok (avril 1996).

6. Un maire Kuo Min Tang, Ma Ying Jeou, a remplacé, en décembre 1998, le maire d'opposition, en une véritable alternance démocratique.

7. Dumont, L., *op. cit.,* p. 119.

8. Formule de Norman Mailer.

9. Barret-Kriegel, Blandine, *Les droits de l'homme et le droit naturel* (PUF, Paris, 1989), p. 40.

10. Mauzy, D., *op. cit.,* p. 217.

11. Han Sung Joo, *op. cit.,* p. 64.

12. D'Iribarne, *op. cit.,* p. 295.

13. Wu Yu Shan, *Away from socialism, the asian way* (The Pacific Review, 1996).

14. Geertz, Clifford, *op. cit.*

15. Terziani, Tiziano, *op. cit.*

16. Gaucherand, Valery, *La chasse au dragon : Feng Shui et business à Hong Kong* (HEC Eurasia Institute, Jouy en Josas, Mai 1998).

17. Référence : Davies, Michael Ed., *Human rights and chinese values* (Oxford University Press, Hong Kong, 1995).

18. Laurent Zecchini, *Le Monde* (30-7-1998).

19. Discours d'Al Gore au sommet de l'APEC en novembre 1998, faisant directement référence au procès d'Anwar Ibrahim, déchu brutalement de son poste.

20. Le lobby « USA Engage » regroupe les 673 principales entreprises américaines.

21. Cité par Donnet, *op. cit.,* p. 295.

Conclusion : Questions pour le XXI*e siècle*

1. *Sources* : OCDE.

2. Les estimations de Huntington donnent, pour l'an 2000, les chiffres suivants :

en % du total mondial	Population	P.N.B.
« Occident »	12	48
Islam	18	11
Hindous	17	4
Asie-Pacifique (hors musulmans)	26	26
Autres (Am. Lat., Afrique etc...)	18	11

Les estimations de traditions religieuses sont les suivantes :
(en % de la population mondiale) :

Sphère chrétienne :	30 %
Islam :	20 %
Hindouisme :	14 %
« Sans religions » :	17 %
Autres (y compris bouddhisme)	19 %

Référence : Samuel Huntington P., *The clash of civilizations and the remaking of world order* (Simon & Schuster, New York 1996), p. 85.

3. Huntington, *ibid.*, p. 183.

4. Déclaration de l'ambassadeur chinois aux Nations Unies lors de la signature, le 5 octobre 1998.

5. Référence : Barber, Benjamin, *Jihad vs McWorld* (Times Books, New York, 1995).

6. Barber, *ibid.*, p. 37 de l'édition française (Desclée de Brouwer, Paris, 1996).

Variation : Comment peut-on être asiatique ?

1. Le caractère chinois « A » (pour Asia, ou en chinois *Ya Zhou*) ne recouvre aucun champ géographique délimité ni aucune signification précise.

2. Kipling, Rudyard, *Le livre de la jungle* (1984). (Flammarion, Paris, 1994).

3. Jacobs, Edgar P., *Le secret de l'Espadon, Aventures de Blake et Mortimer* (*Journal de Tintin* 26-9-1946, Bruxelles, Ed. Du Lombard).

4. Référence : Marco Polo, *Le devisement du monde* (écrit en 1298). Edition française (Albin Michel, Paris, 1955).

5. Les navigateurs arabes avaient précédé les Portugais de quelques siècles, comme en témoignent, par exemple les récits du marchand Suleyman, référence : *Voyage du marchand arabe Suleyman en Inde et en Chine, rédigé en 851* (Bossard, Paris, 1922).

6. Référence : Etiemble, *Les Jésuites en Chine* (Julliard, Paris, 1966), p. 83.

7. *L'Orient au miroir de la philosophie. Une anthologie* (Pocket, Paris, 1995), Etiemble, *L'Orient philosophique* (CDU, Paris, 1959).

8. Argument Eliza Lee, dans *Human rights and chinese values* (Oxford University Press, Hong Kong, 1995).

9. Les objets émaillés réalisés par Jean-Baptiste Gravereau ont été montrés dans la superbe exposition du musée d'art chinois de Taipei, au Grand Palais de Paris en 1998. L'auteur a découvert à cette occasion une troublante homonymie. A moins que l'artiste ne soit venu du village de Bourgogne, berceau de la famille, il ne s'agirait que d'une coïncidence amusante. L'enquête se poursuit, avec la lenteur propice des autorités artistiques locales !

10. On peut encore voir une belle collection de ces fameuses commodes laquées au château de Talcy-en-Beauce.

11. Mes hommages amicaux pour ses conversations éclairées, au fil des ans, à Léon Vandermeersch, ancien directeur de l'Ecole française d'Extrême-Orient.

12. La Thaïlande, pour maintenir une indépendance formelle, deviendra l'obligée de l'Angleterre. Voir : Tuck, Patrick, *The french wolf and the siamese lamb* (White Lotus, Bangkok, 1995).

13. *Anthologie : Indochine, un rêve d'Asie* (Omnibus, Paris), et aussi : Pierre Loti, *Un pèlerin d'Angkor* (1912) Claude Farrère, *Fumée d'opium* (1904), *Les civilisés* (1905), Georges Groslier, *Le retour à l'argile* (1928), pour une évocation juste des « congaïs » (Réed. Kailash, Pondichéry, 1996).

14. Daguerches, Henry, *Le kilomètre 83* (Calmann-Lévy, Paris, 1913).

15. Voir par exemple : de Beaucorps, Jean-Marie, *Soldat de jade* (Kergour, Paris, 1998).

16. Formule de Chantal de Rudder (*Nouvel Observateur*, numéro spécial de février 1997 sur la mort de Deng Xiaoping).

17. La lettre publique de démission de Charles Bettelheim, Président des Amitiés Franco Chinoises, huit mois après la disparition de Mao, est un exemple à la fois pathétique et surréaliste. (L'auteur ne lit pas le chinois et s'alimente à l'époque à deux sources célèbres de propagande totalitaire publiées à Pékin en langue française : *Pékin Information* et *La Chine en construction.*) Extrait de la lettre : « L'examen des textes publiés en Chine au cours des derniers mois et ce que l'on sait du développement des pratiques réelles me conduisent à considérer que triomphe actuellement une ligne révisionniste. La critique de Teng a été abandonnée tandis que prédominent les appels donnant la primauté à la production sur la révolution. ... La critique nécessaire des " quatre " est faite d'un point de vue révisionniste et non d'un point de vue révolutionnaire. » Lettre du 11 mai 1977, publiée par *Le Monde.*

18. Référence : Leys, Simon, *Ombres chinoises* (Payot, Paris, 1971).

19. Peyrefitte, Alain, *Quand la Chine s'éveillera* (Fayard, Paris, 1973).

20. Kamban : le système de gestion de production « juste à temps » par un système de fiches inauguré par Toyota. Kaizen : améliorations petit à petit, clés de la « qualité totale » en gestion industrielle.

21. Destructions d'emplois en France par la concurrence de l'Asie : 300 000. Création d'emplois par les productions, en France, destinées aux marchés asiatiques : 600 000. Il est vrai que ces chiffres globaux masquent des réalités sectorielles difficiles, par exemple dans le textile et la chaussure, qui ont subi des pertes d'emploi très dures, ce qui pose un douloureux problème de reconversion. Voir : *La balance de l'emploi du commerce extérieur 1988-94* (CM international, DGSI, Paris, 1996).

INDEX
DES NOMS DE PERSONNES ET DES CONCEPTS

Remerciements

L'idée de ce livre est venue d'une longue conversation avec Françoise Verny, qui m'a aidé, par la suite, à en préciser les contours, tout en relisant les brouillons avec une acuité amicale et sévère à la hauteur de sa réputation. L'encouragement stimulant de Christophe Bataille et l'intervention finale d'Olivier Nora m'ont été constamment précieux. Le regard extérieur de Marc Moingeon et de Jean-Jacques Subrenat, m'a considérablement aidé à y voir clair pour le manuscrit final. Certains chapitres sont le fruit d'un approfondissement en commun de thèmes qui n'étaient pas directement les miens habituellement, à commencer par Sylvia Vignato, dont l'enthousiasme et la compétence anthropologique sont en tous points remarquables. Un grand merci également à Gilles Andrès, Noriko Awazu, Nazzanine Fatemi, Foon Wai Fong, et à bien d'autres amis asiatiques, qui se sont impliqués à des degrés divers. Merci à Albert Dupont, expert en remue-méninges, qui m'a soufflé le titre de ce livre. Il est rare de remercier une machine, mais je dois souligner l'aide précieuse, pour un handicapé de la frappe, que m'a apportée le logiciel de reconnaissance vocale « Dragon naturally speaking » pour prolonger mon stylo-plume ! Last but not least, Julia, Lorraine et Gaspard Gravereau ont guetté l'arrivée de ce « bébé » en faisant leurs remarques ingénues, facétieuses et constructives, pendant que Blandine supportait l'humeur du plumitif : ils sont donc associés à son achèvement, qui soulage toujours une famille. André Piatier, à qui je rends hommage en première page, a été mon maître, non seulement de thèse, mais aussi dans la vie, avec cette agilité intellectuelle, cette sagesse, cette immense et souriante humanité, trop tôt disparues.

TABLE

TROISIÈME PARTIE

MODERNISATION = OCCIDENTALISATION ?

Cet ouvrage a été réalisé par

FIRMIN DIDOT
GROUPE CPI

Mesnil-sur-l'Estrée

pour le compte des Éditions Grasset
en mars 2001

Imprimé en France
Dépôt légal : mars 2001
N° d'édition : 11844 – N° d'impression : 54899
ISBN : 2-246-55221-4